Tatjana Kuschtewskaja

STARK – STOLZ – STREITBAR

Berühmte Ukrainerinnen

Aus dem Russischen von
Steffi Lunau

EDITION
Noack
Block

Umschlagentwurf nach einer Idee von Ruslan Naida (Kiew). Abbildung: Teilansicht des Denkmals für die »Stadtgründer Kiews« von Bildhauer Wassyl Borodai (Kiew 1982) – joyt © stock.adobe.com

ISBN 978-3-86813-193-2
ISBN (E-Book) 978-3-86813-885-6

Herstellung durch Edition Noack & Block
in der Frank & Timme GmbH,
Wittelsbacherstraße 27a, 10707 Berlin.
Gedruckt auf säurefreiem, alterungsbeständigem Papier.

www.noack-block.de

INHALT

VORWORT

Dieses Buch ist eine Sammlung biografischer Essays, die die Lebenswege berühmter ukrainischer Frauen untersuchen: von Fürstin Olga, der Herrscherin der Kiewer Rus, die vor mehr als tausend Jahren lebte, bis zur heutigen First Lady der Ukraine Olena Selenska.

Im Laufe der Jahre der Unabhängigkeit der Ukraine haben wir in der ukrainischen Geschichte viele Frauen wiederentdeckt, deren Namen während der Sowjetzeit verborgen blieben oder vertuscht wurden. Inspiriert von der Idee, historische Gerechtigkeit herzustellen und die Geschichte zu aktualisieren, arbeiten ukrainische Autorinnen und Autoren heute viel in Archiven und lassen vergessene Persönlichkeiten wieder auferstehen. Darunter sind öffentlich bekannte Frauen, die als Politikerinnen, Wissenschaftlerinnen, Künstlerinnen, aber auch Mäzeninnen wirkten und sich oft gegen schwierige Lebensumstände behauptet haben.

Die Auswahl der Namen in diesem Buch ist ausschließlich von den Vorlieben und Leidenschaften der Autorin bestimmt. Die Biografien der Heldinnen werden nur insoweit behandelt, als sie helfen, sich den Platz dieser Frauen in der ukrainischen Geschichte vorzustellen.

Während ich an diesem Buch arbeitete, musste ich mich häufig fragen: Wie kommt es, dass den starken, stolzen, streitbaren und talentierten Frauen so oft ein tragisches Schicksal bestimmt war? Jahre des Exils, der Verfolgung, der Hinrichtung, des Verschweigens und Vertuschens ihres Namens ... Wenn man mit den Archivmaterialien arbeitet, Memoiren über sie liest, ist man erstaunt, wie treu sie ihren Überzeugungen blieben, mit welcher Beharrlichkeit und welchem Patriotismus sie ihre Ideen verfolgten.

Jetzt, im Winter 2024, während ich diese Zeilen schreibe, geht der Krieg mit den russischen Invasoren in der Ukraine weiter. In diesem Krieg sind dreißig ukrainische Frauen zu Heldinnen geworden, deren Namen fast die ganze Ukraine kennt. Über sie ist 2023 in der Ukraine ein Bestseller unter dem Titel «Neslamni» («Unzerstörbar») erschienen, ein Buch über jene ukrainischen Frauen der Gegenwart, über die Stärke des ukrainischen Geistes, über die Widerstandsfähigkeit von Frauen, die nicht nur sich selbst und ihre Kinder, sondern auch das Land retten müssen. Sie helfen der Armee und richten Waisenhäuser für Kinder ein, deren Eltern im Krieg gestorben sind. Sie retten Verwundete und bringen sie in Krankenhäuser, retten Zivilisten, während ihre Dörfer beschossen werden, und riskieren dabei ihr eigenes Leben. Im letzten Kapitel meines Buches habe ich die Namen dieser 30 Frauen genannt.

Man könnte dieses Buch «Frauen, die die Ukraine erstrahlen lassen» nennen, weil seine Heldinnen in ihrem Leben so viel Wichtiges für ihr Land getan haben, dass sie in die Geschichte und in die Legende eingingen. Sie sind zu Idolen geworden, und Idole sind wie Sterne: Du wirst sie nicht erreichen können. Aber wie ein Seemann in der Weite des Ozeans wirst du an dein Ziel gelangen, wenn du dich nach ihrem Licht richtest.

KAPITEL 1

Fürstin Olga
881–969

Die heilige, die apostelgleiche, die legendäre Fürstin Olga von Kiew, wer war sie? «Von der Überlieferung wird Olga die Listige, von der Kirche die Heilige und von der Geschichtsschreibung die Weise genannt … Die Großfürsten vor ihr führten Kriege, sie hingegen führte den Staat. Unter Olga wurde die Rus bis in die fernsten Länder Europas bekannt», schrieb der Historiker Nikolai Karamsin.

In der Geschichte des Christentums wurde nur wenigen Frauen die Ehre zuteil, außer heiliggesprochen auch zu einer Apostelgleichen erklärt zu werden – es sind nur sechs, und Fürstin Olga ist darunter. Sie war mit Igor, dem Großfürsten von Kiew, verheiratet. Nach dessen Ermordung ging sie keine Ehe mehr ein, sondern nahm das Staatsruder selbst in die Hand. Im Jahr 957 empfing sie in Konstantinopel das Sakrament der Taufe und brachte die christliche Botschaft in ihre Heimat. Sie ließ die ersten christlichen Kirchen in der Rus, dem Kiewer Reich, bauen, darunter die berühmte Sophien-Kathedrale in Kiew.

In der Nestorchronik, der ältesten erhaltenen Chronik der Ostslawen, wird über ihre Eheschließung Folgendes berichtet: Eines Tages ging der junge Fürst Igor in den wilden Pskower Wäldern jagen. Am Fluss Welikaja erblickte er nicht weit vom Ufer einen

Jüngling in einem Kahn. Fürst Igor rief ihn zu sich, um sich von ihm übersetzen zu lassen. Wie wunderte er sich aber, als er erkannte, dass derjenige, der den Kahn führte, keineswegs ein Jüngling, sondern ein junges Mädchen von außergewöhnlicher Schönheit war. Im Verlangen nach ihr entbrannt, versuchte er sie zur Sünde zu verleiten. Doch Olga wies ihn zurück. Dies tat sie so kunstreich, mit so anmutigen, wohlgesetzten Worten an seine Fürstenehre appellierend, dass er nicht nur nicht gekränkt war, sondern sie lange nicht vergessen konnte. Als für den Fürsten die Zeit kam, in den Ehestand zu treten, versammelten sich zahllose schöne Jungfrauen in Kiew, hoffend, zur «obersten Herrin» erwählt zu werden; der Fürst entsann sich aber der «wundersamsten aller Jungfrauen» Olga und sandte seinen Bruder Oleg nach ihr aus. Enttäuscht kehrten die Jungfrauen in ihre Heimatorte zurück, während sich Olga zum fürstlichen Thron begab.

Ob durch Gottes Ratschluss, durch einen glücklichen Zufall oder Igors persönliche Weitsicht – so jedenfalls begab es sich, dass Olga die Zügel des ganzen Fürstenhauses in die Hände bekam. Bald wurden ihre Gemächer am Hochufer des Dnjepr «Olga-Städtchen» genannt, und das Herrschaftszentrum der Rus begann sich aus dem Kiewer Fürstenhof hierher zu verlagern. Da Igor häufig ins Feld zog und selten daheim war, übernahm Olga die Regierungsgeschäfte, empfing Gesandte und entwirrte die politischen Ränke am Hof. Igor ließ seine starke Gemahlin gewähren, ja, er schien sogar froh zu sein, die Bürde der Macht ihr überlassen zu können. Sie lebten glücklich und zufrieden miteinander – einander, wie es dazumal hieß, «zu höchstem Gefallen», indem sie sich die Einflusssphären des Staates teilten: über die militärischen Angelegenheiten verfügte Igor, über die inneren Olga.

Als Igor eines Tages von einem gegen die Griechen geführten Feldzug heimkehrte, stellte er zu seiner Freude fest, dass er Vater geworden war: Sein Sohn Swjatoslaw hatte das Licht der Welt erblickt. Dem Herrscherpaar war aber nur ein kurzes Familienglück vergönnt: Fürst Igor wurde von den Drewljanen ermordet. Weil diese ihre Rache fürchteten, boten sie der Witwe einen neuen Gemahl an – eine damals übliche Form der Reuebekundung und Beschwichtigung. Am Hof der Kiewer Rus erschien eine drewljanische Gesandtschaft und unterbreitete Olga den Vorschlag, den Drewljanen-Khan Maly zu heiraten. Heute lässt sich schwer einschätzen, was die Großfürstin letztlich zu ihren nun folgenden Handlungen bewog – Schmerz über den Tod des Gemahls, staatspolitisches Kalkül oder schlicht Rachedurst? –, doch mit den abgesandten Heiratsvermittlern ging sie überaus grausam um. Sie empfing die Gäste aufs Liebenswürdigste, so als wäre sie gern zu Verhandlungen bereit. «Eure Rede ist mir angenehm», sagte sie. «Morgen werde ich euch die gebührende Ehre erweisen. Jetzt aber kehrt in euer Boot zurück. Wenn meine Leute euch holen kommen, befehlt ihnen, euch zu mir zu tragen.» Kaum aber waren die Gäste gegangen, ordnete sie an, auf dem Hof des Gefängnisses außerhalb der Stadt eine große Grube auszuheben.

Schwach in seiner Eitelkeit ist der Mensch … Wer würde es verschmähen, vor die «lichten Augen» einer schönen Fürstin getragen zu werden? Wer der Lockung einer solchen Ehre widerstehen? – Der nächste Tag brach an und nahm einen Verlauf, wie ihn die Fürstin geboten hatte. Nichtsahnend und frohgemut saßen die Gesandten in ihrem Boot, das auf Menschenschultern dahinschaukelte. Als sie in die Grube stürzten, rief ihnen die Fürstin nach: «Gefällt euch diese Ehre?» Die erste Drewljanen-Gesandtschaft wurde bei lebendigem Leib begraben, die zweite in einem Badehaus verbrannt.

Doch diese blutige Vergeltung genügte Olga nicht. Zum ersten Mal selbst an die Spitze des Heeres getreten, unternahm sie einen Feldzug gegen Iskorosten, die Hauptstadt der Drewljanen. Lange belagerte sie die Stadt, und am Gedenktag für ihren ermordeten Gemahl ließ sie fünftausend feindliche Krieger vor ihren Mauern hinmetzeln. Die Stadt selbst setzte sie mit Vögeln in Brand, an deren Krallen teergetränktes Werg befestigt und angezündet worden war. So unterband Fürstin Olga jeglichen Ungehorsam seitens der ihr tributpflichtigen Stämme und behauptete sich als unumschränkte Herrin über die Rus.

In den Chroniken jener Zeit wird immer wieder auf die Weisheit und Milde hingewiesen, die Fürstin Olga gegenüber ihren Untertanen walten ließ. Ein Jahr nach dem Feldzug gegen die Drewljanen wandte sie sich Nowgorod im Norden zu; dort führte sie staatliche Gedenktage ein und teilte das Land in pogosti, Verwaltungsgebiete, auf – kurz, sie herrschte, wie es heißt, «in den ihr unterstehenden Landen der russischen Erde nicht wie eine Frau, sondern wie ein starker, umsichtiger Mann, hielt die Macht fest in den Händen und wehrte kühn alle Feinde ab».

Die Rus gedieh und erstarkte. Es wurden Städte gebaut und mit Stein- oder Eichenholzmauern befestigt. Die Fürstin selbst, die nicht mehr heiraten wollte, um die Macht nicht teilen zu müssen, blieb in ihrem «Olga-Städtchen» wohnen, umgeben von treuen Gefolgsleuten. Zwei Drittel des eingetriebenen Tributs stellte sie der Wetsche, der Volksversammlung, zur Verfügung, ein Drittel militärischen Zwecken. In die Zeit ihrer Regentschaft fällt eine weitere wichtige Maßnahme: Die Grenzen des Reichs wurden festgelegt, womit die Kiewer Rus erstmals geografisch genau umrissen war. Auch sorgte die Fürstin dafür, dass die «Reckenfeldwachen», von denen später die Bylinen (die mittelalterlichen Heldenlieder) berichten sollten, eingerichtet wurden. Ausländische Kaufleute reisten mit ihren Waren in Scharen nach Gardarike, dem «Land der Städte», wie sie die Rus nannten. Unter Olga entwickelte sich der Staat erstmals zu einer Großmacht.

Nachdem die Fürstin Olga den Staat durch Modernisierungsmaßnahmen gefestigt und mithilfe einer treuen Gefolgschaft gesichert hatte, begann sie sich auf ihr Seelenleben zu besinnen. Bekanntlich brechen die inneren Nöte mit besonderer Kraft hervor, wenn die äußeren zurücktreten. Und während letztere vergänglich sind, sind erstere dauerhaft. «Olga war in ein Alter gelangt, da der Sterbliche den Hauptzielen seines irdischen Tuns Genüge getan hat, sein Ende herannahen sieht und die Müßigkeit und Vergänglichkeit irdischer Größe erkennt», schrieb Karamsin. Die Verkündigungen des Priesters Grigorij aus Byzanz waren offenbar auf fruchtbaren Boden gefallen. Da die einheimischen heidnischen Götter schwiegen, unfähig, eine nach Höherem dürstende Seele zu laben, beschäftigte sich die Fürstin mit der christlichen Botschaft und fand in ihr Halt, Ruhe und Lebenssinn.

Indes, auch in Glaubensfragen verstand sich Olga nicht als Einzelperson, sondern als Oberhaupt eines mächtigen Staates. Im Jahre 955 überantwortete sie Kiew ihrem Sohn und begab sich mit einer großen Flotte nach Konstantinopel. Dieses Unternehmen wurde von den Chronisten ihrer und späterer Zeit als «gottgefälliger Gang» bezeichnet; es war sowohl religiöse Pilgerfahrt als auch diplomatische Mission und Machtdemonstration. Unter großen Ehrenbekundungen wurde Olga in Zargrad, wie Konstantinopel in der Sprache ihres Landes hieß, begrüßt. Das Sakrament der Taufe empfing sie von dem Patriarchen Feofilakt, und als ihr Taufzeuge trat der Kaiser von Byzanz auf, Konstantin VII. Porphyrogennetos.

Nach Kiew kehrte Olga mit Ikonen und Messbüchern zurück, fest entschlossen, ihr Volk zum Christentum zu bekehren. Am Grab von Askold, dem ersten christlichen Fürsten von Kiew, ließ sie eine Kirche zu Ehren des Erretters Nikolaj errichten. Mit der neuen Glaubenslehre zog sie auch nach dem Norden des Reichs, woher sie stammte. Am Ufer der Welikaja hatte sie eine Vision:

Sie sah, wie «drei lichte Strahlen» zur Erde fielen; da befahl sie, dort, wo die Strahlen aufgetroffen waren, eine Kirche zu Ehren der Heiligen Dreifaltigkeit zu errichten. Die besondere Anbetung der Heiligen Dreifaltigkeit geht auf Fürstin Olga zurück.

Doch die Untertanen, Menschen, die von ihr abhingen, zum neuen Glauben zu bekehren, sei es mit gutem Zureden oder mit Drohungen – welch eine geringe Mühe war das im Vergleich zum Widerstand des eigenen Sohnes! Swjatoslaw, längst kein Knabe mehr, sondern inzwischen zum Mann gereift, wollte von der christlichen Lehre nichts hören und sträubte sich gegen deren Verbreitung. Wenn ihm die Mutter von ihrer Reise erzählte, von der Pracht und Herrlichkeit des Zargrader Palastes, der Ehre, die ihr und ihren Begleitern bekundet worden war, und der Weisheit und Gerechtigkeit des Patriarchen Feofilakt, dann hörte er zwar mit ehrerbietiger Miene zu, sagte sich dabei aber, dass all dies nichts als «Weibertorheiten» seien. Swjatoslaw fühlte sich zum Krieger geboren, ihn zog es ins Feld. Wozu die Kräfte an solche Unsinnigkeiten verschwenden, denen die Mutter anhing? Überdies wusste er, dass die Mehrheit seiner Getreuen ihm die Gefolgschaft verweigern würde, wenn er den Glauben wechselte. Und sich in einer Zeit ständiger Kriegswirren mit den eigenen Leuten zu entzweien, hielt er nicht für geraten. Daher verweigerte er sich dem Drängen der Mutter, eine byzantinische Prinzessin zur Frau zu nehmen und den Sitz des Metropoliten in Kiew wiederherzustellen, der unter Askold eingerichtet, später aber wieder abgeschafft worden war.

Eine Zeit lang versuchte Olga, dem Sohn ihren Willen aufzuzwingen. Sie wandte sich an König Otto I., den künftigen Gründer des Deutschen Reiches, mit der Bitte, Priester und Bischöfe als Missionare nach Kiew zu entsenden. Zu ihrer Zeit war die christliche Kirche noch nicht in die römische und die griechische Glaubensrichtung gespalten. Zunächst bestellte Otto den Mönch Libucius aus dem Kloster zum Heiligen Alban von Mainz. Als dieser aber kurz darauf starb, entsandte er den Priester Albert von Trier an seiner statt. Doch hielt dieser es in Kiew nicht lange aus; als er sah, dass all seine Bemühungen um die Bekehrung der Heiden fehlschlugen, entschloss er sich zur Heimkehr. Auf dem Heimweg wurden er und seine Begleiter überfallen und ermordet.

Dem ansonsten guten Einvernehmen von Mutter und Sohn tat der Glaubensstreit jedoch keinen Abbruch. Olga spielte bei der Bewältigung der Regierungsaufgaben auch weiterhin eine maßgebliche Rolle und wurde zu wichtigen Entscheidungen stets hinzugezogen. Sie unterstützte Swjatoslaw in politischen Fragen und empfand Genugtuung über seine militärischen Siege. In der Tat eilte Swjatoslaw von einem Kriegserfolg zum anderen. Er zerschlug das Chasarische Khaghanat (den gefährlichsten Gegner der Rus) sowie Wolgabulgarien und eroberte achtzig Städte an der Donau. Im Kampf gegen die Petschenegen fand er im Frühjahr des Jahres 972 den Tod; seine Mutter war schon im Jahre 969 gestorben. Kurja, der Fürst der Petschenegen, nahm Swjatoslaw gefangen, ließ ihn enthaupten und aus seinem Schädel einen vergoldeten Trinkbecher anfertigen.

Im Alter widmete sich Olga vornehmlich ihrem geliebten Enkel Wladimir. Sie las ihm Heiligengeschichten vor und erzählte ihm von den Heilstaten der christlichen Märtyrer. Und Wladimir war es schließlich, der ihr Werk vollenden sollte: die Christianisierung der Rus. Danach ließ er die sterblichen Reste seiner Großmutter, die nach christlichem Ritual beerdigt worden war, in die Mariä-Himmelfahrt-Kathedrale von Kiew umbetten.

1547 wurde Großfürstin Olga von der orthodoxen Kirche heiliggesprochen.

Und im Jahr 1988 feierte Kiew die tausendjährige Wiederkehr des Tages, an dem es sich zum Christentum bekannte.

Anlässlich dieses Jubiläums schrieb ich für den Almanach *Foto 89* einen längeren Artikel über religiöse Fotografie. Gleichzeitig arbeitete ich an dem Drehbuch zu einem Film, dem ich den Titel *Von Irdischem und Himmlischem* gegeben hatte. Dabei erlahmte ich plötzlich, die Worte widersetzten sich mir, «die Sache lief nicht». Sich über den Glauben zu äußern, noch dazu schriftlich, ist ungemein schwierig, fast unmöglich. Ich plagte mich, zerriss die Entwürfe immer wieder. Schließlich hatte ich genug, legte alles zur Seite und hörte Radio. Jemand erzählte, nach dem Glauben der Beduinen bewege sich des Menschen Seele mit der Geschwindigkeit eines Kamels fort. Wer sich schneller fortbewege, solle innehalten und warten, bis die Seele ihn eingeholt habe. Ich beschloss, auf meine Seele zu warten. In diesem Augenblick klingelte das Telefon, ich nahm ab und hörte die fröhliche Stimme meiner Studienfreundin: «Ich bin in Kiew und drehe etwas über Fürstin Olga! Hier ist es herrlich! Lass dein Moskau sausen und komm her! Los, komm!» Ich aber hing an meinem Drehbuch fest, der Regisseur wetterte schon und mahnte mich täglich. Außerdem musste ich zur Almanach-Redaktion fahren, um mich wegen eines noch nicht bezahlten Artikels zu beschweren. Und ich brauchte neue Schuhe für den Herbst, weil die alten keiner mehr flicken wollte. So saß ich vor der Schreibmaschine und starrte aufs leere Blatt Papier. Und plötzlich wusste ich, dass ich fahren würde: Rutscht mir doch alle den Buckel runter!

Mit den letzten Kräften meiner Fantasie erfand ich einen Grund, warum ich dringend nach Kiew müsse, und machte mich auf. In Kiew wurde ich herzlich empfangen. Dann fuhren wir zur Kathedrale und widmeten uns dem Gedenken an die heilige Olga. Wir filmten den großen Steinsarkophag, in dem ihre Gebeine ruhen, und wohnten dem Festgottesdienst zu ihren Ehren bei. Was dort mit mir geschah, ist mir bis heute unbegreiflich. Es muss eine

Erleuchtung gewesen sein, wie sie in der religiösen Literatur beschrieben wird. Mich ergriff ein so heftiger seelischer Schmerz, dass mir Tränen in die Augen schossen. Es war ein Schmerz der Schuld und Reue; bestimmte Verfehlungen, die ich vor Langem begangen und verdrängt oder vergessen hatte, wurden in meiner Erinnerung wach. Nie zuvor hatte ich das Bedürfnis nach Reue und Buße verspürt. Jetzt zuckte es in mir wie eine Stichflamme auf und leuchtete in die verborgenen Winkel meiner Seele. Hier, am Grab der Großfürstin Olga, wurde mir zum ersten Mal bewusst, was wir alle, die wir in der Sowjetunion aufgewachsen waren, mit der Unterdrückung der Religion verloren hatten. Ein in Gott ruhender Mensch wird sich nie einsam fühlen, denn er weiß, dass ihm jemand zur Seite steht. Und ihm wird stets bewusst sein, dass der Mensch, mit dem er zusammenlebt, ihm nicht allein gehört – denn zuvörderst gehört er Gott …

Nach Hause zurückgekehrt, fühlte ich, dass «meine Seele mich eingeholt» hatte. Wie leicht ging mir das Drehbuch jetzt von der Hand. Und wie mühelos ist dann der Film *Von Irdischem und Himmlischem* daraus entstanden.

KAPITEL 2

Anna von Kiew
1024/1032–1075/1079

«Wohin hast du mich geschickt?» schrieb die Tochter von Jaroslaw dem Weisen, Fürstin Anna Jaroslawna, im Jahr 1051 von Paris aus an ihren Vater in Kiew. «Das ist ein Land der Barbaren, wo die Häuser düster, die Kirchen hässlich und die Sitten rau sind.»

Paris war zu jener Zeit tatsächlich eine dunkle und im wahrsten Sinne des Wortes stinkende Stadt, in der die Abwasserkanäle unter den Fenstern entlang plätscherten und das Vieh durch die Hauptstraßen zum Markt getrieben wurde. In Kiew, der Heimatstadt der Fürstin, lebten damals fast einhunderttausend Menschen, doppelt so viele wie in Paris. Kiew war eine ansehnliche Stadt am Dnjepr mit goldenen Kirchenkuppeln und weißen Palästen.

Fürst Jaroslaw der Weise (979/968–1054) war der Sohn Wladimirs des Heiligen, der das Christentum in der Kiewer Rus eingeführt hat. Er herrschte über Rostow, Nowgorod und fast vierzig Jahre lang über Kiew. Unter seiner Herrschaft wurde die Kiewer Rus einer der mächtigsten Staaten Europas. Jaroslaw schuf die *Russkaja Prawda* (Russische Wahrheit), die erste Gesetzessammlung der Rus, und trug eine legendäre Bibliothek zusammen. Nicht ohne Grund sprach ihn die orthodoxe Kirche heilig, der 5. März ist sein Gedenktag. Jaroslaw ist der Schutzpatron von Juristen, Bibliothekaren, Archivaren und Lehrern.

All seinen Kindern brachte der Fürst das Lesen und Schreiben bei. Aus diesem Grund wurden später in Frankreich nicht nur die Schönheit und «die wilden goldenen Locken» von Fürstin Anna, sondern auch ihre Gelehrsamkeit gerühmt. Jaroslaw der Weise suchte für seine Töchter Ehemänner aus Bündnisstaaten, die für Kiew von Vorteil waren. Alle seine Tochter machten glänzende Partien und wurden Königinnen: Anna von Frankreich, Anastasia von Ungarn, Elisabeth von Norwegen.

Der französische König Heinrich I. (1008–1060) hatte lange kein Glück mit dem Heiraten. Seine erste Verlobte verstarb unerwartet. 1043 heiratete er die Tochter des Markgrafen von Friesland; sie hieß Mathilde, wie seine verstorbene Verlobte, und auch sie starb sehr früh, ein Jahr nach der Hochzeit. Für den 40-jährigen kinderlosen Witwer gab es nichts Schlimmeres, als ohne Erben zu bleiben, und so lenkte er seinen Blick auf die Kiewer Rus. Der Reichtum des Fürsten war ebenso legendär wie die Schönheit, Güte und Fruchtbarkeit der Frauen der Kiewer Rus. Also schickte er im Jahr 1048 Diplomaten nach Kiew, um Fürst Jaroslaw den Weisen zu überzeugen, ihm die fast zwanzig Jahre jüngere Anna zur Frau zu geben. Die Verhandlungen zogen sich über zwei Jahre hin, denn Jaroslaw der Weise liebte seine jüngste Tochter mehr als alle anderen Kinder und wollte sie lange nicht fortlassen. Sie war ihm auch äußerlich sehr ähnlich: ein langes Gesicht mit weichen, regelmäßigen Zügen und ausdrucksvollen großen Augen.

In der Kiewer Sophienkathedrale wurde im 19. Jahrhundert durch Zufall eine über die Jahrhunderte verblasste und zudem übermalte Freske entdeckt, auf welcher die Familie des Fürsten dargestellt ist. Das kleinste auf dem Gemälde abgebildete Mädchen ist Anna, sie trägt ein weißes Leinenkleid mit Gürtel und einen dunkelroten Seidenüberwurf mit Goldbesatz. Ihr Haar ist von einem Tuch bedeckt, aber von Historikern wissen wir, dass Anna «wilde goldene Locken» und im Gegensatz zu ihren Schwestern eine längliche Gesichtsform hatte.

Heinrich I. wartete zwei Jahre lang geduldig auf eine Entscheidung Jaroslaws des Weisen, denn er wollte Anna, «die Verkörperung von Weisheit und Schönheit», wie die Chronisten schrieben, unbedingt zur Frau haben. Im Winter 1050 kam endlich die Einwilligung zur Hochzeit, und ein langer Tross machte sich auf den Weg. Die Braut, ihre Dienerschaft samt der Mitgift und die Wachen zogen über das Eis der zugefrorenen Flüsse in Richtung Westen. Weil die Wege zu jener Zeit sehr schlecht waren, wählte man im Allgemeinen den Winter, um zu reisen. Über Krakau, Prag und Regensburg erreichten sie im Frühjahr 1051 Reims, wo der König sie erwartete. «Dies ist der Augenblick, auf den ich schon immer gewartet habe», rief er begeistert aus, als er seine Braut erblickte. Er fühlte, dass sie sein Leben verändern, es freudvoller und leuchtender machen würde. Auch Anna war bewusst, dass sich nun endlich ihr Schicksal erfüllen würde, denn «Braut und Bräutigam waren sofort von Liebe zueinander erfüllt».

Im Mai fand in Reims die prachtvolle Hochzeit statt; auf einer alten französischen Gravur ist die Darstellung der Heiratszeremonie zu sehen. Es folgte die Krönung Annas, eine Ehre, die noch nie zuvor einer französischen Königin zuteilgeworden war.

Heinrich war der Ansicht, dass ein solcher Schritt die Rechte seiner zukünftigen Erben besser absichern würde. Während der Krönung schwor Anna auf ein von ihr mitgebrachtes Evangeliar in altslawischer Sprache. In Reims ist die Bibel ausgestellt, auf die die späteren Könige ihren Eid ablegten. Diese ist zwar auch in altslawisch abgefasst, kam aber erst im 16. Jahrhundert nach Frankreich und hat deshalb, anders als lange angenommen, keinerlei Bezug zu Anna.

Ihre Charakterstärke, ihr scharfer Verstand und ihre gute Bildung erlaubten der jungen Königin rasch, eine wichtige Rolle bei den Staatsgeschäften zu spielen. Ihre Unterschrift erschien neben der des Königs auf allen wichtigen Dokumenten. Oft hieß es in Berichten über Staatsakte: «In Anwesenheit von Königin Anna»; auf Staatsurkunden stand in der Regel: «Mit Einverständnis meiner Gemahlin Anna». Dies zeigt, dass der König ihrer Meinung besondere Bedeutung beimaß.

Als er von ihren vielseitigen Talenten erfuhr, schickte Papst Nikolaus II. einen persönlichen Brief an Königin Anna:

> «Die Kunde Ihrer Wohltätigkeit drang an unsere Ohren, und mit großer Freude vernehmen Wir, dass Sie in jenem christlichen Land Ihre königlichen Verpflichtungen mit lobenswertem Eifer und bemerkenswertem Geist erfüllen.»

Ein Jahr nach der Hochzeit wurde Anna Mutter. Sie hatte das Gelöbnis abgelegt, ein Kloster zu gründen, wenn sie einen Erben zur Welt bringen würde, und als 1052 ihr ältester Sohn Philipp, der zukünftige König von Frankreich, geboren wurde, ließ sie in Senlis das Kloster Saint-Vincent errichten. Emma, ihr zweites Kind, wurde später Nonne, ihr Sohn Robert starb sehr früh, und ihr letztgeborener Sohn Hugo erhielt den Titel Graf von Vermandois. Der König war häufig auf Feldzügen unterwegs; so musste Anna ihre Kinder ohne ihn erziehen.

Anna Jaroslawna ging nicht allein deshalb in die Geschichte ein, weil sie Königin war, sondern vor allem wegen ihrer Weisheit, Kultiviertheit und Gelehrtheit. Der König liebte sie von ganzem Herzen, und er bewunderte sie sein Leben lang wie am ersten Tag.

König Heinrich I. starb 1060. In seinem Testament hatte er Anna die Vormundschaft über den Thronfolger, Prinz Philipp, übertragen. Sie blieb Königin und wurde Regentin, doch die Vormundschaft konnte sie nach den Gesetzen jener Zeit nicht übernehmen, denn dies war Männern vorbehalten. Und so wurde Graf Balduin von Flandern Philipps Vormund.

Hinsichtlich des weiteren Lebens von Anna Jaroslawna gehen die Meinungen der Historiker auseinander. Die einen behaupten, dass die Königin einen mächtigen Verbündeten brauchte, um ihrem Sohn Philipp die Krone zu sichern. Deshalb heiratete sie 1061 einen der einflussreichsten Männer Frankreichs, den Grafen Raoul de Valois, einen Nachfahren Karls des Großen. Raoul hatte sich von seiner ersten Frau wegen deren Untreue getrennt. Nach der Scheidung heiratete er Anna mit dem Segen der Kirche.

Nach einer anderen Version verliebte sich Graf Raoul in Anna, kaum dass sie in Frankreich angekommen war, wagte jedoch erst nach dem Tod des Königs, ihr seine Gefühle zu offenbaren. Es heißt, er habe Anna während einer Jagd entführt und sie in seine Residenz Montdidier gebracht. Raouls frühere Ehefrau legte bei Papst Alexander II. Beschwerde über die Hinterhältigkeit ihres Gatten ein. Daraufhin wurde Raoul exkommuniziert, und der Papst erklärte die Eheschließung mit Anna Jaroslawna für ungültig. Raoul de Valois scherte sich nicht um das päpstliche Verdikt und lebte mit seiner Auserwählten bis zu seinem Tod im Jahr 1074 in Montdidier.

König Philipp I. von Frankreich hatte leider weder die Weitsicht seines Vaters noch das diplomatische Geschick seiner Mutter geerbt. Er wurde als sturer und aufbrausender Mensch beschrieben. Während seiner Regentschaft liefen die Staatsgeschäfte schlecht. Darüber hinaus lag er im Streit mit dem Vatikan und wurde schließlich ebenfalls exkommuniziert, da er sich hatte scheiden lassen, um eine schönere Frau zu heiraten. Es wird berichtet, dass Philipp bei seiner Mutter Rat suchte. So kehrte diese zurück zu den Staatsgeschäften und wichtige Dokumente trugen wieder ihre Unterschrift.

Über die letzten Jahre Anna Jaroslawnas ist wenig bekannt. Es ist denkbar, dass sie 1054 noch einmal in ihre Heimat zurückkehrte und der Beisetzung ihres Vaters beiwohnte.

In der Sophienkathedrale, einem Wahrzeichen Kiews, befindet sich der fast tausend Jahre alte Sarkophag des Fürsten Jaroslaw des Weisen. Der Totenschrein aus Marmor wiegt sechs Tonnen, der allein zwei Tonnen schwere Deckel ist nur mit Spezialtechnik anzuheben. Im Jahr 2009 sollten die Gebeine Jaroslaws mit modernen Verfahren untersucht werden, doch beim Öffnen des Sarkophags fand man ein Frauenskelett. Es konnte sich hierbei nicht um die Überreste von Jaroslaws Ehefrau handeln, einer schwedischen Prinzessin, die zum orthodoxen Glauben konvertiert war und den Namen Irina erhalten hatte. Über Irina ist bekannt, dass sie bereits mehrere Jahre vor Jaroslaw verstorben war und in Weliki Nowgorod bestattet wurde, wo ihr Sohn Wladimir als Fürst herrschte. Das Skelett der Unbekannten wurde in den Sarkophag zurückgelegt. Erst vor Kurzem hat sich geklärt, was mit den Überresten des Fürsten geschehen ist. Während der Sowjetzeit wurde der Sarg mehrfach geöffnet, 1936 entdeckte man ein männliches und ein weibliches Skelett darin; 1939 wurde der Anthropologe Ginsburg hinzugezogen. Er nahm die Gebeine mit in sein Institut nach Leningrad, um sie zu untersuchen. Es stellte sich heraus, dass das männliche Skelett einer zwischen 60 und 70 Jahre alten Person mit einer Größe von etwa 1,75 Meter, einem angeborenen Gehfehler und einer Fußverletzung zuzuordnen war. Alles stimmte: Jaroslaw hinkte von Kindesbeinen an und wurde später bei einem Kampf am Fuß verletzt. Auch das Alter war zutreffend.

Als sich 1943 die deutschen Truppen aus Kiew zurückzogen, verließ auch eine Reihe von Vertretern der ukrainisch-orthodoxen

Kirche die Stadt. Der Erzbischof nahm aus der Sophienkathedrale die Überreste Jaroslaws sowie eine wundertätige Ikone mit. Die Gebeine legten einen schwierigen und langen Weg zurück, von Kiew nach Polen, von Polen nach Deutschland, von Deutschland in die USA. Dort geriet die Reliquie in die Hände des Geistlichen Iwan Tkatschuk. Er lebte in einem winzigen Zimmerchen in New York und bewahrte die Überreste Jaroslaws zwanzig Jahre lang unter seinem Bett auf. Nach dem Tod Tkatschuks erhielt die ukrainisch-orthodoxe Kirche in den USA die Gebeine; heute liegen sie zusammen mit der Ikone, mit der sie 1943 aus Kiew fortgeschafft worden waren, in einer Kirche in Brooklyn.

In ihren letzten Jahren war Anna Jaroslawna einsam; ihre Eltern, ihre Geschwister, ihre Verwandten und Vertrauten waren nicht mehr am Leben. Keiner ihrer Gefährten, die damals mit ihr nach Frankreich gekommen waren, war noch bei ihr; viele waren gestorben, manche in die Heimat zurückgekehrt.

Wann genau Anna Jaroslawna starb und wo sich ihr Grab befindet, ist nicht bekannt. Angeblich wurde sie in der Abtei Villiers unweit von Paris beigesetzt; die Grablege wurde allerdings während der Französischen Revolution zerstört. Anderen Berichten zufolge verstarb sie in Worms, und wieder andere Quellen behaupten, sie sei nach Kiew zurückgekehrt. Im von ihr gegründeten Kloster in Senlis gibt es eine Statue der Anna mit der Aufschrift: «Anna kehrte ins Land ihrer Vorfahren zurück.» Jedoch erscheint Historikern diese letzte Version als die unwahrscheinlichste. Königin Anna hinterließ in Frankreich einige Kirchen, die denen in Kiew ähnlich sind. Die Klosterkirche in Senlis ist bis heute erhalten geblieben, und die Legende besagt, dass Anna hier ihre letzte Ruhe fand. Das letzte Dokument, das sie gemeinsam mit ihrem Sohn unterzeichnete, datiert auf das Jahr 1075. Die Mehrzahl der Wissenschaftler ist geneigt, dieses Jahr als Annas letztes Lebensjahr anzunehmen;

manche meinen indes, dass sie erst 1079 starb. Wie auch immer es gewesen sein mag, in Senlis hat sich ihr zu Ehren bis zum heutigen Tag der schöne Brauch erhalten, die 30 ärmsten Witwen der Stadt zu einem Essen einzuladen.

Man sagt, dass ein Mensch erst dann wirklich tot ist, wenn niemand mehr an ihn denkt. Über Anna Jaroslawna werden auch heute noch Bücher geschrieben und Filme gedreht. Auch die französische Kleinstadt Montgeron bei Paris bewahrt Spuren von Anna Jaroslawna.

Ein Schlösschen in Montgeron trägt den Namen Château du Moulin-de-Senlis (Schloss Zur Senliser Mühle), denn auf dem Gelände befand sich zu Annas Zeiten eine Mühle, in der sie ihr Getreide mahlen ließ, bevor es über 200 Kilometer weit nach Senlis transportiert wurde. Nach dem Tod von Königin Anna wurde aus der Mühle eine Abtei, danach errichtete man an dieser Stelle ein königliches Jagdschloss. Später waren dort in einem Waisenhaus Kinder untergebracht, und noch später lebten mittellose Emigrantinnen in dem Gebäude.

KAPITEL 3

Marusja Tschuraj
1625–1653

Üblicherweise verbrachte ich in den beiden Sommermonaten meine Ferien bei meinen Eltern in der Ukraine. Sie lebten im Dorf Nowgorodskoje, ehemals New York, in der Region Donezk. Meine Mutter bereitete jeden Morgen das Frühstück vor, immer fröhlich und begeistert von der Idee, dass wir der Reihe nach alle meine ukrainischen Verwandten besuchen würden. Meine Mutter hatte, wie im Übrigen auch mein Vater, eine bemerkenswerte Eigenschaft, die mir ein Teil des ukrainischen Charakters zu sein scheint. Sie besaß die glückliche Fähigkeit, dem Vertrauten und Offensichtlichen eine freudige Bedeutung zu entlocken. Deshalb summte sie beim Zubereiten des Frühstücks immer leise vor sich hin. Marusja Tschurajs Lied «Die Winde wehen, wilde Winde wehen …» war eines ihrer Lieblingslieder. Ich glaube, ich habe diesen Charakterzug von ihr übernommen; auch ich summe jetzt morgens dieses Lied vor mich hin. Meinem Papa gefiel das Lied jedoch nicht besonders und er kommentierte ironisch: «Es ist natürlich schön, aber so traurig, und es zieht sich in die Länge. Es ist wohl für Menschen gedacht, deren Leben ruiniert ist. Marija, wähle dir doch etwas Fröhlicheres von Marusja Tschuraj aus.»

Mir kam nie in den Sinn, dass Marusja vor fast vierhundert Jahren gelebt hat. Jedoch schien sie mir die geheimnisvollste aller berühmten ukrainischen Frauen zu sein, auch weil die Historiker immer noch streiten: Existierte sie wirklich oder handelt es sich um eine Legende? Diese Streitigkeiten empfand ich als eine schreiende Ungerechtigkeit gegenüber Marusja, die für mich ganz real war. In meiner Vorstellung wollte ich alle blinden Flecken in ihrer Biografie ausfüllen. Und weil ich mich so intensiv und so lange mit dieser Fantasie beschäftigte, glaubte ich an deren Wirklichkeit.

Marusja Tschuraj war eine Volksdichterin und Sängerin mit einer ungewöhnlich schönen Stimme. Der ukrainische Historiker Vadim Modsalewskij, Autor der vierbändigen «Kleinrussischen Genealogie» (1920), war überzeugt, dass sie die Autorin von zwanzig der beliebtesten ukrainischen Lieder ist, Lieder, die zu Volksliedern geworden sind: «Die Winde wehen, wilde Winde wehen», «Oh, geh nicht Grytsju», «Die kleinen Kosaken begannen zu pfeifen» und andere. Im Laufe der Jahre wandten sich ukrainische, russische und polnische Schriftsteller der Geschichte der legendären Ukrainerin zu. Da war zum Beispiel Alexander Schachowskoj, der Mitte des 19. Jahrhunderts eine Erzählung über sie schrieb: «Marusja – die kleinrussische Sappho» (1839) ist der Titel. Der Schriftsteller Hryhorii Kvitka-Osnowjanenko, der als Begründer des ukrainischen Klassizismus gilt, schuf ein literarisches Porträt der Volkssängerin und stellte sein Folkloresmaterial und seine persönlichen Aufzeichnungen auch dem Fürsten Schachowskoj zur Verfügung. In der Folgezeit entstanden Romane, Balladen und historische Dramen über sie. Jeder Autor interpretierte ihr Schicksal auf eigene Weise – einige sahen eine romantische Künstlertragödie, andere ein Sozialdrama in ihrem Leben. Die interessanteste Interpretation ist Olha Kobyljanskas Geschichte «Ich habe am frühen Sonntag einen Trank gegraben» (1909). So schrieb Olha Kobyljanska, eine Klassikerin der ukrainischen Literatur: «Der bulgarische Schriftsteller Petko Todorow, der mich 1903 persönlich besuchte, machte mich auf Volkslieder, ihren Reichtum und ihre Frische aufmerksam. Ich dachte über seine Worte nach und begann zu schreiben.» «‹Am frühen Sonntag habe ich den Trank gegraben …›. Als ich diese Geschichte schrieb, kannte ich ‹Geh nicht, Grytsju, zum Fest am Abend› von Staritsky überhaupt nicht. Aber die Worte des Liedes haben ihren Zweck erfüllt. Lessja Ukrajinka wollte meine Erzählung auf die Bühne bringen … Sie sagte übrigens, dass meine Geschichte weit über ihrem literarischen und künstlerischen Wert stehe. Sie ging persönlich zu Mykola Lyssenko und bat um eine Komposition, um die Geschichte für die Bühne zu vertonen.» Die 1909 veröffentlichte Erzählung war ein großer Erfolg und wurde in viele Sprachen übersetzt und später auch verfilmt.

Ein bedeutendes Ereignis im kulturellen Leben der Ukraine war die Veröffentlichung des Buches «Das Mädchen aus der Legende. Marusja Tschuraj» im Jahr 1967 (Auswahl, Textredaktion und Nachwort von Leonid Kaufman). Es enthält mehr als zwanzig Lieder, die der berühmten Frau aus Poltawa zugeschrieben werden. Im Vorwort der Veröffentlichung schrieb Mychajlo Stelmach: «… dieses Mädchen wurde für die Liebe geboren, erlebte aber ihre Freuden nicht und ergoss all ihre Hoffnungen, ihr ganzes liebendes Herz Tropfen für Tropfen in unübertroffene Zeilen, die auch jetzt noch nachhallen, unsere Herzen erregen und verblüffen durch die Tiefe und Aufrichtigkeit der Gefühle, die Perfektion der Form, den Charme der Melodien.»

«Meine Geliebte ging,
unterhalb des Berges entlang,
Da begann der Berg zu blühen.
Und sie blühte als Schneeballstrauch.»

Im «Nachwort» berichtete Leonid Kaufman auch folgende Tatsache: «Der ukrainisch-sowjetische Dichter Ivan Chomenko, der Materialien für sein dramatisches Gedicht ‹Marusja Tschuraj› sammelte, fand in den Materialien der Kosakengesetzgebung des 15.–17. Jahrhunderts den Text des Gerichtsurteils gegen die Liedermacherin aus Poltawa. Dies ist ein interessantes Dokument und das bislang einzige, das die Historizität der Person von Marusja Tschuraj beweist. Der Inhalt des Urteils, der Stil und die sprachlichen Besonderheiten geben Anlass, es als echtes historisches Dokument zu betrachten.»

Andere Historiker, wie Professor Mychajlo Wosnjak, glaubten dennoch, dass «Marusja Tschurajs Liedschaffen nur auf Fantasie basiert», und die Autorenschaft für die Volkslieder «Die Winde wehen, wilde Winde wehen», «Oh, geh nicht, Grytsju , zum Fest am Abend», «Die kleinen Kosaken begannen zu pfeifen», «Karren rollten den Berg hinunter» und andere durch nichts zu beweisen sei. Vielleicht hatte der Begründer dieser Theorie, Fürst Schachowskoj, mit der leichten Hand eines unerfahrenen Ukraine-Experten der Heldin willkürlich die Urheberschaft der genannten Lieder zugeschrieben, als er die Erzählung «Marusja – die kleinrussische Sappho» verfasste. Aber wir sollten nicht vergessen, dass Schachovskoj sich auf die Dokumente des Ethnologen Hryhorii Kvitka-Osnowjanenko berief.

Ein grandioser Erfolg war der 1979 erschienene historische Versroman der ukrainischen Dichterin Lina Kostenko «Marusja Tschuraj». Als er kürzlich im Dnipro-Verlag in der Reihe «Romane und Geschichten», in der eigentlich nur Prosa veröffentlicht wird, neu aufgelegt wurde, startete er mit einer beispiellosen Auflage von 100 000 Exemplaren. Und auch das konnte die Nachfrage der Leser nicht vollständig befriedigen. Mychajlo Slaboshpytsky nannte das

Langgedicht eine Enzyklopädie des ukrainischen Volkslebens in der Mitte des 17. Jahrhunderts.

Auch wenn Lina Kostenkos Versroman keine historische Studie ist, vermochte sie dank ihrer künstlerischen Kraft eine feste Vorstellung von der historischen Realität des «Mädchens aus der Legende» in den Köpfen ihrer Leser zu etablieren.

Tatsächlich gibt es keine dokumentarischen Beweise zur Existenz von Marusja Tschuraj, aber das hat wenig zu bedeuten. Natürlich könnten beispielsweise Kirchenbücher und Materialien der Kanzlei der Kosakenverwaltung etwas Licht auf ihre Persönlichkeit werfen, aber sie verbrannten in den Flammen eines riesigen Feuers, das im Sommer 1658 in Poltawa, der Heimat der Heldin, wütete. Dennoch gilt Tschuraj als historische Persönlichkeit, als Liedermacherin und Improvisatorin ukrainischer Lieder und als eine der besten Sängerinnen ihrer Zeit.

Nach allem, was man vermutet, wurde Marusja, eigentlich Marina, mit Vatersnamen Gordejevna, 1625 in Poltawa in der Familie eines Sergeanten des Poltawaer Kavallerieregiments, Gordej Tschuraj, geboren. Nach der Niederschlagung des Kosakenaufstands unter Führung des Hetmans Pavel Pavljuk gegen die polnischen Eroberer geriet er in polnische Gefangenschaft. Im Jahr 1638 wurde Gordej zusammen mit anderen Gefangenen in Warschau hingerichtet. «[Er] ging in den Tod und kehrte in die Erinnerung zurück, und jetzt wird ihn niemand mehr töten.»

Gordej Tschurajs Frau Gorpina blieb mit ihrer Tochter Marusja allein. Das Mädchen war attraktiv, hatte die Gabe der poetischen Improvisation, eine wundervolle Stimme, ein gütiges Herz und ein fröhliches und geselliges Gemüt. Sie liebte die Ukraine sehr, schätzte die Liebe und vergab keinen Verrat. Es war die Untreue ihres Geliebten, die Marusja zerstörte. Im Frühjahr 1648 begann der Befreiungskrieg des ukrainischen Volkes gegen den polnischen Adel. Das Poltawa-Regiment, in dem Marusjas Geliebter – ein großer, dunkeläugiger, gut aussehender Mann mit hellbraunen Locken, Grigory Bobrenko, diente –, zog ebenfalls in den Kampf. Die persönlichen Erfahrungen des Mädchens, ihre Sehnsucht nach ihrem Geliebten führten zu immer mehr poetischen Zeilen, neuen Liedern und Gedanken:

«Die Kosaken standen auf im Morgengrauen.
Ziehen ins Feld nach Mitternacht;
Marusenka weint …»

Doch leider erwies sich der junge Mann als charakterschwach und fügte sich dem Willen seiner Mutter, die sich gegen seine Heirat mit der armen Marusja wandte. Als Grigory von einem Feldzug zurückkehrte, schickte er Heiratsvermittler zu Anna, der wohlhabenden Nichte von Oberst Martyn Pushkar, der Tochter von Kapitän Fjodor Wischnjak.

Marusja konnte den Verrat ihres Geliebten nicht verzeihen und wollte sich in ihrer Verzweiflung ertränken, aber sie wurde gerettet. Dann bereitete sie sich einen vergifteten Trank zu, den Grigory aus Versehen trank. (Nach einer anderen Version wollte ihm das Mädchen einen Liebestrank geben, verwechselte aber das Rezept.) Hier gründet die Wahrnehmung von Marusja als Sängerin starker Liebe, leidenschaftlicher Vergeltung für Verrat und großen seelischen Schmerzes. Die junge Frau konnte die Vorwürfe ihres Gewissens nicht ertragen, kam zum Abschied von ihrem verstorbenen Geliebten in die Kirche und gestand vor allen Leuten ihre Tat. Sie wurde vor Gericht gestellt und ins Gefängnis gesteckt.

Marusja glaubte an eine höhere Gerechtigkeit und antwortete auf alle Fragen des Gerichts mit hartnäckigem Schweigen. Bei Lina Kostenko lesen wir:

«Der Richter sah die Angeklagte an:
Was hat die Mörderin dazu zu sagen?
Sie sagt kein Wort.
Sie steht. Still. Und schaut.
Und das ist alles.»

Von Marusja hörten die Richter kein Wort der Rechtfertigung, denn «wenn Verrat die Seele so versengt hat, scheint die Seele nicht mehr zu schmerzen».

Es scheint, dass ein einziger Gedanke das Mädchen quälte: Warum hat Grigory sie verraten? Der gutmütige, liebevolle, zärtliche Mann, warum hat er eine reiche Braut und ein wohlhabendes Leben ihr vorgezogen? Und dann noch gegen seinen Willen! Onkel Akim Schibilist erklärte die Tat des Mannes auf seine eigene Art:

«Von hier aus eilte er vom einem Ufer zum anderen.
Er liebte Reichtum und liebte Lieder.
Es ist, sagen wir, so,
als würde man an Gott glauben.
Und die Seele an Satan verkaufen.»

Zeugen wurden zur Verteidigung der Angeklagten aufgerufen – Iwan Iskra, ein Anführer des Poltawa-Kosakenregiments, der unerwidert in Marusja verliebt war, tritt leidenschaftlich auf, «ganz blass, und unter seinen Augen ist sogar Schwärze»:

«Dieses Mädchen ist nicht einfach so Marusja.
Das ist unsere Stimme. Ein Lied. Die Seele.
Als die Krieger zum Feldzug aufbrachen,
weinte Poltawa mit ihren Liedern.
Was brauchten wir im Krieg?
Säbel, Banner und ihre Lieder.
Unsere Siege, Qualen und Ruinen
werden in ihren Worten unsterblich sein.
Sie war wie die Stimme der Ukraine,
Die brodelte unter den Bannern!»

Obwohl sich die Menschen einhellig auf ihre Seite stellten, verurteilte das Amtsgericht Poltawa Marusja 1652 zum Tode («Tod durch Halsstrafe»). Doch dem wohlgeborenen Poltawa-Kosaken Iwan Iskra gelang es, Hetman Bohdan Chmelnyzkyj selbst Bericht zu erstatten und ihn davon zu überzeugen, Marusja zu begnadigen.

Am Tag der Hinrichtung versammelten sich die Menschen auf dem zentralen Platz von Poltawa. Zwei Henker legten das erschöpfte, gefesselte Mädchen auf das Schafott. Plötzlich stürmte ein Reiter auf einem Pferd durch die Menge, von dem in Güssen der Schweiß flog. Er brachte vom Hetman der Ukraine einen Erlass mit, um Marusja zu begnadigen, im Andenken an den heldenhaften Tod ihres Vaters, der in Warschau hingerichtet wurde, und um der wunderbaren Lieder willen, die sie den Kosaken und dem gesamten Volk schenkte:

«So einen Sänger sollte man nicht an der Kehle bestrafen,
So geht das nicht, das Lied wird ersticken!»

Die gerettete Sängerin trat in ein Kloster ein. Ein Leben ohne Liebe, ohne Glauben an das Ideal wurde für sie zu einem langsamen

Tod. Bald wurde das Waffenstillstandsabkommen mit dem polnischen Adel gebrochen und die Flammen des Befreiungskrieges loderten erneut auf. Wieder ging das Poltawa-Kosaken-Regiment auf einen Feldzug, wieder sang man dabei ihr Lied:

«Das Land, das in die Freiheit blickt, blüht.
Ich habe Lust zu leben.»

Was wünschte sich Marusja Tschuraj, zerstört vom Verrat und dem Tod ihres Geliebten, gedemütigt durch die Schande eines ungerechten Prozesses? Nicht viel.

«Ich werde die letzten Tage irgendwie überstehen.
Ja, das ist das Ende. Ich werde die Nacht im Tod verbringen.»

Wahrscheinlich musste die legendäre Ukrainerin ihren bitteren Kelch austrinken, um mit dem reinigenden Schmerz ihrer lyrischen Werke, vermischt mit Tränen und ihrer unzerstörbaren Standhaftigkeit, für immer im Gedächtnis der Menschen zu bleiben. Im Jahr 1653 starb die 28-jährige Marusja Tschuraj in einer Klosterzelle an Schwindsucht, Trauer, Melancholie und Einsamkeit.

Das ist sie also, die junge Frau aus der Legende ...

Die berühmte ukrainische Sängerin und «Volkskosakin» Raissa Kîritschenko nannte ihr Liederensemble einst «Tschuraivna». Sie trat mit ukrainischen Volksliedern auf, darunter auch denen von Marusja Tschuraj.

Im Januar 2000 feierte die Ukraine den 375. Geburtstag von Marusja Tschuraj. Im Jahr 2002 beschlossen die Behörden in ihrer Heimatstadt Poltawa, im Stadtzentrum, in einem Park in der Nähe des Kinos, ein Denkmal für Marusja zu errichten. Am Wettbewerb nahmen Bildhauer aus vielen Städten der Ukraine teil und reichten fast siebzig Vorschläge ein. Die Gewinner kamen aus Poltawa – der Architekt Dmytro Korschunow und der Bildhauer Walerij Karjuk. Jetzt steht in ihrer Heimatstadt ein Denkmal aus weißem Marmor, ein schlankes Mädchen mit einem Kranz in der Hand darstellend.

Auf den Bühnen mehrerer Theater in der Ukraine, insbesondere in Kiew und Winnyzja, finden Aufführungen über die legendäre Ukrainerin Marusja Tschuraj statt – ein Symbol für das Gesangstalent des ukrainischen Volkes, mädchenhafte Reinheit, Schönheit, Stolz, Treue und Liebe.

Marusja Tschuraj hat den Abgrund des Vergessens überwunden: Die Menschen haben sie sich immer so vorgestellt – stolz, stattlich, jung und so stimmgewaltig, wie es nur alle hundert Jahre vorkommt.

Im Jahr 2025 jährt sich der Geburtstag von Marusja Tschuraj zum 400. Mal. Wie gerne würde ich ihre Heimat Poltawa besuchen!

Volkslieder sind eine sehr ernste Sache. Sie geben dem Leben ein Gefühl von Bedeutung. Alles steht in Verbindung zueinander. Hier raschelt das Laub, da leuchten die Augen eines Menschen, hier herrscht Dämmerung, da Traurigkeit.

Das Volkslied ist voller Bedeutung, eine Art Erwartung. Es weist auf die Wichtigkeit und den Ernst des Lebens hin. Wir gehen einfach in den Wald, sehen die Welt, ein Feld, sehnen uns nach unserem geliebten Menschen oder trauern um ihn, und Volkspoesie und Melodie, die ein Volkslied bilden, geben all dem einen Sinn. Und ganz gleich, ob es sich um ein reines Volkslied handelt oder ob es von der brillanten Marusja Tschuraj geschrieben wurde – es ist eine Gelegenheit, wichtige Dinge in der Welt auszudrücken. Daher bleibt ein Volkslied – heute, gestern und für immer und ewig – etwas Wunderschönes, in dem die Seele des Volkes steckt.

KAPITEL 4

Marko Wowtschok
1833–1907

«Alte Sagen und Legenden» war ein Lieblingsbuch meiner Kindheit. Besonders aufregend fand ich die Geschichten über die Amazonen, die bei uns in den Donezker Steppen am Ufer des Asowschen Meeres gelebt hatten. Das Buch enthielt sogar eine Karte der alten Siedlungsgebiete der Amazonen - ich staunte darüber, dass es das Gebiet der späteren Ukraine war. Amazonen waren weibliche Spezialeinheiten des 10. Jahrhunderts, die beschlossen hatten, Männern keine Macht zu geben und sie zu zerstören - ja, sie verübten also eine Art geschlechtsbezogener Völkermord.

Ich habe das Buch mehrere Male gelesen, einmal sogar während des Ukrainisch-Unterrichts in der Schule. Die Lehrerin erzählte etwas, und ich verbarg das Buch unter meinem Schreibheft, um in Ruhe die Geschichte der Amazonen zu genießen. Besonders bewegte mich die Geschichte von der List der Kriegerinnen. Eines Tages ritt ein Fürst mit seinen Getreuen irgendwohin, um irgendetwas zu erobern. Und plötzlich sah er ein schönes Mädchen, das an einen Baum gefesselt war. Seine Soldaten machten Halt an diesem Baum, um dem Mädchen zu helfen. Und dann sprangen wunderschöne Reiterinnen, die Amazonen, hinter den Büschen hervor und zerhackten die Feinde wie Kohlköpfe. Und hier, an genau dieser Stelle, hörte ich die strenge Stimme der Lehrerin: «Kuschtewskaja, in welchen Geschichten beschreibt Marko Wowtschok das schwierige Leben der Bäuerinnen?» Ich stehe schweigend da: «Du liebe Güte, welcher Marko Wowtschok, welche Bäuerin?» «Ich habe doch eben darüber gesprochen», empörte sich die Lehrerin. Ich schämte mich und nahm mir vor, am Abend nicht nur «Die Kosakin», «Marusja» und «Das Institutsfräulein» zu lesen, was laut Lehrplan vorgeschrieben war, sondern auch die anderen Geschichten von Marko Wowtschok. Und sie haben mich in Erstaunen versetzt und sind mir für den Rest meines Lebens in Erinnerung geblieben. Seitdem lese ich Marko Wowtschok wieder und wieder.

Die deutsche Literaturhistorikerin mit ukrainischen Wurzeln Anna-Halja Horbatsch schrieb in ihrem Buch «Die ukrainische Literatur entdecken» über Marko Wowtschok: «Diese Schriftstellerin eroberte sich schon in den 50er Jahren des 19. Jahrhunderts einen Platz in der Literatur. Ihre Stilmittel wie auch die Thematik ihrer Erzählungen verweisen auf die Richtung des romantischen Ethnografismus. Mit ihrer Geisteshaltung ist sie jedoch mit der jungen Generation verbunden. Sie war die Erste, die Erzählungen mit sozialen Tendenzen verfasst hat, auch wenn sie vorwiegend der Zeit der Leibeigenschaft gewidmet sind, während die Autoren der 70er Jahre das Leben der Bauern nach der Aufhebung der Leibeigenschaft beleuchteten. Genauer gesagt, ihr besonderes Talent gilt dem Schicksal der leibeigenen Bäuerinnen. Erzählungen wie ‹Das Institutsfräulein›, ‹Die Kosakin›, ‹Odarka›, ‹Adelswille› zeichnen grausame Bilder des Leidens leibeigener Frauen während ihrer Fronarbeit: Hohn, Schläge, zerstörtes persönliches Glück, gewaltsame Trennung Liebender (‹Das Institutsfräulein›), Verlust eines Kindes infolge herrschaftlicher Launen (‹Adelswille›), völlige Demoralisierung der Familie und Hungertod (‹Die Kosakin›). Der Frauencharakter in ihren Werken ist der eines demütigen, wortlosen Opfers, das die ihm zugefügten Quälereien als Willen Gottes hinnimmt.»

Marko Wowtschok ist das literarische Pseudonym von Marija Wilinska. Sie wurde am 10. Dezember 1833 im Dorf Jekaterininskoje in der Region Orjol südlich von Moskau geboren. Im Alter von sieben Jahren verlor sie ihren Vater, ihre Mutter heiratete ein zweites Mal und das Mädchen wurde zunächst auf ein privates Internat in Charkow und dann zu ihrer Tante in die Stadt Orjol geschickt. Dort lernte sie den 29-jährigen Kiewer Universitätsabsolventen Opanas Markowitsch kennen und heiratete ihn. Marija war 17 Jahre alt. Unmittelbar nach der Hochzeit reisten sie in die Ukraine, wo Markowitsch seine Arbeit bei einer Zeitung in Tschernigow aufnahm. «Marija war nicht hübsch, aber sehr charmant», schrieb ein Zeitgenosse über sie, «ihre schönen grauen Augen strahlten Intelligenz aus, und ihre Lebendigkeit, ihr Humor und ihre Offenheit machten sie unwiderstehlich.» 1853 zog das Paar nach Kiew. Ihr Mann arbeitete als Lehrer an einem Gymnasium und interessierte sich für Folklore. Auf seinen ethnografischen Forschungsreisen begleitete ihn seine Frau. Und dort, auf einer Expedition durch ukrainische Dörfer, kam Marija plötzlich die Handlung einer Kurzgeschichte in den Sinn. Das Überraschende ist, dass Marija sofort begann, auf Ukrainisch zu schreiben. Mit der Zeit begann sie, ihre ukrainischen Geschichten selbst ins Russische zu übersetzen, damit sie in einflussreichen russischen Literaturzeitschriften veröffentlicht werden konnten.

Wenn ich bei meinen Lesungen von der Ukraine erzähle, fragen die deutschen Zuhörer oft, ob sich die ukrainische Sprache stark vom Russischen unterscheidet. Und sie interessieren sich für die Ukraine insgesamt, für die Geschichte und für ukrainische Literaturklassiker. Auch die Philologin und ukrainische Literaturkritikerin Anna-Halja Horbatsch äußert sich zu dem Thema: «Seit die Ukraine ein selbständiger Staat geworden ist, wissen nicht nur Fachleute, dass die Ukrainer keineswegs ‹Kleinrussen› sind und das Ukrainische eine eigene Sprache ist und kein ‹südrussischer Dialekt›, wie dies in den letzten zwei Jahrhunderten behauptet wurde. Doch meist beschränkt sich dieses Wissen eben auf diese schlichte Tatsache. Dass die Ukraine eine Geschichte, also auch eine Kultur- und Literaturgeschichte hat, die der ihrer Zeitgenossen durchaus ebenbürtig sind, ist immer noch weithin unbekannt.» («Die ukrainische Literatur», Brodina Verlag)

Normalerweise begegnete ich Anna-Halja Horbatsch auf der Leipziger Buchmesse, wo ihr Brodina Verlag immer einen kleinen Stand hatte. Ihr Mitgefühl und ihre Liebe zur Ukraine und zur ukrainischen Literatur waren erstaunlich. So schlecht sie sich auch manchmal fühlte, die Literatur war ihr Zufluchtsort und ihre Rettung. Gespräche über Literatur konnten sie von all ihren Sorgen ablenken …

Ich erinnere mich, wie sie einmal krank, mit einer Erkältung und Fieber aus Reichelsheim im Odenwald nach Leipzig kam. Wir begannen zu plaudern und redeten auch über Marko Wowtschok, und plötzlich begann sie zu lachen: «Weißt du, Tatjana, dass der deutsche Komponist Eduard Mertke mehr als 200 ukrainische Lieder aufgenommen hat, die ihm Marko Wowtschok vorsang? Zuerst war ich überrascht, und dann zählte ich die Lieder zusammen, die ich von ihr kenne, es sind nicht weniger!» Und dann lächelte sie und fügte scherzhaft hinzu: «Manchmal denke ich, mir wurde zu viel gegeben, was meinst du?»

Anna-Halja Horbatsch war eine so tatkräftige, so wissensdurstige Frau. Bis zuletzt arbeitete sie an der Popularisierung ukrainischer Literatur in Europa. Sie träumte davon, den zweiten Band ihres Buches «Die Ukraine im Spiegel ihrer Literatur» zu vollenden. Und sie lachte und scherzte gern: «Wenn ich das Buch fertig habe,

Tatjana, werde ich es in einem Exemplar veröffentlichen, damit es schnell ausverkauft ist.»

Was geschah weiter im Leben der jungen, aufstrebenden Schriftstellerin Marko Wowtschok? Sie hatte sich entschlossen, ihre Geschichten an den maßgeblichen Kritiker und Herausgeber Pantelejmon Kulisch in St. Petersburg zu schicken. Über seine Bewunderung können wir in einem Brief lesen, den er im Juni 1857 an seine Frau schickte: «Ich habe von Markowitschs Frau eine neue Geschichte aus dem Landleben erhalten. Wunderbar! Einfach wunderbar! So etwas hat es in unserer Literatur noch nie gegeben. Was für eine Sprache! Welche Formen! Es ist wirklich ein Wunder! Ich habe die Erzählung niemandem vorgelesen, aus Angst, dass man sie nicht so verstehen würde wie ich, und das wäre schade. Das Wichtigste hier ist nicht, dass es keine Fiktion ist, sondern wie sie es darstellt, dass das alles passiert ist. Alles geschah wirklich und wird genau so erzählt, wie es war und passiert ist. Wenn es veröffentlicht wird, kann es jeder nach besten Kräften verstehen.»

Das Schicksal von Marko Wowtschok scheint aus Paradoxien gewoben zu sein. Sie schien kein Talent zu haben – und wurde eine berühmte Schriftstellerin. Sie schien keine Schönheit zu sein – und hatte extremen Erfolg bei Männern. Sie wirkte schüchtern und verlegen – und war die attraktivste, charmanteste Frau ihrer Zeit. Am 26. November 1857 schrieb Kulisch an Taras Schewtschenko, der sich in Nischni Nowgorod befand: «Ich wollte dir, mein lieber Freund Taras, einige neue Bücher schicken, die gerade gedruckt werden, aber es ist schwierig, ein Blatt nach dem anderen aus dem Riesenstapel bedruckten Papiers herauszuholen. Sobald alles gebunden ist, schicke ich es dir. Du wirst sehen», fügt Kulisch hinzu, «was hier für Wunder geschehen: Sogar die Steine fangen an zu weinen. Wo hat man schon solche Wunder erlebt, eine Moskauerin hat sich in eine Ukrainerin verwandelt und solche Geschichten verfasst, dass selbst du, mein Freund, hättest erschüttert sein können. Du wirst sehen, welche Steppenblumen hier gedeihen.»

Im Verlauf von nur drei Jahren, von 1855 bis 1857,entstand ein großes Werk. Sie schrieb die Erzählungen «Die Schwester», «Die Kosakin», «Odarka», «Tschumak», «Traum», «Gorpina», «Lösegeld», «Die Schwiegermutter», «Vater Andrey», «Maxim Grymach», «Danilo Gurch», «Bezauberung» und den kleinen Roman «Das Institutsfräulein». Die Erzählungen «Haydamaky» und «Ledashchitsa» wurden begonnen. Gleichzeitig schrieb sie Geschichten auf Russisch: «Spielzeug», «Kateryna», «Die Kaufmannstochter», «Nadeschda», «Mascha», «Sascha». Ihr Pseudonym «Marko Wowtschok» verwendete sie erstmals für die Veröffentlichung ihrer «Volkserzählungen» (1857), wobei sie einen Teil des Nachnamens ihres Mannes mit dem Namen eines Dorfes in der Nähe ihres Wohnorts Nemirow verknüpfte.

Der Erfolg inspirierte die junge Schriftstellerin und verlangte noch mehr harte Arbeit. Taras Schewtschenko, der berühmte ukrainische Dichter, bestand darauf, dass sie nach St. Petersburg kommen möge. Im Dezember 1858 verließ Marija gemeinsam mit ihrem Mann und ihrem Sohn ihre Heimat Nemirow. Auf dem Weg nach St. Petersburg machte sie Halt in Kiew. In Lotoki, nahe der Stadt Schostka im Gebiet Sumy, besuchten sie ihren Bruder Markowitsch und in Orjol traf sie die Mardowins, bei denen sie aufgewachsen war. In Moskau lernte sie den Naturwissenschaftler, Historiker und Volkskundler M. Maksimowitsch kennen, einen engen Freund von Taras Schewtschenko und der erste Rektor der Kiewer Universität. Sie traf sich mit dem Schriftsteller Sergei Aksakow und besuchte die Redaktion der Zeitschrift «Russischer Bote», in der ihre ukrainischen Erzählungen in Wowtschoks eigener Übersetzung veröffentlicht wurden.

Am 23. Januar kam Marko Wowtschok in St. Petersburg an und am nächsten Tag wurde ihr alter Traum wahr – sie traf sich mit Taras Schewtschenko. Dieses Ereignis war nicht nur für sie bedeutsam. In Erinnerung an diesen Tag schrieb der Dichter ein Gedicht «Für Marko Wowtschok (in Erinnerung an den 24. Januar 1859)», in dem er die Erzählerin von volkstümlichen Geschichten «eine strahlende Heilige von jugendlicher Kraft» nannte, eine «Tochter und sanfte Prophetin, Anklägerin grausamer, unersättlicher Menschen». Mit diesen Worten erklärte Taras Schewtschenko sehr genau und umfassend die wesentlichen Merkmale ihrer künstlerischen Begabung. Vor allem erkannte er scharfsinnig die soziale Stoßrichtung ihrer Geschichten, ihre schonungslose Darstellung der Realität.

Ihre engsten Freunde, vor allem Iwan Turgenjew und Taras Schewtschenko, sorgten sich um die Entfaltung ihres schriftstellerischen Talents und rieten ihr zu einem Auslandsaufenthalt. Nach einigen Zweifeln stimmte Marija zu, dem Rat zu folgen. Am 29. April 1859 verließ sie gemeinsam mit ihrem Mann und ihrem Sohn St. Petersburg in Richtung Berlin. Iwan Turgenjew begleitete sie auf dem Weg. Marko Wowtschok war mit der Absicht ins Ausland gefahren, dort mehrere Monate zu bleiben und dann nach Hause zurückzukehren. Außerdem hatte sie vor, in einem Kurort etwas für ihre angeschlagene Gesundheit zu tun. Doch die Umstände fügten sich so, dass sie fast acht Jahre in Westeuropa blieb. Zunächst blieb sie in Deutschland – in Dresden, Heidelberg und anderen Städten. Von Deutschland aus reiste Marija dreimal nach England – insbesondere zu einem Treffen mit Alexander Herzen, wo sie auch Nikolai Ogarjow und andere Exilrussen aus dem Kreis des großen Publizisten und Philosophen kennenlernte. In Frankreich führte Iwan Turgenjew die Schriftstellerin in den Salon der herausragenden Sängerin Pauline Viardot ein, wo sie Gustave

Flaubert, Prosper Mérimée, Jules Verne und Pierre-Jules Hetzel kennenlernte, den umtriebigen Verleger von Familienillustrierten wie *Magasin d'éducation et de récréation* und Herausgeber der Bücher von Jules Verne. Er veröffentlichte unter dem Pseudonym P.-J. Stahl auch eigene Geschichten. Um diesen einflussreichen Pariser Literaten scharten sich die besten literarischen und wissenschaftlichen Kräfte seiner Zeit. Er veröffentlichte Erzählungen von Marko Wowtschok, auch die berühmte Geschichte «Die Kosakin» in der Übersetzung von Prosper Mérimée. Selbst eine so kurze Auflistung von Orten, Ereignissen, Fakten und Persönlichkeiten, die mit Marko Wowtschoks Auslandsaufenthalt verbunden sind, zeigt, wie aktiv und vielseitig sie in das kulturelle Leben eingebunden war. Gleichzeitig musste sie sich um die finanzielle Situation ihres Sohnes kümmern, ihn unterrichten und erziehen. Ihr Mann Opanas Markowitsch war bereits 1860 von Heidelberg nach Tschernigow zurückgekehrt.

Im Februar 1867 starb ihr Mann Opanas Markowitsch und Marko Wowtschok kehrte nach St. Petersburg zurück. Eine neue, sehr aktive und fruchtbare Etappe in ihrem Leben begann. Sie wurde in den freundschaftlichen Kreis von Schriftstellern aufgenommen, die sich um die von Nikolai Nekrassow und Wera Panowa geleitete Zeitschrift *Otetschestvennye sapiski* (Vaterländische Annalen) zusammenfanden. In diesem Kreis leistete Marko Wowtschok als Übersetzerin und Herausgeberin Großes für die russische Kultur. Sie übersetzte deutsche, französische, englische und polnische zeitgenössischer Literatur ins Russische. Das waren damals populäre Werke wie die des Autorenduos Erckmann-Chatrian, Romane des Science-Fiction-Erfinders Jules Verne, Märchen von Hans Christian Andersen, sozialkritische Romane des polnischen Schriftstellers Bolesław Prus und viele andere. Gemeinsam mit ihrem Freund Dmitri Pisarew übersetzte sie «Das Leben der

Tiere» von Alfred Brehm und «Die Abstammung des Menschen» von Charles Darwin ins Russische. Während ihres Aufenthalts in Paris schrieb sie eine Reihe Erzählungen für Kinder und Jugendliche auf Französisch, die 1871 von ihrem befreundeten Verleger Pierre-Jules Hetzel in seiner Zeitschrift veröffentlicht wurden. Und sie erwarb auch ein musikalisches Verdienst: 1865 organisierte sie zusammen mit dem baltendeutschen Komponisten Eduard Mertke die Liedersammlung «Zweihundert ukrainische Lieder», deren Noten nach ihrem Gesang notiert wurden. Allerdings wurde nur das erste Heft veröffentlicht, das 25 Einträge enthielt.

In den Jahren 1871–1872 gab Marija die Zeitschrift «Übersetzungen der besten ausländischen Schriftsteller» heraus, von der siebzehn Ausgaben veröffentlicht wurden. Allein der Name des Journals definierte bereits ihr Bildungsziel. Um die Zeitschrift herum vereinte sie ein Team qualifizierter Übersetzerinnen, Frauen, die auf diese Weise erstmals eine bezahlte Erwerbsarbeit aufnehmen konnten.

Ende der 70er Jahre wurden die Umstände in ihrem Privatleben und in ihrer Arbeit äußerst schwierig. Es waren Jahrzehnte des russischen Chauvinismus und des gesellschaftlichen Rückschritts. In der Ukraine verbot das Walujew-Zirkular von 1863 und der noch härtere Emser Erlass von 1876 jegliche Veröffentlichung in ukrainischer Sprache. Auch Marko Wowtschok durfte keine Werke in ukrainischer Sprache veröffentlichen. Ihre Verbindungen zur ukrainischen Presse in Galizien verschlechterten sich, auch wenn ihre Werke dort immer noch von Zeit zu Zeit gedruckt wurden. Die Veröffentlichung neuer Werke in St. Petersburg verschlimmerte ihre Situation, sie geriet in eine Plagiatsaffäre. Nach dem Tod von Nikolai Nekrassow 1878 wurde seine Zeitschrift, mit der sie lange zusammengearbeitet hatte, von der Zensur schikaniert. Ihr Sohn Bohdan hatte 1874 an Studentenunruhen teilgenommen und galt als politisch unzuverlässig. Natürlich machte sich seine Mutter ständig Sorgen um ihn.

Kurz vor diesen Ereignissen hatte Marija einen jungen Marineoffizier, Mychajlo Lobatsch-Schutschenko, kennengelernt und geheiratet. Im Januar 1878 trat er in eine Einheit im Kaukasus ein und wurde nach Stawropol versetzt. Im April desselben Jahres verließ auch Marija Petersburg für immer – mit ihrem Adoptivsohn Boris begleitete sie ihren Mann. Nun begann eine Phase schwierigen und halbnomadische Lebens in verschiedenen abgelegenen Provinzen ohne Verbindung zur kulturellen und literarischen Welt. Ihre besten Freunde waren bereits für immer verstummt – Taras Schewtschenko, Nikolai Dobroljubow, Dmitri Pisarew, Nikolai Nekrassow. Die Bewohner der Garnisonsstädte Stawropol oder Saratow sahen in ihr nicht die berühmte und erfolgreiche Schriftstellerin, sondern eine gewöhnliche, wenn auch freundliche Offiziersfrau, Gattin von Mychajlo Lobatsch-Schutschenko, die sich bereitwillig mit Menschen solidarisierte, die in Not geraten waren, und versuchte, jedem nach Kräften zu helfen.

Im Jahr 1902 besuchte Marija noch einmal Kiew, besuchte die Redaktion der Zeitschrift «Kiewer Altertümer» und reichte ein Märchen zum Druck ein. «Das Abenteuer des Teufels» hatte sie nach dem Vermächtnis von Taras Schewtschenko geschrieben. Der Dichter hatte ihr den Auftrag ans Herz gelegt, «Schau, meine Liebe, dass du mir einen Haufen Märchen schreibst, zwei oder fünf oder am besten sieben ...»

Anfang des Jahres 1906 schied ihr Mann aus dem Militärdienst aus und kaufte sich ein Anwesen am Stadtrand von Naltschik. In dem kleinen Haus verbrachte die Schriftstellerin die letzte Zeit ihres Lebens. Selbst als sie schon sehr schwach war, beschäftigte sie sich mit ukrainischer Literatur, schrieb und korrigierte. Sie arbeitete an ihrem Lieblingsplatz im Garten, im Schatten eines Birnbaums, auf einem Schaukelstuhl sitzend. Am 10. August 1907 starb Marija Alexandrowna. Sie wurde, wie sie es sich gewünscht hatte, neben dem Haus im Garten begraben.

«Eine starke Frau ist zerbrochen. Der klare Stern unserer Literatur ist untergegangen.» So reagierte Iwan Franko, einer der wichtigsten ukrainischen Autoren, auf den Tod von Marko Wowtschok.

In Naltschik im Nordkaukasus, wo die Schriftstellerin die letzten Monate ihres Lebens verbracht hatte, entstand ihr zu Ehren ein literarisches Hausmuseum. Es bewahrt Gegenstände und Bücher aus ihrem Besitz auf und wirkt mit seiner Einrichtung aus dem 19. Jahrhundert anheimelnd und gemütlich. Das historische Gebäude ist von einem kleinen, lauschigen Park umgeben, und auch der Birnbaum, in dessen Schatten sie so gern saß, fehlt nicht.

In der Ukraine wurden Museen zum Andenken an die Schriftstellerin in Nemirow in der Region Winnyzja und in Bohuslav nahe Kiew eingerichtet. Und viele Straßen in der Ukraine tragen ihren Namen!

Die Einzelheiten aus dem Leben von Marko Wowtschok sind gut bekannt. Das ist auch das Verdienst ihres Enkels, des Schriftstellers Boris Lobatsch-Schutschenko, der zwei Bücher über sie verfasste: «Eine Chronik über Leben und Werk von Marko Wowtschok» (Kiew 1969) und «Über Marko Wowtschok» (Kiew 1979). Er suchte voller Hingabe nach Dokumenten über ihr Leben, korrigierte Fehler in früheren Biografien und vergrub sich in das Studium der Familienarchive. Die Bücher über Marko Wowtschok sind vielleicht keine spannenden Romane, und sicher keine Bestseller, aber wer wollte, hat sie bemerkt und gelesen. Marko Wowtschok war eine ungewöhnliche Frau, deren Talent und Vielseitigkeit nicht nur eine ganze Epoche inspirierte und mit Bewunderung erfüllte, sondern auch ihre Nachkommen beflügelte.

KAPITEL 5

Olena Ptschilka
1849–1930

Ihr bürgerlicher Name ist Olha Petriwna Kossatsch, doch der Name, den sie für sich wählte, passte gut zu ihr. Ptschilka, die Biene ist ein sympathisches und fleißiges Insekt. Urteilen Sie selbst. Die Frau mit dem Pseudonym «Biene» war Dichterin, Prosaschriftstellerin und Dramatikerin, Übersetzerin und Publizistin, Lehrerin und Wissenschaftlerin, Volkskundlerin und Ethnografin, Verlegerin und eine aktive Persönlichkeit des öffentlichen Lebens, umsichtige und liebevolle Mutter von sechs Kindern, darunter auch die geniale Lessja Ukrajinka. Sie gehört zu den ersten ukrainischen Verlegerinnen und gilt als Begründerin der ukrainischen Kinderliteratur. Ihre Gedichte und Märchen, Geschichten und Theaterstücke vermitteln den Lesern immer noch moralische Werte wie Menschlichkeit, Freundlichkeit und Liebe. Und so wurde auch das Mädchen erzogen, das später als Lessja Ukrajinka berühmt wurde.

Bei Lessja wurden die Liebe zur Literatur, die Liebe zur Geschichte und ihre überragenden Fremdsprachenkenntnisse in der Kindheit angelegt. Von ihrer Mutter erbte sie auch einen mutigen, willensstarken Charakter, den Hass auf den Zarismus und die damit einhergehende nationale Unterdrückung sowie einen tiefen Patriotismus. Und Olena Ptschilka war die erste Leserin, Kritikerin und Lektorin der Werke ihrer Tochter.

Jeder Autor erschafft auch seine eigene Biografie. Alle Wendungen im Lebensweg von Olena Ptschilka sind in der Geschichte der ukrainischen Kultur lebendig. Die Hauptsache sind ihre Bücher. Und beinahe noch wichtiger ist das Vorbild von Unabhängigkeit, die sie gezeigt hat. Ptschilka war als Autorin zu originell und zu klug, um eine Anhängerschar oder eine Schule von Nachfolgern zu haben. Ihr Verdienst ist größer und umfassender. Sie schuf ein Verhaltensmodell für einen neuen Frauentyp und zeigte mit ihrem Beispiel den Wert der heimischen Literatur.

Olena Ptschilka wurde am 29. Juni 1849 in der Stadt Hadjatsch, Gouvernement Poltawa geboren. Sie stammte aus der berühmten Familie Drahomanow, die schon in der Zeit des Hetmanats bekannt war. Einer ihrer Vorfahren stand im diplomatischen Dienst von Bohdan Chmelnyzkyj, ihr Onkel, der Dekabrist Jakow Drahomanow, starb im sibirischen Exil. Olenas Vater Petro Jakymowytsch war ein Kleingrundbesitzer, hatte in Petersburg Rechtswissenschaften studiert und war als Anwalt im Kriegsministerium tätig gewesen. Später ließ er sich als Anwalt in seiner Heimatstadt nieder. Er liebte Literatur, schrieb Gedichte und Erzählungen auf Russisch und sammelte Beispiele der Volkskunst. Petro Jakymowytsch erzog seine Kinder in einem humanistischen Geist. In seiner Anwaltspraxis unterstützte er Handwerker und Kleinunternehmer und vor allem Kosakenfamilien. Den Kindern der Familie Drahomanow wurde beigebracht, die Natur zu achten und Kunst und Literatur zu lieben.

Die Tochter Olha und ihr älterer Bruder Mychajlo wurden von ihrer Mutter Jelysaweta Sjaska erzogen. Im Haus waren oft Musik und ukrainische Lieder zu hören. Als die Kinder alt genug waren, um an die «Buchwissenschaft» herangeführt zu werden, übernahm der Vater die Erziehung. Mit zwölf trat Olha in ein Kiewer Internat für adlige Töchter ein. Ihr Bruder Mychajlo, der später ein berühmter Wissenschaftler, Literat und politischer Denker wurde, begeisterte sie für die Mitarbeit an der Kiewer «Hromada», einer Kultur- und Bildungsorganisation der liberalen ukrainischen Intelligenz. In diesem Kreis begegnete Olha eindrucksvollen Persönlichkeiten, dem Komponisten Mykola Lyssenko, dem Schriftsteller Mychajlo Staryzkyj, den Wissenschaftlern und Ethnografen Pavel Shitetsky, Alexander und Sofia Rusov. Und wenn ihr Bruder Mychajlo Drahomanow einen starken ideologischen Einfluss auf seine Schwester hatte, dann kann Mychajlo Staryzkyj durchaus als ihr «Patenonkel» in ihrer literarischen Entwicklung angesehen werden. Er war es, der Olha vorschlug, sich an Übersetzungen ins Ukrainische zu versuchen. Zwei Märchen von Hans Christian Andersen waren der Beginn ihrer Karriere als Übersetzerin.

Im Jahr 1866 absolvierte Olha das Internat für adlige Töchter. Sie sprach hervorragend Französisch und Deutsch, kannte sich gut mit europäischer und russischer Literatur aus und musizierte. Die Vorstellungen, die die Kiewer Öffentlichkeit zu dieser Zeit vertrat, faszinierten die Geschwister Drahomanow und ihren Kreis. Zu Mychajlo Drachomanows Bekannten zählte Petro Kossatsch, der 1868 Olhas Ehemann wurde. Olha zeichnete sich durch ihre Charakterstärke ebenso aus, wie durch ihre Fähigkeiten, ein Haus zu führen und die Wirtschaft zu organisieren.

Bald zog die junge Familie nach Wolhynien um. In Nowohrad-Wolynskyj (Swjagel), wurde Petro Kossatsch nach seinem Universitätsabschluss der Vorsitz des Kongresses der Friedensvermittler übertragen. Hier wurde am 25. Februar 1871 Tochter Larisa, die spätere berühmte Dichterin Lessja Ukrajinka, geboren. 1879 zogen die Kossatschs nach Luzk und ließen sich ein Jahr später im Dorf Kolodjaschnoje im Bezirk Kowel nieder.

In Wolhynien studierte Olha die ländliche Volkskunst, notierte Lieder, sammelte Ornamente und Muster der Trachtenstickerei und begann, trotz ihrer wachsenden Familie, selbst zu schreiben. Sechs Kinder brauchten ihre Aufmerksamkeit und ständige mütterliche Fürsorge. Und nicht nur Lessjas Krankheit wurde zu einem großen mütterlichen Schmerz: «Heute habe ich den ganzen Tag geweint», schrieb sie an ihre Mutter, weil sich herausstellte, dass Lily Symptome derselben Krankheit hat wie Lessja: «Auch die arme Lily beginnt mit einem Bein zu hinken ... Ist es nicht genug, dass Lessja kaum noch gehen kann und ihre Krücken direkt an meine Seele klopfen?» Aber die Kinder sahen ihre Tränen nicht. Hier ein paar Zeilen aus den Memoiren ihrer jüngsten Tochter Olha: «Lessja lernt weiterhin Deutsch und Französisch mit unserer Mutter, sie liest Bücher in diesen Sprachen. Mychajlo kam zu Weihnachten nach Kolodjaschnoje, Lessja konkurriert mit ihm beim Übersetzen von Homer und Ovid. Unlängst begann sie gemeinsam mit Mutter die «Ilias» zu übersetzen. In diesen Weihnachtstagen haben Mychajlo und Lessja die «Abende auf dem Weiler von Dikanka» von Gogol gemeinsam übersetzt. Und Mama hat sich für die beiden sogar ein Pseudonym ausgedacht: Michail «der Aufmerksame» und Lessja «Ukrajinka». So veröffentlichte die Zeitschrift «Sorja» 1884 unter dem Pseudonym «Lessja Ukrajinka» die ersten Gedichte der jungen Lessja – «Maiglöckchen» und «Sappho».

Die häuslichen Aufgaben hinderten die zielstrebige Olha nicht in ihrer Motivation und Schaffenskraft. Ihr Leben voller hoher Ambitionen wurde zum Vorbild für ihre Kinder. Im Jahr 1867 veröffentlichte Kossatsch in Kiew ihre Sammlung «Ukrainisches Folkloreornament» mit Stickereien, Bordüren und Webmustern. Im Jahr 1880 erschien das Buch «Spiwomowki. Die Lieder von Stepan Rudanskyj», dessen Herausgabe sie finanziert hatte. Mehrere Erzählungen von Nikolai Gogol und Alexander Puschkin übersetzte sie ins Ukrainische, oder, wie man damals sagte, in die kleinrussische Sprache. Ab 1883 veröffentlichte sie ihre Gedichte und Erzählungen in Zeitschriften in Lemberg und Kiew.

Trotz aller Sorgen im Familienalltag war es ihr tiefes inneres Bedürfnis, etwas Kreatives zu vollenden. So ist auch ihr Zusatz unter ihrem Manuskript «Rusalka» zu verstehen: «Am 21. abends (September 1888) begonnen, am 22. abends weitergeschrieben und am 23. tagsüber geschrieben und abends beendet. Geschafft! Welch ein Gefühl!»

Es ist erstaunlich, wie viel diese Frau wusste und konnte, und wie sicher sie sich in allem war! Olha unterrichtete die Kinder in Zeichnen, Musik und Geschichte. Das Ehepaar Kossatsch zog die Kinder zu Hause groß und unterrichtete sie selbst: Olha vermutete, dass die Schule ihre Bemühungen, die Kinder «in der ukrainischen Sprache» zu erziehen, zunichtemachen würde. Schließlich sprachen nicht einmal alle Kiewer Intellektuellen Ukrainisch. So widerstand Olha dem Druck der Russifizierung, schützte ihre Herkunftskultur und vermittelte sie erfolgreich ihren Kindern. «Ich muss sagen, dass es zwar fast keine ukrainischen Kinderbücher gab, aber in unserer Familie gab es trotzdem viele Bücher für die Kinder, die sie gern mochten, zumal wir damals noch nicht zwischen Kinder- und Nicht-Kinderbüchern unterschieden haben. Die Kinder lasen sehr gern die Erzählungen von Kulisch und Marko Wowtschok. Sie kannten ‹Pan Twardowski› von Hulak-Artemowskyj auswendig. Andersens Märchen in der Übersetzung von Staryzkyj und serbische Lieder in seiner Übersetzung waren ein großer Beitrag für ihre Erziehung, und besonders Lessja liebte sie sehr. Ihre Fantasie wurde von der ‹Meerjungfrau› stark angeregt. Die Lektüre des Jungen Mychajlo war ernster, da er auch etwas älter war. Er überraschte uns immer mit seiner Literaturauswahl. Er las bereitwillig wissenschaftliche Bücher wie die Monografien des Historikers Kostomarow.»

Mit Stolz und Dankbarkeit nannte Lessja Ukrajinka ihre Mutter die beste, klügste und talentierteste Frau der Welt.

Olha Petriwna war natürlich stolz auf ihre Kinder, sorgte sich um jedes einzelne und erzählte in ihren Briefen an zahlreiche Verwandte liebevoll von ihnen. Zwei Söhne und vier Töchter, alle schön, klug, talentiert, zogen aus dem Kossatsch-Haus in die weite Welt. «Ich wollte meine Seele und meine Gedanken in Kinder stecken, und ich kann mit Zuversicht sagen, dass es mir gelungen ist. Ich weiß nicht, ob Lessja und Mychajlo ohne mich ukrainische Schriftsteller geworden wären. Ja, vielleicht, aber höchstwahrscheinlich nicht. Ich habe eigentlich meine Kinder immer mit Umständen umgeben, in denen ihnen die ukrainische Sprache am nächsten kam, und sie so viel wie möglich von Kindheit an lernten», erinnert sich Olena Ptschilka.

Die 1880er–1890er Jahre wurden zur Blütezeit ihres literarischen Schaffens. Sie arbeitete an Übersetzungen und Veröffentlichungen der Werke von Nikolai Gogol und versuchte sich im Drama: Ihr erstes Stück war ein kaum bemerkter Einakter, doch ihre Komödie «Die Dinge der Welt» war überaus erfolgreich und wurde von den besten ukrainischen Schauspielern Sankowetska, Kropiwnitskij, Saksaganskij und Lynitska aufgeführt. Im Jahr 1882 erschien in Kiew eine Broschüre mit ihren poetischen Übersetzungen «Für ukrainische Kinder», mit Werken von Alexander Puschkin («Antschar»), Michail Lermontow («Drei Palmen», «Zweig Palästinas», «Mtsyri») und des polnischen Dichters Vladislav Sirokomlja («Der Sänger»). Gemeinsam mit Mychajlo Staryzkyj gab sie den Almanach «Rada» heraus, in dem 1883 ihr Gedicht «Die Kosakin Jelena» veröffentlicht wurde.

Seit den frühen 1880er Jahren schrieb Olena Ptschilka regelmäßig für die Zeitschrift «Sorja». 1887 veröffentlichte sie den Almanach «Der erste Kranz», den sie gemeinsam mit Natalja Kobrinska und mit aktiver Unterstützung von Iwan Franko erstellte. Zwei Gedichte und die Erzählung «Freundinnen» wurden im Almanach veröffentlicht. Übersetzungen ins Ukrainische nahmen bei Olena einen bedeutenden Platz ein. Unerschrocken und unermüdlich übersetzte «die Biene» Autoren wie Lew Tolstoi, Lermontow, Puschkin, Kolzow, Gogol, Fet, Tjutschew und Turgenjew, und mit ebensolchem Fleiß antike und westeuropäische Autoren: Sappho, Ovid, Longfellow, Swift, Dickens, Goethe, Schiller, Heine, Hugo, Daudet, Słowacki, Mickiewicz, Andersen, Maupassant.

Sie machte die Menschen mit Volksmusik, ukrainischem Krippenspiel, der Kunst der ukrainischen Kobsaren, mit Volksmärchen und ukrainischen Weihnachtsliedern bekannt.

Als ihr Mann Ende der 1890er Jahre eine Stelle in Kiew bekam und die Familie dauerhaft dorthin zog, war Olena Ptschilka bereits eine ziemlich berühmte Schriftstellerin. Sie tauchte in das literarische Leben der Hauptstadt ein und beteiligte sich am Leben der Kiewer Literatur- und Künstlergesellschaft. Im Jahr 1901 feierte diese Gesellschaft den 25. Jahrestag ihrer literarischen Aktivität. «Sie haben ihre Liebe zum gesamtmenschlichen Fortschritt zu ihrer Motivation gemacht, die untrennbar mit der Liebe zu unserem einfachen, jahrhundertelang unterdrückten Volk verbunden ist. Mit Ihrer glühenden Seele hegten Sie den Gedanken an eine bessere Zukunft und haben nie den Glauben an Fortschritt und Freiheit verloren», so hieß es in der Gratulationsschrift ihr zu Ehren. Im Jahr 1903 beteiligte sich Olena Ptschilka gemeinsam mit anderen Schriftstellern aktiv an der Vorbereitung und Durchführung des Iwan-Kotljarewskyj-Feiertags in Poltawa. Bei der Eröffnung des Denkmals für den Autor der unsterblichen «Enejida» hielt sie eine Rede auf Ukrainisch.

Ab 1905 wurde Olena Mitglied der Redaktion und 1907 Herausgeberin und Verlegerin der Zeitschrift «Rada». Dort gaben Autoren wie Pawlo Tytschina und Maksym Rylskyj ihr Debüt. Olena Ptschilka veröffentlichte auch ihre eigenen Werke – die Erzählungen «Ein ärgerlicher Abend», «Eineinhalb Heringe», Gedichte, ihre poetischen Übersetzungen und journalistischen Artikel in dieser Zeitschrift. Und seit 1908 erschien eine Beilage zu «Rada» – eine Zeitschrift für Kinder: «Junge Ukraine». Fabeln, Märchen, Gedichte und Geschichten, die in dieser Beilage veröffentlicht wurden, nehmen einen bedeutenden Platz in der ukrainischen Kinderliteratur ein. Olena Ptschilka selbst hat viel für Kinder geschrieben; ihre Gedichte, Märchen und Fabeln erfreuen Kinder bis heute. Auch Iwan Franko schätzte die Prosawerke der Autorin: «Sie sind die Erste und, wie ich meine, bisher Einzige, die uns vor dem Hintergrund der gesellschaftspolitischen Kämpfe der aufstrebenden ukrainischen Intelligenz fesselnde Romanfiguren geben kann.»

Olha Petriwna blieb eine aktive Persönlichkeit des öffentlichen Lebens und war für viele ein Beispiel für Mut, Willenskraft und Unbesiegbarkeit des Geistes. Ihr ganzes Leben lang kämpfte sie beharrlich und kompromisslos für die Wiederbelebung der nationalen Kultur, für das Recht, in ihrer Muttersprache zu sprechen, zu schreiben und Bücher zu veröffentlichen. Sie appellierte wiederholt an die zaristische Regierung mit der Forderung, das Verbot des Druckens und Unterrichtens in ukrainischer Sprache in der Schule aufzuheben. Olena Ptschilka betrachtete Bildungsarbeit als ihre bürgerliche Pflicht. Sie widmete viel Energie und Talent der Erziehung und Bildung ukrainischer Kinder, «damit sie nicht zu Werwölfen heranwachsen, damit sie sich daran gewöhnen, ihre Eigenheit, Ihre Heimat zu respektieren».

Nach dem Tod von Lessja im Jahr 1913, die sie bis zu ihrem letzten Tag moralisch, finanziell und körperlich unterstützt hatte, zog Olha in ihre Heimat nach Hadjatsch zurück, doch hörte sie dort weder mit ihren sozialen noch verlegerischen Aktivitäten auf.

Während der Zeit der Ukrainischen Zentralrada und der Ukrainischen Volksrepublik gab Olena Ptschilka die Zeitung der Bezirksverwaltung in Hadjatsch heraus. Als im Juli 1917 die pädagogischen Räte der Jungen- und Mädchengymnasien von Hadjatsch das Projekt der Ukrainisierung der Bildung mit knapper Stimmenmehrheit ablehnten, veröffentlichte die Zeitung neun kritische Artikel zu diesem Thema, von denen vier von ihrer Herausgeberin selbst verfasst wurden. Die Autorin teilte die Gymnasiallehrer, die sich gegen den Unterricht in ukrainischer Sprache aussprachen, in drei Kategorien ein: «Ausländer», «Werwölfe» und «Faulenzer», die es gewohnt waren, mit Lehrbüchern zu arbeiten, die sie kannten, und die keine Lust hatten, neue Bücher anzuschaffen.

Olena Ptschilkas aktive Position blieb den bolschewistischen Behörden nicht verborgen. 1919 wurde sie von der Tscheka verhaftet und verhört. Der Literaturkritiker Anatol Kostenko, der ein Buch über sie schrieb, bestätigt, dass die berühmte, betagte Schriftstellerin über die staubige Straße gejagt wurde, angebunden an das Pferd eines Tschekisten.

Erst 1924 gelang es der Ukrainischen Akademie der Wissenschaften, von der Regierung eine persönliche Rente für Olena Ptschilka zu erwirken, und wählte sie zu ihrem korrespondierenden Mitglied. Die Schriftstellerin kehrte nach Kiew zurück, wo sie ihre Arbeit fortsetzte. Es gelang ihr noch, einem befreundeten Autor, Feofan Tscherkassky, Vertreter des Charkower Verlagshauses «Ruch», der 1931 verhaftet und einige Zeit später hingerichtet wurde, ihre Biografie zu diktieren, die zusammen mit einigen Erzählungen noch zu ihren Lebzeiten veröffentlicht wurde.

Am 4. Oktober 1930 verstarb die Schriftstellerin. Olena Ptschilka wurde auf dem Kiewer Baikowo-Friedhof neben den Menschen beigesetzt, die ihr am nächsten standen: ihr Ehemann Petro Kossatsch, ihr Sohn Mychajlo und ihre Tochter Lessja Ukrajinka. Lange wurde sie dem Vergessen anheimgegeben, ihre Werke wurden nicht veröffentlicht, die Erinnerungen an sie wurden aus der Literaturgeschichte gelöscht. Auch die Biografie von Lessja Ukrajinka ist nur vollständig, wenn der Einfluss des Talents ihrer Mutter erwähnt wird. Erst seit Kurzem ist Olena Ptschilka mit Neuauflagen ihrer Werke, in Artikeln, Fernsehsendungen, Gedenkabenden und wissenschaftlichen Konferenzen zu uns zurückgekehrt.

«Unsere schöne Würde ist Olena Ptschilka», sagte meine Großmutter. Ich erinnerte mich an diese Worte, weil ich mich an alles erinnere, was ich im Alter von achtzehn Jahren erlebt und gehört habe. Meine Großmutter erzählte mir mit Begeisterung in der Stimme, wie Olena Ptschilka 1920 in der Stadt Hadjatsch bei einer Feier zum Geburtstag des großen Taras Schewtschenko die blaugelbe Flagge der Ukraine über die Schultern der Büste warf und begann «Sapovit» zu lesen – Schewtschenkos poetisches Testament, das mit den Worten endet:

«… die Freiheit zu erwecken
Lasst uns gemeinsam die Axt schärfen,
und beginnen, sie aufzuwecken …»

Wie aufgeregt sie herbeirannten, wie alarmiert sie waren, die Bolschewiki, die nach dem Sturz des Zaren 1917 die Macht im Land ergriffen hatten! … Und wenig später wurde die siebzigjährige Olena Ptschilka dennoch ins Gefängnis geworfen. Die Menschen in der Ukraine erzählten sich die Geschichte mit der Flagge im Flüsterton! Warum im Flüsterton? Es war eine Zeit der Knebelung, der Unterdrückung und des Verbots jedes wahrhaftigen Wortes. Die Bolschewiki taten alles, um die ukrainische Intelligenz einzuschüchtern, aus dem Land zu vertreiben und um die Verbliebenen zu demoralisieren. «Wir lebten mit einem Kloß im Hals», erinnerte sich meine Großmutter an die Zwanzigerjahre. Deshalb hat Olena Ptschilkas Tat mit der ukrainischen Flagge eine solche Resonanz hervorgerufen.

Neben allen anderen Talenten besaß Olena Ptschilka die Gabe, das Wichtigste aus dem Leben herauszuholen: den Sinn eines jeden Tages. Und um dieses Wichtigste zu verstehen, war gerade in dieser schwierigen, verwirrenden Zeit eine Radikalisierung notwendig. Olena Ptschilka war dazu in der Lage, denn sie war willensstark, mutig, talentiert und liebte die Ukraine über alles.

KAPITEL 6

Warwara Chanenko
1852–1922

Über Mäzeninnen, Frauen, die Künstler unterstützten und förderten, habe ich mehrere Essays und sogar ein ganzes Buch «Die Mäzenin Tschaikowskis» geschrieben. Für mich war es wichtig zu verstehen, was der Wohltätigkeit als sozialem Phänomen zugrunde liegt.

Es stellte sich heraus, dass früher der Grund für Wohltätigkeit oder das Mäzenatentum häufig ein Gefühl war, das ich Reue nennen würde. Nicht nur im Gebet, sondern durch konkrete Taten war es notwendig, Buße zu tun, und die Tat wird besonders wertvoll und effektiv, wenn sie mit großen Geldsummen verbunden ist. Das ist bis heute die Grundlage für eine gigantische Milliarden-Dollar-schwere Investition in alle Arten von Fonds, Zuschüsse und Spenden. Ohne sie würden viele Krankenhäuser, Bildungseinrichtungen, Museen, Theater und Festivals nicht existieren. Die Richtungen der Philanthropie wurden im mittelalterlichen Christentum definiert: Es gibt sieben wesentliche: die Hungrigen speisen, den Durstigen zu trinken geben, die Nackten bekleiden, die Obdachlosen beherbergen, den Gefangenen Mut machen, die Kranken besuchen, die Toten begraben. Über Förderung von Kunst und Unterhaltung wurde im Mittelalter kein Wort verloren, aber mit wachsendem Wohlstand wird dieser Luxus zunehmend zu einer Notwendigkeit.

Das nach Bohdan und Warwara Chanenko benannten Kiewer Kunstmuseum in der Tereschtschenko-Straße 15 ist ein Ort, in dem man gern für immer oder zumindest länger bleiben möchte. Die Schönheit der Gemäldesammlung, beginnend mit alter ukrainischer Ikonenmalerei auf Glas bis hin zur «Infantin Margarita» von Velázquez, von den französischen Impressionisten bis zu den besten Beispielen der ukrainischen Malerei, ist beispiellos. Aber der Name «Chanenko» wurde dem schönen Herrenhaus, in dem sich das Museum befindet, erst 1998 zurückgegeben. Davor hieß es viele Jahre lang Kiewer Museum für westliche und östliche Kunst. Wie kam es, dass diese beiden Namen – Bohdan und Warwara Chanenko – verboten wurden? Schließlich haben sie dem Staat ihre gesamte Gemäldesammlung unentgeltlich überlassen! Und was für eine Sammlung!

Das Familienarchiv der Ehegatten Chanenko verschwand spurlos, alle Fotos, Dokumente, Briefe sind verloren. Und Warwara selbst, eine der erstaunlichsten und edelsten ukrainischen Frauen, eine Wohltäterin und Philanthropin, wurde während der Sowjetzeit auf jede erdenkliche Weise unterdrückt. Warum? Wofür? Die sowjetischen Beamten waren ihre wütenden Gegner, und das ist nur zu gut verständlich: Sie hat mit ihrer Existenz zu viele Menschen geprägt. Sie war zu großmütig: Sie eröffnete kostenlose Schulen, kostenlose Krankenhäuser für die Armen, baute Häuser für die Besitzlosen, eröffnete Bibliotheken und tat viel anderes Gutes. Und selbst wenn man die allerstrengsten Maßstäbe anlegt, hat diese superreiche Frau in ihrem Leben nichts Unehrenhaftes getan, aber vielleicht ist gerade das für den Geschmack kleinlicher, rachsüchtiger und neidischer Menschen unverzeihlich.

Sowjetische Beamte versuchten, ihre reiche Gemäldesammlung, die die Chanenkos bereits ohne Vergütung an die Ukraine gespendet hatten, zu stehlen und einen Teil davon von Kiew aus an russische Museen zu schicken. So wurde Warwara Chanenko zum Ziel eines gierigen, selbstsüchtigen und diebischen Abschaums. Man erniedrigte und schikanierte sie, weil man spürte, dieser edlen und großzügigen Frau unterlegen zu sein. Heute rekonstruieren ukrainische Historiker buchstäblich Stück für Stück das Leben dieser herausragenden Mäzenin.

Warwara Chanenko, geborene Tereschtschenko, war die älteste Tochter eines mächtigen ukrainischen Unternehmers. Ihr Vater war Zuckerfabrikant und der größte Zuckerlieferant in der Ukraine. Die Erinnerung an ihn ist durch zahlreiche Taten für das Gemeinwohl lebendig, über die er selbst jedoch nicht gerne sprach. Er finanzierte die Errichtung des Kathedralenensembles in Gluchow, unterstützte den Bau der berühmten Wladimir-Kathedrale in Kiew und spendete einen beträchtlichen Betrag für die Eröffnung des Kiewer Polytechnischen Instituts – und das ist nur ein kleiner Teil seiner Aktivitäten.

Erstaunliche Bescheidenheit, harte Arbeit und die Bereitschaft, anderen zu helfen – all das lag Tereschtschenko im Blut und wurde an seine Kinder weitergegeben. Seine älteste Tochter Warwara wurde am 9. August 1852 auf dem Familiengut in Gluchow geboren.

Das Mädchen wuchs in einer äußerst kultivierten und hochsinnigen Familie auf. Neugierig und aufgeschlossen, wie sie war, erhielt sie zu Hause eine hervorragende Bildung. Von Kindheit an wurde ihr die Liebe zum Schönen eingeflößt und sie lernte, ihren Nächsten zu lieben, wer immer er sei. Sie war von aufgeklärten und freundlichen Menschen umgeben, die ihr beibrachten, den Geboten ihres Herzens zu folgen. Es ist nicht verwunderlich, dass

Warwara einen Mann als Ehemann wählte, der ein wenig an ihren Vater erinnerte. Nein, er war kein Zuckerfabrikant, aber die Leidenschaft für Kunst, ein aktiver Lebensstil und die Bereitschaft, Gutes zu tun, verbanden sie. Gutes zu tun ohne Belohnung, einfach, weil das Gewissen es so vorschrieb. Warwaras Auserwählter hieß Bohdan Iwanowitsch Chanenko. Er stammte aus einer alten Kosakenfamilie.

Die Tätigkeit als Anwalt hinderte Bohdan nicht daran, sich leidenschaftlich für Kunst zu interessieren und ein anerkannter Kunstexperte zu werden. Darüber hinaus nahm Chanenko am öffentlichen Leben teil und betätigte sich als Philanthrop. Mykola Tereschenko hätte sich keinen besseren Schwiegersohn wünschen können. Das Paar lebte vierzig glückliche Jahre zusammen. Warwara unterstützte bedingungslos die Kunstleidenschaft ihres Mannes und freute sich aufrichtig über jedes neue Gemälde in der Sammlung, obwohl die Familie zunächst nicht viel Geld hatte.

Im Jahr 1884 zogen Bohdan und Warwara Chanenko aus St. Petersburg nach Kiew. Sie kauften ein weitläufiges Herrenhaus in der Aleksejewska-Straße (die spätere Tereschtschenko-Straße) … um sie in eine «Kiewer Eremitage» zu verwandeln, nach dem Vorbild der Petersburger Kunstsammlungen. «Kiewer Eremitage» werden ihre Nachkommen die Sammlung auch viele Jahre später nennen. Die Chanenkos gestalteten das weitläufige Haus nach ihren Wünschen um, sodass es den Anforderungen an ein öffentliches Museum entsprechen konnte. Einer der maßgeblichen Experten für Kiewer Stadtgeschichte, Witali Kowalinski, schrieb über dieses Gebäude: «Das Gebäude wurde über viele Jahre nach den Plänen der Sammler eingerichtet, umgestaltet und geformt. Es war die architektonische Hülle und perfekte Ergänzung der Kunstwerke, die es beherbergt.» Und neben der aufblühenden Chanenko-Kunstvilla bauten sie ein großes Mietshaus – mit den Einnahmen aus Wohnungsvermietungen plante das Paar, das Museum zu finanzieren.

Noch während die Chanenkos ihre Gemäldesammlung aufbauten, beschlossen sie, sie später der Stadt zu schenken. Das Paar besuchte oft Auktionen im Ausland, in Berlin, Paris, Rom und anderen europäischen Städten, und kehrte selten ohne einen Neuerwerb zurück. So wurde 1912 die «Infantin Margarita» von Velázquez in Hamburg erworben. Man kann sich vorstellen, wie glücklich Warwara darüber war, es ist eines der besten Stücke der Sammlung. Warwara hatte ein ausgesprochen feines Gespür für herausragende Kunst. Auch als Bohdan Iwanowitsch sich entschied, archäologische Ausgrabungen zu finanzieren, die der talentierte Archäologe Wikentij Chwoika leiten sollte, war sie begeistert. Gemeinsam mit ihrem Mann begann Warwara mit der Veröffentlichung einer Reihe über «Altertümer der Dnjepr-Region», die die archäologischen Bodendenkmäler in diesem Landstrich der Öffentlichkeit zugänglich machte. Sechs Ausgaben konnten erscheinen, ein immenser Einblick in die Frühgeschichte der Region. Bohdan Iwanowitsch spielte zudem eine bedeutende Rolle bei der Gründung des Kiewer Kunst-, Industrie- und Wissenschaftsmuseums. Er half mit Geld, er leitete die Baukommission und er schenkte dem neuen Museum einen Teil seiner archäologischen Sammlung.

Warwara wiederum entwickelte umfangreiche Aktivitäten auf dem Land. Sie verbrachte viel Zeit auf den Familiengütern in den Dörfern Raigorodka und Jelenowka. Dem Ehepaar Chanenko ist es zu verdanken, dass hier Schulen und Wohnhäuser für Lehrer gebaut wurden. Warwara Chanenko zahlte die Gehälter der Lehrer aus eigener Tasche. Sie half auch den regionalen Kunsthandwerkern, ihre traditionelle Alltagskunst bekannt zu machen. Leicht organisierte sie Ausstellungen für Volkskunst, die für Warwara den gleichen Stellenwert hatte, wie die Gemälde anerkannter europäischer Künstler oder die archäologischen Funde. Die Bewohner der Dörfer wussten, dass sie sich mit ihren Sorgen jederzeit an Warwara wenden konnten und sie ihre Hilfe nicht verweigern würde. Es sind seither so viele Jahre vergangen, doch in Jelenowka spricht man immer noch voller Hochachtung von den Wohltaten dieser schönen Frau und ihres Mannes …

Im Jahr 1915, auf dem Höhepunkt des Ersten Weltkriegs, entschlossen sich die Chanenkos, die Gemälde in Sicherheit zu bringen – sie fürchteten, dass Kiew besetzt werden könnte. Viele ihrer Schätze übergaben sie zur Aufbewahrung in das Moskauer Historische Museum, einige ließen sie in die Wohnung bringen, die sie in St. Petersburg besaßen. Dies rettete die Sammlung jedoch nicht – im Gegenteil. Selbst Moskau und ein Ort wie das Historische Museum konnte nicht alle Gemälde retten. Nach einiger Zeit, etwa um 1917, wurden im allgemeinen Chaos der Revolution Kisten mit Chanenkos Kunstschätzen geöffnet, einige Gemälde wurden in die Moskauer Museen «überführt», andere tauchten später außerhalb der Grenzen Russlands wieder auf. Und einige Gemälde verschwanden spurlos …

Bohdan Chanenko hatte nicht die Gelegenheit, das Chaos und die Schwierigkeiten der ersten Bürgerkriegsjahre nach Ende des Krieges zu erfahren – er starb im Mai 1917 an einer Lungenkrankheit. Seine Frau war untröstlich. Er bat sie vor seinem Tode nur um eines: ihren kostbarsten Besitz, die Gemäldesammlung, zu retten. In seinem Testament verfügte er, die Sammlung dem Staat zu schenken unter einer Bedingung: Das Museum sollte den Namen seiner Frau und seinen Namen tragen.

Mit großer Mühe gelang es Warwara, die Rückgabe der Gemälde aus der Moskauer Evakuierung zu erwirken. Mit der Hartnäckigkeit einer Wissenschaftlerin begann sie mit der Bestandsaufnahme der Gemälde und wollte die Sammlung, oder das, was davon noch übrig war, so schnell wie möglich ordnen und systematisieren, um den Willen ihres Mannes zu erfüllen. Warwara weigerte sich, nach Deutschland auszureisen, wo ihr günstige Konditionen angeboten wurden, ein Museum zu eröffnen ...

Im Dezember 1918 schrieb Warwara Chanenko einen Brief an die Akademie der Wissenschaften. Sie glaubte, dieser Autorität könne man unter jeder Regierung vertrauen, eine Annahme, die sich später als naiv erwies. Aber zunächst einmal unterbreitete sie das Angebot, die Kunstsammlung der Familie als Geschenk anzunehmen – nicht nur die Gemälde, sondern auch andere kunsthistorisch wertvolle Gegenstände und eine große Bibliothek sowie das Gebäude der Stadtvilla. Ihre Hauptbedingung, außer dem Namen des Museums, klang so: Die Bilder müssen «für immer im Haus Nr. 15 in der Tereschtschenko-Straße bleiben», die Exponate «dürfen unter keinen Umständen aus Kiew entfernt werden». Darüber hinaus behielt sie sich das Recht vor, Räume in der Stadtvilla nach eigenem Ermessen zu bewohnen und die Angelegenheiten des Museums zu überwachen.

Über ihren Brief wurde in der Akademie lange nachgedacht, die Namensgebung für das Museum hinausgezögert, aber die Machtverhältnisse änderten sich schnell: Und eines Tages wurden alle, die Warwara umgaben und denen sie in dieser schwierigen Zeit half, aus dem Herrenhaus vertrieben. Ihre Schwester und ihre Cousine sowie die Bediensteten mit ihren Familien wurden gezwungen, sich in einem engen Nebengebäude zusammenzudrängen. Der ehemaligen Gastgeberin und Wohltäterin war es fortan verboten, sich in den Räumlichkeiten aufzuhalten, in denen sich die Exponate befanden; ihr wurde ein kleines Zimmer zugeteilt, und selbst dafür musste sie hart kämpfen. Hier wohnte sie mit ihrer treuen Dienerin Dunjascha. Man erzählt sich, dass die alte und abgezehrte Warwara nachts heimlich und ihren Stolz vergessend in die Ausstellungshallen geschlichen sei und sich lange in die Betrachtung der Gemälde versenkt habe, die ihr einst gehört hatten. Sie bedauerte nicht, dass sie der Stadt dieses Geschenk gemacht hatte, sie bedauerte nur, dass die Stadt, vertreten durch die Behörden, dieses Geschenk nicht wertschätzen konnte und ihr nicht erlaubte, die ihr zugeteilten Tage in Frieden zu verbringen.

Obwohl sie selbst große Entbehrungen litt, machte sie sich am meisten um das Schicksal des Museums Sorgen, um das Schicksal der Gemälde. Ständig schrieb Warwara Chanenko Bittbriefe an verschiedene Behörden und musste dabei immer raten, an wen sie schreiben sollte, da die Machthaber in der Stadt fast täglich wechselten. So erklärte sie in einem Brief an den damals einflussreichen Philologen Ahatanhel Krymskyj: «... Ich liebe das Museum als meine Idee, mein Geschöpf, dem ich so viele Jahre meines Lebens gewidmet habe, und man sollte den Nutzen erkennen, den es bringt, wenn ich innerhalb seiner Mauern bleiben kann, denn ich habe Kiew nicht verlassen und verdiene es auf keinen Fall, aus dem Museum, das ich dem Staat in so idealem Zustand und guter Ordnung übergeben habe, schändlich vertrieben zu werden. Ich habe erklärt ... dass es genug ist ... dass ich den einzigen Raum nicht verlassen werde, den ich im Museum bewohne und in dem ich so viele Jahre, den größten Teil meines Lebens, verbracht habe, und dass sie mich von dort nur tot abholen.»

Sie hatte sich so sehr gewünscht, dass die letzte Bitte ihres Mannes und sein Vermächtnis respektiert würden. Es war ein so unglaublich großzügiges Geschenk an Kiew ... Offenbar bat sie in diesen unruhigen Zeiten ihre Schwester Olga, das Familienarchiv zu verbrennen – um sich aus der Gefahrenzone zu bringen, denn die Machthaber konnten immer einen Fehler finden, für den sie die Reichen straften. Ihre Angst war unermesslich, und sie wartete, glaubte und hoffte ... Und dann fand die Sowjetregierung schließlich etwas, womit sie die Chanenkos belasten konnte – und zwar, dass weder Warwara Chanenko noch ihr verstorbener Ehemann revolutionäre Verdienste vorzuweisen hatten. Die Akademie der Wissenschaften wurde angewiesen, «eine passendere Person für den Namen des Museums» zu finden. Dies war kaum möglich, weshalb das Haus in der Tereschtschenko-Straße einfach Kunstmuseum der Akademie der Wissenschaften genannt wurde. So wurden die Namen der Museumsgründer aus der Geschichte gelöscht. Und lange Zeit erinnerte sich niemand daran, dass dort, in einem Nebenraum, in einem winzigen Zimmer einst Warwara Nikolowna Chanenko lebte – krank und von allen vergessen.

Sie starb am 7. Mai 1922, rechtzeitig, um nicht erleben zu müssen, wie im Jahr 1924 die beschämende Entscheidung über den Namen des Museums getroffen wurde. Warwara wurde neben ihrem Mann im Wydubyzkyj-Kloster nahe der St.-Michael-Kirche beigesetzt. Ohne besondere Ehrungen – nur ein Holzkreuz mit der Aufschrift «Den Chanenkos von Dunjascha» schmückte das Grab. So bedankte sich die Hausdienerin bei ihrer lieben Herrin … Mit der Zeit ist auch dieses Kreuz verschwunden. Und es war niemand da, der sich um das Grab kümmerte – das Paar hatte keine Kinder und ihr wichtigstes «Kind» – das Museum – wusste lange Zeit nichts über seine «Eltern». 1936 wurde es in Kiewer Museum für westliche und östliche Kunst umbenannt. Und erst im Jahr 1998 erhielt das Museum seinen richtigen Namen – seither heißt das Haus in der Tereschtschenkowskaja-Straße 15 «Bohdan-und-Warwara-Chanenko-Kunstmuseum». Aber Warwara Chanenko wird nie davon erfahren.

Ich war 15 Jahre alt, als ich in Kiew zum ersten Mal das Museum für westliche und östliche Kunst besuchte und die berühmte «Infantin Margarita» von Velázquez mit eigenen Augen sah. Ich konnte mich von diesem Bild nicht lösen. Dieser Fächer in der Hand eines dreijährigen Mädchens, die ihn gewohnheitsmäßig und selbstbewusst hält. Die Kleidung, dieses Gesicht, diese Haltung, und dieser Ausdruck von Wichtigkeit! Ich habe in diesem Porträt etwas Geheimnisvolles gespürt, eine Art Magie. Seitdem bin ich in Velázquez verliebt; dafür sollte ich Warwara Chanenko dankbar sein, deren Namen ich erst viele Jahre später erfuhr. Sie war es, die die «Madrileños» nach Kiew brachte und dieses Meisterwerk für uns und mich bewahrte. Seitdem habe ich mir Bilder von Velázquez angesehen, wo immer ich Gelegenheit dazu hatte. Der gekreuzigte Christus im Prado, der Einsamste von allen. Im Prado sah ich sein berühmtestes Bild «Las Meninas», seine «Venus vor dem Spiegel» in der National Gallery in London. «Wenn er (Velázquez) keine Engel malte, dann deshalb, weil sie nicht für ihn posierten», sagte einmal Théophile Gautier, der auf die weitverbreitete These über den besonderen Realismus von Velázquez anspielte. Auf dem Denkmal für Velázquez in Sevilla befindet sich die Inschrift: «El pintor de la verdad» – «Dem Maler der Wahrheit». Ich habe alles über Velázquez gelesen, was ich in die Finger bekommen konnte: Er sei ein phlegmatischer Mann, ein anständiger Familienvater und Hofkarrierist gewesen, der darauf bedacht war, sich mit «Las Meninas» ein Ritterkreuz zu verdienen, das er drei Jahre später auch erhielt. Als ich in Madrid auf dem Platz Puerta del Sol stand, sah ich, dass er die Form eines Fächers hat. Der Reiseführer erklärte: Der Fächer ist ein Symbol für Madrid, flatternd, schwer fassbar, windig. Und ich erinnerte mich an Kiew, meinen Schulausflug, mein Lieblingsmuseum und mein Lieblingsgemälde einer Spanierin aus Madrid, der Infantin Margarita … Ohne Warwara Chanenko und ihren Mann hätte es in meinem Leben und auf meinen Reisen dies wichtige velázquezsche Farbe nicht gegeben. Die Farbe wurde mir von einer

Wohltäterin in der Ukraine geschenkt, einer Frau, die mehr über das Leben, die Kunst und die Menschen wusste als andere.

KAPITEL 7

Marija Sankowezka
1854–1934

Unser Philosophieprofessor Merab Mamardaschwili an der Moskauer Filmhochschule hatte eine einfache Formel für Genie entwickelt und darauf bestanden: «Genie ist das natürliche Talent multipliziert mit der Größe der Persönlichkeit.» Wir, seine Schüler, waren anderer Meinung und jeder von uns hatte seine eigenen Argumente. Aber inzwischen wird mir klar, dass er recht hatte.

Marija Sankowezka war eine geniale Theaterschauspielerin, die erste Volkskünstlerin der Ukrainischen Republik, die mit diesem Titel 1923 geehrt wurde. Sie war Darstellerin von Rollen in mehr als 70 Stücken und eine der Gründerinnen des ukrainischen Nationaltheaters. Das Kiewer Schauspielhaus und das Lemberger Schauspielhaus sind nach Marija Sankowezka benannt.

Hier sagen die Menschen über sie: «Es gibt kein schöneres Land als die Ukraine, es gibt keine charmanteren Schauspielerinnen als die ukrainischen, es gibt keine schönere ukrainische Schauspielerin als Marija Sankowezka.» Die Ukrainer verliebten sich von Anfang an in sie, leidenschaftlich und hingebungsvoll. Das ist es wert, die Sache näher zu betrachten.

Der bürgerliche Name der Schauspielerin war Marija Adassowska. Sie wurde am 4. August 1854 in die Adelsfamilie Adassowski hineingeboren, deren Abstammung bis ins 17. Jahrhundert zurückreicht. Das Anwesen lag in der Nähe des malerischen Dorfes Sanki. Die zukünftige Schauspielerin wird den Namen dieses Dorfes als ihren Künstlernamen annehmen – Sankowezka. Ihr Vater Konstantin war gezwungen, das Leben eines Gutsbesitzers mit dem öffentlichen Amt eines Bezirksrichters zu verbinden, da die Einkünfte aus dem Gut nicht ausreichten, um eine große Familie zu ernähren. Seine Frau Marija gebar ihm drei Söhne und vier Töchter, aber der «kleine Finger» Manetschka war allen am liebsten. Für das kleine Mädchen wurde eine ältere Kinderfrau eingestellt, die für das Kind zu einem unerschöpflichen Fundus an Volksüberlieferungen wurde: Von ihr hörte sie ukrainische Lieder, Märchen und Legenden.

Die Liebe zum Singen hat Mascha von ihrem Vater geerbt. Adassowski hatte einen schönen Bariton und war Leiter seines Chors von leibeigenen Bauern, der Konzerte einstudierte und sie in der Dorfkirche und bei häuslichen Feiern aufführte. Oft stand Mascha ganz in Weiß gekleidet neben ihrem Vater und sang hell und klar, wie eine Lerche. Die Bauern weinten vor Rührung und sagten: «Der alte Meister singt, aber Manetschka ist wahrlich ein Engel, der zu uns geflogen ist und singt wie im Himmel!»

Doch von einer Bühnenlaufbahn für seine Tochter wollte der Aristokrat Adassowski nichts wissen. Mascha studierte an einem privaten Internat in Tschernigow, wo der Unterricht, insbesondere in den Geisteswissenschaften, auf hohem Niveau war. Wie sie selbst bezeugte, hatte der Literaturlehrer und ukrainische Dichter Nikolai Werbitski einen entscheidenden Einfluss auf ihre geistige und moralische Entwicklung. Er vermittelte ihr die Liebe zu ihrer Muttersprache und zu den Werken von Taras Schewtschenko. Auch ihr Bühnendebüt ist mit seinem Namen verbunden.

Niemand zweifelte am künstlerischen Talent des Mädchens. Die Tanzlehrerin war überzeugt, sie sei die geborene Ballerina, und die Gesangslehrerin hob ihren großartigen Mezzosopran hervor und sagte ihr eine Opernkarriere voraus.

Doch ihre adlige Herkunft zwang die 16-jährige junge Frau dazu, bestenfalls in Amateuraufführungen im häuslichen Umfeld zu glänzen – «Kummer aus zärtlichem Herzen», «Die Tochter des russischen Schauspielers», «Natalka Poltavka». Sie war eine Schönheit mit wundervoller Haut, flauschigem dunklem Haar und Augen, aus denen «das innere Licht spiritueller Begabung in regelrechten Strömen floss». Sie hatte viele Bewunderer, aber ihr Herz war stumm. Im Mai 1877 heiratete die junge Frau den Artillerieoffizier Chlystow, der mit ihren Träumen, am Konservatorium zu studieren, «mitfühlte». Doch nach der Hochzeit machte er Marija klar, dass «die Bestimmung einer Frau darin besteht, eine gute Ehefrau, Hausfrau und Mutter zu sein und nicht an das Konservatorium und das Theater zu denken.» Sie musste in Zukunft mit einem Mann zusammenleben, der sie in ihren besten Hoffnungen getäuscht hatte. Marijas einzige Möglichkeit waren Amateurauftritte in der Militärgarnison in der abgelegenen Festung Bendery in Bessarabien. Hier traf sie den gut aussehenden Offizier Nikolai Sadowski, der aus einer berühmten Theaterfamilie stammte. Er war es, der nach einem besonders erfolgreichen Auftritt Marijas von Chlystow scherzhaft eine Verpflichtung verlangte, seine Frau auf die Bühne eines ukrainischen Theaters gehen zu lassen. Angesichts der allgemeinen Unterdrückung der ukrainischen Kultur konnte sich Chlystow nicht vorstellen, dass seine Frau je eine solche Gelegenheit haben würde. Nach seiner Versetzung auf die Festung Sveaborg erlaubte er ihr, Gesangsunterricht zu nehmen, und sie besuchte die Helsingfors-Filiale des St. Petersburger Konservatoriums. Ihr Professor Iwan Grschimali war von seiner Schülerin begeistert und der Direktor des örtlichen Opernhauses bot ihr ein Engagement an. Doch der Ehemann blieb, genau wie zuvor der Vater, unerbittlich.

Doch Sadowski hatte den kolossalen Eindruck von Marijas Auftritt nicht vergessen und im Frühjahr 1882 erhielt sie tatsächlich die Einladung, sich der ukrainischen Truppe unter der Leitung von Marko Kropywnyzkyj anzuschließen. «Ich konnte nicht länger gegen meine Liebe ankämpfen und ging auf die Bühne, nachdem ich mich von all meinen Lieben getrennt hatte.» Zunächst wurde die Adlige in der Truppe nicht sehr herzlich begrüßt. Das Nomadenleben der Schauspieler und die Theaterwelt waren ihrer Erziehung und ihren Gewohnheiten fremd. Dennoch nahm Marija mit großer Selbstverständlichkeit einen führenden Platz in der Truppe ein. In Tragödien und Komödien, in Opernrollen und Volksliedern sowie im Tanz begeisterte sie das Publikum. Aber auf den Plakaten stand ein anderer Name, nicht Adassowska und schon gar nicht Chlystowa, sondern das klingende Sankowezka nach dem Namen ihres Heimatdorfs. Ihr Mann zahlte ihr widerstrebend «Urlaubsgeld» (hauptsächlich dank der Intervention seines Bruders Eutychius, eines Generalmajors der Artillerie), jedoch hatte sie selbst keinerlei Recht, Verträge zu unterzeichnen. Nachdem sie sich einmal entschieden hatte, im Theater zu bleiben, verließ sie die Bühnenwelt nie wieder und verband ihr Schicksal in jeder Hinsicht mit dem schwierigen Schicksal der ersten professionellen ukrainischen Theatertruppe. Fünf Jahre später, 1887, wurde sie von der Heiligen Synode von ihrem Mann geschieden und agierte nun in eigenem Auftrag und auf eigene Rechnung.

Die ukrainische Theatertruppe war keineswegs nur in der Ukraine berühmt. Tourneen führten sie in die russischen Hauptstädte St. Petersburg und Moskau, um «zu beweisen, dass die 30 Millionen Ukrainer noch am Leben sind». Selbst der Zar besuchte vier ukrainische Aufführungen und applaudierte der Sankowezka in den Stücken «Natalka Poltavka», «Najmutschka», «Chernomorets» und «Nazar Stodolja». Speziell für die Schauspielerin schrieb und inszenierte Marko Kropywnyzkyj die Stücke «Im Morgengrauen frisst der Tau die Augen», «Der Weltenesser oder die Spinne», «Zwei Familien» und Staryzkyjs «Gypsy Aza» und «Fate». Die Russen hatten mehr Gelegenheiten, die unvergleichliche Sankowezka zu sehen als die Ukrainer. Von 1883 bis 1888 war es der ukrainischen Truppe verboten, in den meisten Teilen der Ukraine aufzutreten, darunter in Kiew, Poltawa, Tschernigow und Wolhynien. Die Truppe durfte jedoch in Bessarabien auf Tournee gehen, in Odessa, Woronesch, am Don und im Kuban auftreten. Das Repertoire der Schauspielerin umfasste Hauptrollen in mehr als 70 ukrainischen und russischen Theaterstücken. «Ihr wunderbares Talent ist äußerst vielfältig», schrieb eine Korrespondentin der «Odessaer Nachrichten»: «Im Drama ruft sie allabendlich hysterische Begeisterung beim Publikum hervor, in der Komödie bringt sie die Menschen über alle Maßen zum Lachen, in der Operette ist sie unübertroffen – die Vielfalt der weiblichen Schauspielnatur wurde so noch nie auf den kleinrussischen Bühnen gesehen. Ihrem Talent wohnt ein Realismus voller Wahrheit und Natürlichkeit inne.» Als der Autor des Stücks «Naimychka», Karpenko-Kary, sie spielen sah, brach er über das Schicksal seiner eigenen Figur in Tränen aus.

In der Verkörperung von Frauenbildern, die bei der Arbeit an den Stücken von Kotljarewskyj, Kropywnyzkyj, Starytski, Karpenko-Kary und Schewtschenko entstanden sind, offenbarte die Schauspielerin den spirituellen Reichtum der Ukrainerin, ihr schweres Schicksal, ihr freundliches und manchmal hartes Wesen und ihre subtile Gefühlswelt. Sankowezka wurde die «ukrainische Duse» genannt. Der maßgeblichste Kritiker dieser Zeit, Alexei Suworin, der sich laut Karpenko-Kary «sowohl über das kleinrussische Drama als auch über die Sprache lustig machte», behauptete: «Ich sage es geradeheraus: Ich habe noch nie eine andere Schauspielerin dieser Art gesehen. Ich würde sie mit Sarah Bernhardt vergleichen, aber diese Schauspielerin hat mich nie wirklich berührt, während Frau Sankowezka viel Gefühl und Sinnlichkeit in ihre Schauspielerei legt ... Unserer Meinung nach ist Frau Sankowezka ein Phänomen.»

Marija lebte hauptsächlich für ihre Arbeit. Nach der Scheidung nahm sie wieder ihren Mädchennamen an, konnte jedoch kein zweites Mal kirchlich heiraten. Die bürgerliche Ehe mit dem talentierten Künstler und Bühnenpartner Nikolai Sadowski verlief nur in den ersten Jahren ungetrübt. Aufgrund dieser Liebe musste es Marija ertragen, dass ihr Vater über drei lange Jahre jeden Kontakt mit ihr verweigerte. Auf der Bühne waren sie und Nikolai Sadowski ein ideales Duo. Ihre stimmlichen Fähigkeiten schienen einander zu entsprechen: Sankowezkas sanfter, leichter Mezzosopran und Sadowskis samtiger, warmer Bariton bezauberten das Publikum. Und doch «führte» Marija. Für die Schauspielerin wurde es besonders schwierig, als die konkurrierenden ukrainischen Truppen von Marko Kropywnyzkyj, Michail Staryzkyj und Nikolai Sadowski um sie stritten, ein Exklusivrecht haben wollten und ihr verboten, Stücke in anderen Truppen zu spielen. Doch sie blieb immer Schauspielerin – sowohl in großen profitablen Ensembles als auch in kleinen Amateurgruppen spielte sie mit enormer Hingabe. Sowohl die großstädtischen Zuschauer als auch Bewohner der Provinz freuten sich, an Karten für ihre Aufführungen zu gelangen. Und ihre Benefizauftritte waren laut Zeugenaussagen «ein majestätisches, berührendes und herzergreifendes Spektakel» – wahre Feste der Kunst, die den ukrainischen und russischen Zuschauern gleichermaßen Vergnügen bereiteten.

Die Autorität der Schauspielerin war jedenfalls so groß, dass man auf ihre Vermittlung zurückgriff, wenn Aufführungen in ukrainischer Sprache verboten oder der Truppe Räumlichkeiten während der Tourneen verweigert wurden. Im Trubel des ständigen Umherreisens hegte sie lange Zeit den Traum eines eigenen stationären Theaters. 1907 gründete sie gemeinsam mit Nikolai Sadowski das erste permanente Theater in Kiew auf der Grundlage einer jugendlichen Amateurtruppe, die sie in Nischyn und Poltawa zusammengestellt hatte. Marija war die Seele der Truppe, «die Sonne im komplexen Planetensystem des Theaters». Doch nach zwei Jahren war ihre Abneigung gegen den einst geliebten Sadowski so stark, dass sie dieses Theater mit Schmerzen in der Seele verlassen musste. Die Würde als Frau hatte Vorrang vor der Bequemlichkeit eines sesshaften Schauspielerlebens. Weitere sechs Jahre lang tourte sie mit verschiedenen Truppen, ohne sich einer von ihnen fest anzuschließen.

Ihr Gesundheitszustand verschlechterte sich, das Alter forderte seinen Tribut. Es gab immer weniger Rollen im Repertoire der Schauspielerin: «Ich mache mir keine Illusionen, ich merke, dass ich alt werde». Die Rollen, die für sie geschrieben wurden, als sie keine dreißig Jahre alt war, passten nicht mehr zu ihrer Persönlichkeit. Sie war nicht nur älter geworden, auch ihre Stimme hatte sich verändert. Während ältere Männer im Theater große Rollen als Könige oder Väter haben können, gibt es für dramatische alte Frauen kein Repertoire. Doch als sie im Alter von 58 Jahren bei einer Galavorstellung zum Gedenken an Iwan Kotljarewskyj in der Rolle der Natalka auftrat, war das Publikum bezaubert, ihr Können als Darstellerin perfekt.

Nach der Revolution beteiligte sich Sankowezka aktiv an der Gründung eines neuen ukrainischen Theaters. Sie leitete das Volkstheater in Nischyn. Ihr wurde angeboten, Leiterin einer Theaterschule zu werden, die in Odessa eröffnet wurde, doch Marija lehnte dieses Angebot ab, da sie nicht administrativ, sondern kreativ mit jungen Menschen im Theater arbeiten wollte. Dann organisierte Marija gemeinsam mit Saksagansky das Volkstheater in Kiew, das 1922 ihren Namen erhielt. Doch jeder Auftritt auf der Bühne, selbst in Nebenrollen, war für Marija mit intensiven Anstrengungen verbunden, was wiederum ihre Gesundheit beeinträchtigte. Ihre letzte Rolle war die Terpilicha in «Natalka Poltavka».

In ihrem letzten Lebensjahrzehnt musste sich die Schauspielerin von der Bühne lossagen. Sie war an Tuberkulose erkrankt und ein Augenleiden führte zu ihrer fast völligen Erblindung. Ihre letzte Vorstellung fand am 15. Dezember 1922 statt – es war der 40. Jahrestag von Sankowezkas Bühnentätigkeit. Sie beschränkte ihren Auftritt auf den 4. Akt von Kropywnyzkyjs Drama «Zwei Familien». In dieser fast stummen Rolle überwältigte sie das Publikum mit der unvergänglichen Kraft ihres Talents und der fesselnden Wahrhaftigkeit ihrer großen Kunst. Am 12. Januar 1923 wurde Marija als erster Ukrainerin der Titel «Verdiente Künstlerin des Volkes» verliehen, und ein Beschluss des Rates der Volkskommissare der Ukrainischen SSR verlieh dem Kiewer Schauspielhaus ihren Namen, das seither «Marija-Sankowezka-Theater» heißt.

Ihre Bühnenaktivitäten gehören der Vergangenheit an. Leider sind keine Filmaufnahmen mit ihr überliefert. Nur einmal, im Jahr 1923, wirkte sie am Set des Films «Ostap Bandura» in der kleinen Rolle einer alten Bäuerin mit.

In den letzten Jahren lebte Marija in der Familie der Tochter ihres Bruders Alexander und übertrug all ihre Liebe auf deren Kinder. Am 4. Oktober 1934 starb Marija Sankowezka im Schlaf und wurde auf dem Baikowo-Friedhof in Kiew beigesetzt.

«Die ukrainische Bühne bin ich», kann diese Künstlerin mit vollem Recht über sich sagen, und in diesen Worten steckt nicht einmal ein Bruchteil an Übertreibung. Sankowezka war eine herausragende Schauspielerin ihrer Zeit, die es verdient, einen Platz auf den Ehrentafeln des europäischen Theaters einzunehmen. «Ja, sie ist die einzige und wahre Schöpferin der sanftmütigen und leidenschaftlichen Bilder, die sie mit der Kraft ihres Talents zum Leben erweckt hat ...», schrieb ein Bewunderer begeistert in der «Tschernigower Zeitung». Sankowezka gelang etwas, das nur den ganz Großen vorbehalten ist. Sie hat den weiblichen Typ des ukrainischen Volkscharakters geschaffen. Belastbar, süß, einfallsreich, freundlich, großzügig, vielseitig begabt. Eine Ukrainerin der ersten Hälfte des 20. Jahrhunderts. Ein unwiderstehliches Bild, geschaffen von einer genialen Schauspielerin, die man einfach lieben musste.

KAPITEL 8

Olha Kobyljanska
1863–1942

Der Weg Olha Kobylyanskas in der ukrainischen Kultur ist einzigartig. Ihre ersten Erzählungen schrieb sie auf Deutsch. Warum ausgerechnet Deutsch? Nun, Deutsch war Olhas Muttersprache. Ihr Vater, Julian Kobyljansky, ein Angestellter in der k.k. Monarchie, war ukrainischer, ihre Mutter, Marija Werner, polnisch-deutscher Herkunft. In der Familie sprach man Deutsch. Daher verstanden ihre Zeitgenossen Olha Kobyljanska nicht besonders gut und betrachteten sie als fremde Blume auf ukrainischem Boden. Lessja Ukrajinka sagte im Artikel «Ruthenische Schriftsteller in der Bukowina», die deutsche Kultur habe einen guten Einfluss auf die Bildung von Olha Kobyljanska. Doch die gerade erst mit dem Schreiben beginnende Schriftstellerin zögerte, sich für die deutsche Sprache für ihr Schreiben zu entscheiden und wählte das Ukrainische, die zweite Familiensprache, die sie sich selbst beigebracht hatte. Lessja Ukrajinka befürwortet diesen Schritt ihrer Freundin, denn in der deutschen Literatur wäre Olha Kobyljanska nur ein Gast, wenn auch ein gern gesehener, in der ukrainischen Literatur jedoch sei sie zu Hause.

«Ich bin am glücklichsten, wenn ich schreibe, wenn meine Seele gleichsam in einer anderen Welt versinkt» – das war Kobyljanskas Credo. Und vor allem, ihre Figuren und Charaktere sprachen und dachten ukrainisch.

«Schuld» daran waren ihre bereits etablierten, klugen, talentierten Freundinnen Sofia Okunewska und Lessja Ukrajinka, die selbst auf Ukrainisch schrieben. Zu Beginn ihres kreativen Weges war Olha tatsächlich auf den Rat ihrer beiden Freundinnen angewiesen. Die professionellen Schriftstellerinnen ermutigten sie mit ihrer Freundschaft und ihrer Zustimmung. Vielleicht war das der Grund, dass sie im späteren Leben nie gelernt hat, sich wie eine Erwachsene zu fühlen, obwohl sie selbstbewusst, mondän und scharfsinnig auftreten konnte. Doch vielleicht steckten hinter dieser Unsicherheit eine früh erworbene mädchenhafte Angst und das Bewusstsein ihrer irreparablen Andersartigkeit, die Erfahrung der Ausgrenzung.

Olha Kobyljanska wurde in der Stadt Gura-Humora in der Südbukowina geboren. Heute liegt die Stadt auf rumänischem Staatsgebiet, damals gehörte die Bukowina mit ihrer multiethnischen Bevölkerung zur Habsburger Monarchie. Die Familie Kobyljansky zog oft um und kam 1891 nach Czernowitz, wo Olha bis zu ihren letzten Tagen lebte.

Olha liebte das Theater und wollte sogar professionelle Schauspielerin werden. In ihrer Jugend nahm sie an Amateuraufführungen teil. Sie begeisterte sich für Musik, besonders für Beethoven, Schumann und Schubert, und Edvard Grieg mochte sie sehr gern. Olha Kobyljanska spielte selbst Klavier und Zither. Später, als sie bereits Schriftstellerin geworden war, organisierte sie Hauskonzerte, zu denen sie ihre Lieblingskünstler und -schauspieler einlud.

Olha hatte nur eine vierjährige Grundschule absolviert, da es zu dieser Zeit nicht üblich war, dass Frauen eine höhere Ausbildung erhielten. Die Frauen hatten nicht einmal Pässe. In der Erzählung «Die Prinzessin» wird die Autorin durch den Mund ihrer

Hauptfigur Natalka sagen: «Eine Flamme traf mich im Gesicht. Ist eine Frau nichts? Und so ein seelenloser, beschränkter Kerl hat es gewagt, auf diese Weise über Frauen zu sprechen? Wer hat ihm ein solches Recht gegeben?»

Die Hauptfigur der Erzählung «Die Prinzessin» wollte zur Universität gehen, was alle ihre Freunde und Bekannten schockierte. Olha Kobyljanska selbst war es gelungen, ihr Wissen im Selbststudium zu vervollkommnen. Sie las Byron, Nietzsche, Maeterlinck, Heine, Ibsen, Brandes. Von den ukrainischen Schriftstellern mochte sie Taras Schewtschenko, Marko Wowtschok, Lessja Ukrajinka, Mychailo Kotsiubynsky, Vasyl Stefanik und Ossip Makowej.

Ihr erstes bahnbrechendes literarisches Werk ist die Erzählung «Der Mensch». Die Hauptfigur, Elena Leufler, ein gebildetes und nachdenkliches Mädchen, schockierte ihre Mutter, die sie im Sinne von «Kinder – Kirche – Küche» erzogen hatte: «Sie erlebte, wie ihre Tochter unweibliche, tapfere, gottlose Ansichten entwickelte und über eine Art Gleichberechtigung zwischen Mann und Frau sprach!!!»

Das Thema Familie und ihre zunehmende Bedeutungslosigkeit, den Zerfall und die Auflösung in Achtlosigkeit und Routine beschrieb sie in einer Erzählung, die wahrscheinlich zu ihren eindrücklichsten zählt – «Erde» (1901), wo ein Bruder seinen Bruder tötet ... Mit unglaublicher Ehrlichkeit hat Olha Kobyljanska nicht nur das Problem dargelegt, sondern auch ein Merkmal der Weltanschauung ihrer Zeitgenossen geschildert – eine Frau kann und darf nicht selbst entscheiden, wie sie leben möchte. Die Themen Gleichberechtigung und weibliche Emanzipation tauchten in den Werken von Olha Kobyljanska zum ersten Mal in der ukrainischen Literatur auf.

Das heißt nicht, dass sie den Feminismus erfunden hat, der Feminismus begann natürlich nicht mit ihr. Das erste feministische

Dokument erschien bereits auf dem Höhepunkt der Französischen Revolution: Olympia de Gouches verfasste 1791 eine Erklärung der Rechte der Frau und des Bürgers. Zwei Jahre später wurde die Autorin durch die Guillotine hingerichtet, nicht wegen der Abhandlung, sondern aufgrund einer Denunziation, aber sie wurde von Männern vor Gericht gestellt und von Männern hingerichtet, auf eine von Männern erfundene Weise.

Olha Kobyljanska wurde zu einer wichtigen Persönlichkeit der weiblichen Emanzipationsbewegung, dank ihres Talents und weil sie zur richtigen Zeit am richtigen Ort war. Sie veränderte die Vorstellung von der Rolle der Frau in der Gesellschaft – und damit auch die Vorstellung von der Haltung eines Mannes gegenüber einer Frau, und das war damals sehr wichtig. Heute können wir uns kaum vorstellen, wie schwierig es für die ersten Feministinnen war, ihre Überzeugungen zu leben, und wir würdigen den intellektuellen Mut, mit dem sich Frauen wie Olha Kobyljanska überall in Europa für die Gleichberechtigung von Männern und Frauen einsetzten.

Sie hätte gewiss den Worten einer anderen Feministin, der Französin Simone de Beauvoir, zustimmen können, die im Alter von achtzehn Jahren in ihr Tagebuch schrieb: «Ich wollte glauben, dass ich das Herz einer Frau und den Verstand eines Mannes vereint habe.»

Im Jahr 1909 wurde ihre Erzählung «Ich grub am frühen Sonntag eine Zauberwurzel …» veröffentlicht. Olha Kobyljanska schrieb sie basierend auf dem Volkslied «Oh, geh nicht, Grytsju, zum Fest am Abend.» Kobyljanska schrieb über die Idee der Arbeit: «Die Charaktere sind Typen aus dem wirklichen Leben, die ich in den Bergen kennengelernt habe: die Zigeunerin Mavra, der alte Vater Andronaty und Gryts, ein junger, alleinstehender Hutsule, den ich kannte, und der Rest wurde mithilfe der Fantasie vervollständigt.»

Über das Privatleben der Autorin ist kaum etwas bekannt. Sie liebte einen Mann namens Ossip Makowey, Herausgeber der Zeitung Bukowina. Er stand ihr in vielerlei Hinsicht beratend zur Seite: Er redigierte ihre Manuskripte, unterstützte sie und bewunderte ihr Talent. Vielfach jedoch wird diese Geschichte heute noch als eine Geschichte über die mangelnde Bereitschaft eines Mannes, für das Leben eines anderen Menschen verantwortlich zu sein, wahrgenommen. Ein kluger und talentierter Mann, der ablehnte, für das Glück eines anderen Menschen Verantwortung zu tragen. Er flüchtet in seine Freiheit und alle Versuche, ihn an sich zu binden, mit ihm eine Familie zu gründen, waren vergeblich. Eine eigene Familie erschien ihm wie ein Mühlstein an seinem Hals…. Jahre später ging Ossip Makowej eine Ehe ein, doch Olha blieb einsam. Aber es gelang ihr, die Zeit der Sehnsucht und Verwirrung zu überwinden: Sie begann, einen Jungen großzuziehen – den unehelichen Sohn ihres Bruders.

Im Alter von 40 Jahren erlitt die Schriftstellerin einen Schlaganfall: Die linke Körperseite blieb bewegungslos. Aber selbst in dieser schwierigen Lage schrieb sie weiter. Olha Kobyljanska konnte sich mit den Worten der Heldin aus ihrer Geschichte «Der Aristokrat» sagen: «Ich setze meinen ganzen Stolz darauf, mein trauriges Leben mit aristokratischer Würde zu ertragen und nicht den Mut zu verlieren.»

Als der Erste Weltkrieg begann, verlor Olha Kobyljanska ihre Brüder. Die Umstände ihres Todes sind nicht bekannt. Die Schriftstellerin sagte über den Krieg: «Wenn doch alles schon vorbei wäre, wenn doch Frieden kommen würde, weil es nichts mehr zum Atmen gibt und die Erde kein Blut mehr aufnimmt – die Pflüge werden sie nicht mehr umbrechen können …» Ihre Rettung findet Kobyljanska in ihrer Kreativität. Die Inspiration verlässt die starke Ukrainerin nie.

Im Jahr 1918 brach die Österreichisch-Ungarische Monarchie zusammen. In den 20er und 30er Jahren gelangte der Teil der Bukowina, in dem Olha Kobyljanska lebte, unter rumänische Herrschaft. Die neue Regierung verkündete: Es gibt keine Ukraine als Nation, die Ukrainer sind nur Rumänen, die ihre Muttersprache verloren haben. Doch Kobyljanska bleibt dabei, auf Ukrainisch zu schreiben. Sie veröffentlicht Novellen und den Roman «Apostel des Gesindels».

Der Zweite Weltkrieg begann. Die erkrankte Kobyljanska konnte nicht evakuiert werden. Doch sie blieb ihrem Land treu und half den Partisanen. Die rumänische Militärgendarmerie überwachte die Schriftstellerin. Man wollte versuchen, Kobyljanska zu verurteilen und hinzurichten, aber ihr baldiger Tod verhinderte dies. Die berühmte Schriftstellerin wurde in der Stadt Czernowitz begraben, wo sie viele Jahre lebte.

In der Ukraine gibt es einen Literaturpreis, der nach Olha Kobyljanska benannt ist. Der Preis wird jedes Jahr an die Autoren von Werken verliehen, deren Heldinnen starke Frauen sind, und die das Leben, ihre Höhen und Erfolge zum Thema haben. Das Musik- und Schauspieltheater in Czernowitz trägt den Namen der Schriftstellerin. Ein Literatur- und Gedenkmuseum ist Olha Kobyljanska gewidmet und pflegt ihr Andenken.

Meine Großmutter Marija Kuschtewskaja (geborene Kowbassa) hatte ein Lieblingsbuch von Olha Kobyljanska, «Ich grub am frühen Sonntag eine Zauberwurzel …», basierend auf einem ukrainischen Volkslied. Ich habe es ihr viele Male vorgelesen, als sie alt wurde und selbst nicht mehr lesen konnte. Es handelt von der Zigeunerin Mavra und dem alten Andronaty, ihrem Vater, und Gryts, einem gut aussehenden Einzelgänger. Die wunderbare Handlung wird selbst zurückhaltende Leser zu Tränen rühren. Ich erinnere mich, dass ich meine Großmutter gefragt habe: «Das kann sich doch keiner ausdenken, sag mal, dann ist das alles so passiert?» – Sie nickte und weinte. Meine Großmutter weinte selten, aber hier ... Sie hat etwas in der Geschichte gespürt, hinter ihren schmalen Schultern ahnte sie die große Leiderfahrung des ukrainischen Volkes, das bald noch Schlimmeres gesehen hat. Wie jeder Mensch mit traditionellen Werten lebte meine Großmutter aus dem Gefühl heraus, dass es eine verlässlichere Unterstützung gibt, als es das persönliche Glück sein kann. Die Ukrainer, ein Volk mit schwierigen Überlebenserfahrungen, gehen das Leben ruhig und ohne Illusionen an. Äußere Umstände haben wenig Einfluss auf die ländliche Bevölkerung, weil sie sich im Laufe der Zeit kaum verändert hat und alles an den Maßstäben der Ewigkeit misst. Die Schwester meiner Großmutter, die in Transkarpatien lebte, ohne ihr Zuhause je zu verlassen, wechselte im Laufe eines halben Jahrhunderts ein halbes Dutzend Mal ihre Staatsbürgerschaft: Sie war österreichisch-ungarisch, ungarisch, tschechoslowakisch, karpatoukrainisch, sowjetisch, ukrainisch. Durch all diese Veränderungen im Herzen Europas entstand eine besondere Denkweise, die sich eher auf das Wesentliche als auf die Form konzentrierte.

In meiner Kindheit besuchte ich in Begleitung meiner Großmutter mehrmals meine Großtante, die Schwester meiner Großmutter in der Stadt Rachow. Ich erinnere mich nur an zwei Momente von all den Reisen. Ich war stolz darauf, mit eigenen Augen den geografischen Mittelpunkt Europas gesehen zu haben! Ganz offiziell. Denn bereits 1887 wurde im Dorf Delowoje südlich von Rachow ein zwei Meter hoher Obelisk errichtet, der versicherte, dass dies das geografische Zentrum Europas sei. Im Jahr 1977 wurde in der Nähe eine weitere hohe Stele errichtet, die dies bestätigte.

Wenn Sie je die Gelegenheit haben, in diese Gegend in der Mitte Europas zu gelangen, sollten Sie auf jeden Fall die aus Holz gebaute Taverne im huzulischen Stil im Dorf Delowoje besuchen. Man nennt sie hier «Kolyba». Und es wäre schade, nicht ein Gläschen vom ukrainischen Selbstgebrannten zu trinken, darauf, dass man die Chance hat, sich im Zentrum Europas wiederzufinden, wo man unvergleichliche Einblicke in die Völkervielfalt, die verschiedenen Sprachen und Schicksale erfährt! Und das Essen hier ist überall köstlich: dicke Bograch-Suppe, Tsigan-Pechenja (Fleisch mit Kartoffeln), transkarpatische Gurka (Leberwurst) und wenn Sie Glück haben, probieren Sie fantastischen geräucherten Karpfen!

Ich habe einmal ein ganzes Buch darüber geschrieben, was die Klassiker der Literatur gerne aßen – Gogol, Puschkin und viele andere. Würde Olha Kobyljanska in ihre Gesellschaft aufgenommen, würde sie Karpaten-Maisbrei mit Schafskäse namens «Banjosh» empfehlen. Und noch der zweite Eindruck, der mir blieb – meine beiden Großmütter liebten Transkarpatien sehr: «Tetyana, weißt du eigentlich, warum Olha Kobyljanska die Karpaten und Transkarpatien so liebte? Weil es hier buchstäblich alle 20 bis 30 Kilometer ein anderes Volk, eine andere Sprache, eine andere Lebensweise gibt. Hier erlebt man die Ukrainer in ihrer ganzen karpatischen Vielfalt – Lemken, Boykos, Huzulen! Im Dorf Mykovo zum Beispiel leben ukrainische Lemken, aus diesem Dorf stammte die Familie von Andrei und Yulia Vargol, die sich auf der Suche nach Arbeit nach Amerika aufmachten, wo sie 1928 einen Jungen bekamen, Andrei – den zukünftigen Künstler Andy Warhol. Er ist der Gründer der neuen Pop-Art» … Manchmal schien es mir, dass das, was meine Großmütter mir damals erzählten, Legenden waren, aber alle diese Legenden erwiesen sich als wahr! Und das Wichtigste: Ich habe mich in die Karpaten verliebt, genau wie Olha Kobyljanska, die in «Die Schlacht» darüber schrieb: «Bukowinische Karpaten. Berg neben Berg steht in stiller Erhabenheit, gekleidet in abendliche Wälder … Es herrschte geheimnisvolle Stille überall hier.» Es stellte sich heraus, dass die beiden Schwestern seit ihrer Jugend Kobyljanskas Bücher liebten. Und die Karpaten sind wirklich unglaublich schön. Auf der einen Seite der Berge wachsen hauptsächlich Buchen, auf der anderen, der galizischen, Nadelbäume. Und Fasane laufen über die Fernstraßen. «Polonyni» nennen die Ukrainer die subalpinen Wiesen. Und ein geheimnisvoller Nebelschleier liegt über den Karpatengipfeln. Meine Großmutter sagte mir auf Ukrainisch: «Die Berge rauchen.» Es ist fast unmöglich, diesen Satz in eine andere Sprache zu übersetzen.

In den Karpaten und in den Dörfern Transkarpatiens ist alles so, wie es zu den Zeiten von Olha Kobyljanska war. Der europäische Vektor der gesamten heutigen Ukraine wurde durch die Westukraine bestimmt – Transkarpatien, Galizien, Bukowina, Wolhynien. Dieser Weg wird im Land auf allen Ebenen beharrlich wiederholt. «Wir müssen Teil der Europäischen Union sein», wiederholten viele Menschen wie ein Mantra.

Im Dorf Velikije Beregi besuchten meine Verwandten und ich einmal das Heimatmuseum, dessen Hauptattraktion ein römisch aussehender Helm war. Es stellte sich heraus, dass die Königin von England ihn 1928 einem Mann in Vorkarpatenland geschenkt hatte, der als starker Mann Kroton auf Jahrmärkten und Messen auftrat. Wir gingen durch das Dorf und ich dachte ständig: Was mag das für eine Königin sein? Und welcher Kroton? Aber es erwarteten mich noch zwei weitere Überraschungen: Am Schulgebäude hing ein Plakat: «Meine Ideale waren: mein Volk stark zu sehen, auf Augenhöhe mit anderen Völkern, kultiviert, seine Frauen weise, fähig, das Volk zu repräsentieren und eine Kraft zu sein, auf die man sich immer verlassen kann.» (Olha Kobyljanska)

Und die zweite Überraschung erwartete mich gegenüber dem Restaurant «Solotaja Pava» (Goldener Pfau) am Gebäude des Malta Centers: «Deus conservat omnia» – «Gott bewahrt alles». Wenn «alles» das ganze Leben von Olha Kobyljanska sein könnte, die

Tausenden von Seiten, die sie geschrieben hat, ihre Handlungen, ihre Gedanken, Gefühle, Absichten, Wünsche, Zweifel, Missverständnisse und Träume – dann hoffe ich das auch.

KAPITEL 9

Lessja Ukrajinka
1871–1913

Meine Liebe zur Poesie entstand in meiner Kindheit, und sie wuchs auf dem intensivsten Substrat der Kunst, das man sich vorstellen kann. Es waren die Gedichte von Lessja Ukrajinka, die mich so stark berührten, dass mir später auch Dichterinnen wie Emily Dickinson und Annette von Droste-Hülshoff viel bedeuteten. Emily Dickinson sagte einmal sinngemäß: Ich beginne zu lesen, und es ist, als würde die Schädeldecke nach hinten geklappt und ich sehe den Sternenhimmel nicht mehr mit meinen Augen, sondern mit meinem ganzen Geist … So erging es mir mit den Gedichten von Lessja Ukrajinka.

Eines Tages erfüllte ich mir einen alten Traum. Ich reiste auf die Krim und besuchte die Orte, an denen meine Lieblingsdichterin einst gewohnt hat. Seit ihrer Kindheit litt sie an Tuberkulose und als junge Frau weilte sie in Jalta zur Kur. Dort verliebte sie sich einen todkranken jungen Mann, Sergej Merschinski, dem sie ein berühmtes Prosagedicht widmete: «Deine Briefe riechen nach welkenden Rosen …». Die Liebe vermochte nicht, ihn zu heilen, und nach dem Tod ihres Geliebten schrieb sie das berührende Gedicht «Die Besessene», das ihren frühen Ruhm begründete. Lessja schrieb es in der schrecklichen Nacht des Abschieds: «… Ich bekenne, dass ich es in einer Nacht geschrieben habe, nach der ich wahrscheinlich noch lange leben werde, wenn ich damals noch am Leben war. Und ich schrieb, ohne meine Trauer auch nur auszuschöpfen, ich schrieb im Grunde auf dem Höhepunkt der Trauer. Wenn mich jemand fragen würde, wie ich das alles lebend überstanden habe, könnte ich antworten: ‹J'en ai fait un drame …› (*Ich habe daraus ein Drama gemacht*).»

Man kann buchstäblich alles in Literatur verwandeln – der einzige und großzügige Ausgleich für die Verluste des Lebens. «Die Besessene» ist ein Abschiedsgedicht für die Ewigkeit. Es basiert auf einem biblischen Gleichnis, und zeigt, neben der Stärke der Emotionen, auch eine umfassende Bildung der jungen Autorin. Lessjas literarische Begabung war besonders vielseitig. Sie arbeitete mit Fleiß und Konzentration daran, europäische Autoren ins Ukrainische zu übersetzen. Das war ihr Brot und sie verdiente ihr Brot ehrlich. In der Poetik der Übersetzung war Lessja Ukrajinka unübertroffen: «Das Buch der Lieder» von Heinrich Heine, «Macbeth» von William Shakespeare, «Die Elenden» von Victor Hugo und viele andere literarische Meisterwerke übertrug sie in ihre Muttersprache.

Auf meiner Krimreise führten mich die Spuren von Lessja nach Balaklawa, Sewastopol und Jewpatoria. In Sewastopol liegt an der Uferpromenade ein prächtiger Palast im italienischen Stil. Unsere Reiseleiterin erklärte: «Im Jahr 1907 lebte hier Lessja Ukrajinka!» «In diesem Palast?», wunderte ich mich. «Nein, Sie blicken in die falsche Richtung», stellte die Führerin klar, «sie wohnte im Seitenflügel neben dem Palast.»

Hier also ist eines meiner Lieblingsgedichte entstanden.

«Es blitzt hinter den Bergen»:

Es blitzt hinter den Bergen,
doch in unserem Tal ist es dunkel.

Und schwarze Wasser in der Bucht
Plätschern geheimnisvoll ...

In der Schule erzählte uns der Lehrer für ukrainische Literatur, dass das Gedicht die Vorahnung der Revolution bedeute und Lessja eine Revolutionärin gewesen sei. Zu Sowjetzeiten wurde über Lessja viel behauptet, was an vulgäre Propaganda denken lässt. Aber vielleicht sind die menschlichen Worte noch nicht erfunden, die beschreiben könnten, was sie tat. Wie kann man es am besten erzählen und die Klischees über die revolutionäre Dichterin in der Gesellschaft, ihr schweres Schicksal und ihren frühen Tod im Alter von 42 Jahren vermeiden? Tatsächlich wurden ihre Bücher von den Zensurbehörden verboten, sowohl von den zaristischen als auch von den sowjetischen. Denn ihr Glaube daran, dass die Ukraine eines Tages frei und unabhängig sein würde, brannte wie eine Fackel aus ihren Gedichten, und der Funke sprang leicht zu den Lesern über. Lessjas Gedichte sind eine Kombination aus Stärke und Verletzlichkeit, Subtilität und Helligkeit – sie gleichen manchmal Träumen aus der Kindheit, wie «Das Waldlied», manchmal scheinen sie irrational, aber immer gründen sie auf der Verlässlichkeit einer durchdachten Handlung, auf klaren Rhythmen und einer individuellen Weltanschauung. Und gleichzeitig war es immer Lyrik in ihrer reinsten Form, Lyrik in ukrainischer Sprache.

Jetzt ist die Zeit für Lessja Ukrajinka gekommen. Und es ist auch die Zeit für diejenigen, die der Lügen und der Politisierung todmüde sind. Mit dem Angriff Putins im Februar 2022 hat sich auch das Leben der Ukraine von Grund auf verändert. Der Welt wurde eine andere Ukraine offenbart, ein Land, das nicht von außen, sondern von innen definiert wird, mit einem beispiellosen Maß an Freiheit und Mut. Denn dieser Gradmesser ist entweder im Krieg oder in der Liebe sichtbar, oder in anderen heroischen Manifestationen.

«Letum non omnia finit» ist ein lateinisches Zitat aus dem Werk des Propertius, das Lessja liebte: «Mit dem Tod endet nicht alles.» Nicht alles endet? Was aber bleibt? Was bleibt, sind Gedichte, Prosa, Artikel und Briefe von Lessja Ukrajinka. Ihre gesammelten Werke umfassen zehntausend Seiten, die von kreativer Energie, Klugheit, Leidenschaft und ungebrochenem Geist zeugen. Mögen manche behaupten, dass Dichter die Welt nicht retten, und andere, dass Dichter sie jeden Tag retten. Und doch retten sie sie! Nur das, was die Dichter zum Ausdruck brachten, erhielt und erhält das Recht auf Leben und damit auf Erlösung. Nur das wird am Leben, in der Erinnerung bleiben.

Lessjas Biografie ist die Biografie eines Menschen, der früh erkannt hatte, dass es seine Aufgabe ist, der Atmosphäre Sauerstoff und Licht zuzuführen, nicht aber die Vorhänge zuzuziehen. Deshalb verließen sie bis zum Schluss weder Wagemut noch Hoffnung. Und im Leben gab es bis zuletzt die erstaunlichsten kreativen Höhenflüge. Die Biografie der Dichterin scheint – äußerlich! – der kanonische Weg einer genialen Frau zu sein, die sich selbst erfand.

Der bürgerliche Name der Schriftstellerin war Larisa Petrovna Kossatsch, verheiratet Kvitka. Sie wurde 1871 in Nowograd-Wolynski (alter Name Zvyagel) geboren und starb 1913 in der georgischen Stadt Surami. Sie wurde in Kiew auf dem Baikowo-Friedhof beigesetzt. Das sind die Fakten, die jeder kennt. Aber was war an der Familie von Lessja Ukrajinka so ungewöhnlich? Was ermöglichte es ihr, eine so exponierte Position einzunehmen?

Lessjas Eltern waren Adlige und echte Intellektuelle. Ihr Vater Petro Kossatsch stammte aus einem alten bosnischen Adelsgeschlecht von der Adriaküste. Es waren die Kossatsche aus der väterlichen Linie, die im 15. Jahrhundert das historische Fürstentum der Herzegowina gründeten. Der Name leitet sich vom Wort «Herzog» ab, da dies der Titel war, den Lessjas Vorfahren trugen. Lessjas Mutter Olga Petrovna war eine erfolgreiche Autorin, Journalistin und Ethnologin, die Gedichte und Aufsätze unter dem Pseudonym Olena Ptschilka, Bienchen, veröffentlichte. Ihr Mädchenname war Dragomanowa. Und das ist eine interessante Spur. Ihr Vorfahre, ein Grieche, stand bei dem Kosakenhetman Bohdan Chmelnyzkyj als Dragoman, also als Übersetzer, in Diensten. Und Olena Ptschilkas Bruder war der Verleger, Journalist und Wissenschaftler Mychajlo Drahomanow, der viel für die Etablierung der ukrainischen Kultur getan hat. Wir sehen, in beiden Linien, sowohl väterlicherseits wie mütterlicherseits, haben Lessjas Vorfahren Eigenschaften wie Anstand, Pflichttreue, Adel und Freundlichkeit an sie weitergegeben.

Im Alter von vier Jahren konnte die kleine Lessja bereits gut lesen. Später lernte sie zu sticken, ernsthaft Klavier zu spielen und Bilder zu malen. Und auch sonst war sie ein Wunderkind. Im Jahr 1884 erschien ihr Gedicht «Maiglöckchen» in der Lemberger Zeitschrift «Sorja», erstmals signiert mit dem Pseudonym Lessja Ukrajinka. Die junge Dichterin war damals 13 Jahre alt.

Die Landschaft Wolhyniens inspirierte das Mädchen, über Schönheit nachzudenken. Lessja hörte mit großer Begeisterung Lieder und Märchen aus der Gegend und stellte sich in ihrer Fantasie Mavka, die Waldmeerjungfrau, vor. Diese Figur aus der Folklore ist magisch, wenn auch menschenfeindlich. Und später, im Jahr 1911, wird Lessja Ukrajinka das extravagante Märchendrama «Waldlied» schreiben, mit der Hauptfigur Mavka. Ein Waldgeist mit einer menschlichen Seele, die durch Liebe erwacht ist. Die Nymphe verliebte sich in den Sterblichen Lukash, der ihrer nicht würdig war. Bei Lessja Ukrajinka wird Mavka zu einer zärtlichen und berührenden Frauenfigur.

Gedichte schreibt Lessja, seit sie acht Jahre alt ist. Doch die Freude über die große Begabung wurde von der Krankheit der kleinen Lessja überschattet. Seit Jahresbeginn 1881 litt sie unter unerträglichen Schmerzen im rechten Bein. Zunächst vermutete man eine akute Rheumaerkrankung. Sie wurde mit Bädern und Salben behandelt, ohne Erfolg. Tatsächlich war dies der Beginn einer Epopöe, die Lessja scherzhaft den «Dreißigjährigen Krieg» nannte. Sie litt unter einer Knochentuberkulose. Seither breitete sich Traurigkeit in ihren Augen aus und ihre Arbeit war auch von Pessimismus grundiert. Nach einer Operation blieb ihre Hand für immer verkrüppelt und Lessja wurde klar, dass sie sich von der Musik, die ihr so viel Trost verschafft hatte, verabschieden musste.

Die Eltern taten alles, um das Leid ihrer kranken Tochter zu lindern. Sie gingen mit ihr in Kurorte am Meer, wandten sich der traditionellen Phytotherapie zu und suchten schließlich die deutschen Koryphäen der medizinischen Wissenschaft auf, aber alles war umsonst. Wenn die Krankheit für kurze Zeit nachließ, kam sie bald mit Wucht zurück, um Lessja erneut zu quälen und in Verzweiflung zu stürzen. Sie verbrachte Monate im Bett und konnte nicht aufstehen. Doch mit der erzwungenen Unbeweglichkeit wuchs ihre Liebe zur Literatur, ihr poetisches Talent wurde gestärkt und in ihrer Fantasie reiften schöpferische Pläne. Nachdem ihr erstes Gedicht 1884 in der Zeitschrift «Sorja» zusammen mit Gedichten von Olena Ptschilka veröffentlicht wurden, trug ihr nächstes Gedicht den Titel «Sappho». Und worüber hätte eine Vierzehnjährige sonst schreiben können, die ihre Tage im Krankenbett verbrachte und sich in unzählige Bücherbände und romantische Träumereien vertiefte?

Ihre Belesenheit und die Liebe zur Weltliteratur weckten bei Lessja den Wunsch, den ukrainischen Lesern herausragende Werke in ihrer Muttersprache vorzustellen. Auf ihre Initiative hin schlossen sich mehrere ihrer Freunde und Bekannten zu einer kreativen Gruppe zusammen, die sich Plejade nannte, mit dem Ziel, Werke der Weltliteratur zu übersetzen. Lessja hatte dafür eine Liste mit 70 Namen zusammengestellt. Sie selbst begann damit, ihren geliebten Dichter Heinrich Heine ins Ukrainische zu übertragen. Und obwohl nicht alle Pläne verwirklicht wurden, hat ihr Kreativteam viel erreicht. Und aus der Plejade sind einige später berühmte ukrainische Literaten hervorgegangen.

1893 erschien im damals österreichischen Lemberg die erste Gedichtsammlung von Lessja Ukrajinka, «Auf den Flügeln der Lieder». Manche Zeitgenossen empfanden es als seltsam, dass Lessja Ukrajinka nicht in russischer oder deutscher Sprache schreiben wollte. Tatsächlich war die ukrainische Sprache in Österreich-Ungarn, anders als im Russischen Reich, nicht verboten. Und Lessja war eine europäisch gebildete Schriftstellerin, die bereits in ihrer Jugend indische Hymnen übersetzt und wunderbare Musik komponiert hatte. Und die zeitgenössische ukrainische Literatur galt als arm und kolonial, auch wenn die Namen Taras Schewtschenko und Iwan Franko bekannt waren. Wie kam es also, dass aus dem Kind Larisa Kossatsch eine Frau mit dem symbolischen Namen Lessja Ukrajinka wurde? Die Antwort gibt die Autorin selbst. «Das Kleinrussische (wie man das Ukrainische damals nannte) ist keine Politik oder gar Taktik, sondern immer die völlige Kapitulation.» Und über ihre Freundin, die ebenfalls großartige ukrainische Schriftstellerin Olha Kobyljanska, sagte Lessja Folgendes: «... in der deutschen Literatur würde sie immer ein Gast bleiben, wenn auch ein gern gesehener, während sie in der ukrainischen Sprache zu Hause ist und ihr Talent auf eine vielseitigere Art und Weise zeigen kann.»

Im Alter von sechsunddreißig Jahren lernte Lessja ihre große Liebe Kliment Kvitka kennen. Er begleitete die Dichterin überallhin, half ihr, die Krankheit zu ertragen, und wurde Lessjas fürsorglicher Freund.

Kvitka war in einer Pflegefamilie aufgewachsen, wohin seine leibliche Mutter ständig kam und drohte, das Kind wegzunehmen. Offenbar verfolgte Kliment sein ganzes Leben lang das psychologische Trauma der Kindheit. Er war misstrauisch, schweigsam und fühlte sich nur zu Lessja hingezogen, dem kranken Mädchen, von dem man natürlich kaum Täuschung oder Verrat erwarten konnte. Nach der Hochzeit begann der Leidensweg der jungen Familie. Der Ehemann hatte Ethnografie studiert und konnte kaum das nötige Geld für Lessjas Behandlung aufbringen.

Und ihre Behandlung erforderte viel Geld. Reisen nach Italien, Ägypten und zu Ärzten in Deutschland und Österreich verschlangen sein ohnehin knappes Budget. In den letzten Jahren ihres Lebens verkaufte Lessja alles, was sie besaß und irgendeinen Wert haben konnte, und doch führten die Gläubiger das Regiment in ihrem Haus. Selbst die Hilfe der Mutter konnte die Situation nicht retten. Doch trotz der Schwierigkeiten blieb der Ehemann bis zu seinem Lebensende ein treuer Freund der Dichterin. Nach der Revolution lebte er in den Strahlen des Ruhms von Lessja Ukrajinka und war zwanzig Jahre lang Professor am Staatlichen Tschaikowski-Konservatorium, wo er Versammlungen leitete, die dem Gedenken an seine Frau gewidmet waren.

Bis Ende des Jahres 1911 hatte sich der Gesundheitszustand der Dichterin stark verschlechtert: Zur Tuberkulose gesellte sich ein Nierenleiden. Doch je schlimmer die Krankheit wurde, desto härter arbeitete sie.

Alle behaupten von ihr, dass sie kein Mitleid für sich selbst empfand, keine Achtsamkeit gegenüber ihrem Leid. Aber ich denke, dass hier etwas anderes eine Rolle spielte. Lessja war trotz ihrer Krankheit ein Mensch von großer Selbstwirksamkeit und mit einem unbändigen Freiheitsgefühl begabt. Ein Mensch mit solcher Veranlagung will sich nicht von anderen abhängig machen und erst recht nicht von seinem eigenen Körper, seinen Schmerzen und Gebrechen. Sie entschied, sich auch hier nicht zu fügen. Sie hatte nicht nur eine Vorahnung des Todes, sie wusste, dass er kommt. Deshalb hatte sie es so eilig, ihre poetischen Ideen zu verwirklichen. In den letzten Jahren ihres Lebens entstanden ihre besten Werke – das extravagante Feendrama «Waldlied», das Gedicht «Der Advokat Martian», das große Drama «Der steinerne Gastgeber oder Don Juan». Auf ihr letztes Werk war Lessja besonders stolz, weil sie das Sujet völlig neu aufgefasst hatte. In ihrem dramatischen Langgedicht heiraten Don Juan und Anna und er akzeptiert zusammen mit dem Umhang des Kommandanten seine steinerne Seele.

Lessja Ukrajinka starb in Surami, einem Ort unweit von Borschomi im Nordkaukasus. Ihr Mann hatte als Ethnograf unweit der berühmten georgischen Festung gearbeitete, und sie versuchte, bei den Mineralwasserquellen von Borschomi Linderung ihrer Leiden zu finden. Sie wurde auf dem Baikowo-Friedhof in Kiew, in ihrer Heimat, beigesetzt.

Wir haben die Poesie von Lessja Ukrajinka in der Schule gemäß dem Lehrplan durchgenommen. Mein eigentliches Interesse an ihrer Poesie entstand jedoch in meiner Jugend.

Wenn man im Lauf seines Lebens sein erworbenes Schulwissen anders wertet oder gänzlich vergisst, so liegt es auch daran, dass man mit den Jahren versteht, dass man selbst nicht der wichtigste Mensch auf Erden ist. Lessja Ukrajinka war ein Idol meiner Jugend und ist es mir geblieben, und ich lese sie wieder und wieder. Es macht mir nichts aus zu bekennen, dass ich daraus sowohl Lebensfreude als auch Beharrlichkeit sogar angesichts von Albträumen lerne.

Meine Schule befand sich in einem kleinen Steppendorf in der Region Donezk. Das Dorf war ein wenig berühmt, weil es vor dem Zweiten Weltkrieg den Namen New York trug und unter diesem Namen auf allen geografischen Karten der Ukraine eingezeichnet war. Auf dem Hochschul-Abschlusszeugnis meines Vaters steht «New Yorker Schule». Aber über die Geschichte des Dorfnamens erzähle ein anderes Mal. Gemeinsam mit einer Freundin aus Kindertagen erinnern wir uns oft an unser Schultheater, wo wir einst einen Ausschnitt aus «Das Waldlied» von Lessja Ukrajinka auf die Bühne brachten. Dann reisten wir gemeinsam auf die Krim und folgten den Spuren unserer geliebten Dichterin … Und dann trennten sich unsere Lebenswege, aber unser ganzes Leben lang telefonieren wir miteinander und tauschen Neuigkeiten aus. Sie wurde Physiologin und lebt in Moskau. Am Ende des Sommers 2023 erzählte ich ihr, dass in unserer Heimat Nowgorodskoje (ehemals New York) 2021 ein Literaturfest stattfand. Es wurde von einer jungen Frau, Viktoria Amelina, organisiert, die Ende des Sommers 2023 in einem Café im Donbass ums Leben kam, als dort ein russisches Geschoss einschlug. Sogar das Magazin «Spiegel» brachte einen Nachruf auf den Tod der jungen Autorin. Und während ich das meiner Freundin erzähle, weine ich. Sie wiederum erzählt mir die Moskauer Nachrichten: In Russland wurde der Ausdruck «Kiewer Rus», für den Staat am Dnjepr im zehnten Jahrhundert aus den Geschichtsbüchern getilgt. Vor ihren Augen werden im Hof einer Moskauer Schule «falsche» Lehrbücher verbrannt. Unwissenheit und Verarmung des Geistes! Mit Beginn des Krieges wurde in Russland die gesamte ukrainische Geschichte zur Fälschung erklärt … Und am Ende unseres Gesprächs sagte meine Freundin unerwartet: «Ich bin nicht religiös, aber für mich war und bleibt Lessja Ukrajinka eine Heilige. Ich gehe oft zu ihrem Denkmal in Moskau, bringe ihr Blumen mit und spreche im

Geiste zu ihr: «Lessja, was für grausame, unmenschliche Zeiten. Unsere Ukraine brennt. Was sollen wir tun?» Also stehe ich da und weine, und ich lese ihr Gedicht «Durch Weinen und Stöhnen und Schluchzen» wie ein Gebet: «... Unsere Tränen werden unsere Fesseln rosten lassen, / Aber sie werden niemals von selbst fallen, / Warum umsonst weinen? / Es gibt für uns keinen Weg zurück: / Vor uns liegt der Kampf um ein neues Leben! ...» Das Gedicht hilft mir, Widrigkeiten zu überwinden, ich lese Lessja Ukrajinka – und das Wunder der Heilung geschieht. Und ich fange an zu glauben, dass wir nicht untergehen werden, dass die Ukraine im Kampf gegen die Eindringlinge standhaft bleiben wird ...

Ich werde allmählich alt. Ich habe ihre Gedichte noch einmal auf Ukrainisch gelesen und geweint. Und ich dachte: Wie lässt sich das in eine andere Sprache übersetzen? Natürlich muss Lessja im Original gelesen werden. Eine Übersetzung ist gut, doch immer nur eine Art Gehhilfe. Lessjas Texte klingen im Original erotischer und schärfer, lustiger, bitterer und unerwartet modern. Von den neuesten Übersetzungen möchte ich nur das Buch auf Deutsch «Grenzenloses Feld. Ukrainische Poesie übersetzt ins Deutsche von Irina Katschanjuk-Spech» nennen. Es erschien in der Ukraine im Ternopil-Verlag und die Präsentation fand an der Ukrainischen Freien Universität in München statt, wo Irina seit vielen Jahren lehrt. Das Buch enthält ukrainische Dichter verschiedener Generationen – Taras Schewtschenko, Iwan Franko, Lessja Ukrajinka, Vasyl Stus, Lina Kostenko ... Mich interessierte, wer sie ist, diese wunderbare Übersetzerin. Irina Katschanjuk-Spech wurde 1935 in Lemberg geboren, ihre Eltern waren Lehrer. Ende 1944 gelangte die Familie Kachanyuk nach Deutschland. Irina erhielt ihre pädagogische Ausbildung an der Ludwig-Maximilians-Universität München und lehrte an der Ukrainischen Freien Universität. Ihr Ukrainisch-Lehrbuch für deutschsprachige Schüler erfreut sich großer Beliebtheit. Und jetzt schrieb sie ein Buch mit ukrainischer Poesie auf Deutsch.

Lessja Ukrajinka muss wie die beste moderne Dichterin der Ukraine, Lina Kostenko, noch einmal neu gelesen werden, ganz privat. Wenn man die Eindrücke aus verschiedenen Jahren vergleicht, versteht man die Welt besser und tiefgründiger. Diese Entdeckungen habe ich beim Lesen ihrer Gedichte für mich selbst gemacht, und ich wollte sie in der Übersetzung verstehen. Die Arbeit von Lessja Ukrajinka ist eine der wenigen Stützpfeiler für ukrainische Leser in der modernen Welt. Jedes Wort der Dichterin ist ausnahmslos gewichtig und überzeugend – es gibt dem Leser das Gefühl zurück, dass die Welt auf einem soliden Fundament steht und unsere Bemühungen Sinn ergeben. Sie hat genug getan – für die Anerkennung wie für die Unsterblichkeit. Aus der Weltliteratur kann man den Namen Lessja Ukrajinka, einer brillanten ukrainischen Dichterin, Dramatikerin, Prosaautorin, Übersetzerin, Literaturkritikerin, Schöpferin der ukrainischen Philosophie und nationalen Idee, nicht mehr auslöschen.

KAPITEL 10

Solomia Kruschelnytska
1872–1952

Am 17. Februar 1904 herrschte im Teatro alla Scala in Mailand aufgeregte Vorfreude. Die Uraufführung von Giacomo Puccinis Oper «Madama Butterfly» stand bevor und der Komponist glaubte fest an den Erfolg. Seit er mit seiner Arbeit an dem japanischen Thema begonnen hatte, bezauberte ihn das Bild der jungen Geisha, das in seiner Fantasie lebte und ihm neue Klangwelten und eine sprudelnde Quelle von Melodien geöffnet hatte. Er schuf seine Oper mit der Besessenheit eines Liebhabers und mit der Zuversicht eines Meisters.

Puccini erwartete nichts anderes als einen Triumph. Die Rolle der Japanerin Butterfly wurde von der gestandenen Diva, der hübschen und stimmgewaltigen Rosina Storchio, gesungen. Doch dann wurde dieser Februartag, der Tag der Uraufführung, zu einem der schwierigsten Tage im Leben des Komponisten. Er, der nach Verdis Tod im Jahr 1901 als der weltweit berühmteste Opernkomponist gefeiert wurde, der Autor von Publikumserfolgen wie «Manon Lescaut», «La Bohème» und «Tosca», er, der große Giacomo Puccini, erfuhr einen unerwarteten Schlag. Die Oper «Madama Butterfly» war ein Fiasko, ein hoffnungsloser Misserfolg.

Die Sopranistin Rosina Storchio erinnert sich: «Puccini kam auf mich zu und sagte: ‹Neun. Fangen wir an.›

Ich nähere mich dem Vorhang. Das Publikum im Saal ist unruhig. Ich habe ein ungutes Gefühl. Als das Orchester zu spielen beginnt, lege ich meine linke Hand auf mein Herz und bekreuzige mich mit der rechten. Puccini, der mich beobachtet hatte, trat zur Seite und bekreuzige sich ebenso unauffällig. Die einzelnen Episoden, von denen es wirklich zu viele gibt, beginnen im ersten Akt zu langweilen. Einer der Sänger, der nach seinem Part hinter die Bühne geht, flucht: ‹Zum Teufel, was für ein Publikum! Sie husten die ganze Zeit! Verdammt!› Mir bricht kalter Schweiß von der Stirn. Ich bin jetzt an der Reihe. Ich singe: ‹Der fröhliche Frühlingswind kommt vom Meer und vom Land›, doch im Parkett herrscht feindselige Stille. Sie wird plötzlich von einem Schrei durchbohrt, der von den Rängen kommt: ‹Bohème! Bohème!› Es war, als hätten sich die Zungen gelöst: ‹Bohème! Bohème! Das haben wir alles schon gehört!› Ein Pfeifen und Schreien begann … Im Saal brach die wahre Hölle los.

Als der Vorhang nach dem ersten Akt fiel, war noch ein wenig Applaus zu hören, der von Protestschreien übertönt wurde. Puccinis Gesicht war mit großen roten Flecken übersät.

Doch ich glaubte daran, dass sich im zweiten Akt alles ändern würde. Es erwies sich als Trugschluss, die Stimmung umzudrehen war ebenso unmöglich wie eine Schwalbe im Flug zu fangen. Im Gegenteil, im zweiten Akt schien die Empörung alle Fesseln zu sprengen, und ein Lynchmord an der Oper begann. Da schlägt Suzuki den Gong und betet, dass Pinkerton zurückkehren möge. Ich bin sicher, dass er zurückkehren wird, dass er das kleine Geschöpf, die Frucht unserer Liebe, in seinem Herzen trägt. Ich habe das Kind ins Bett gebracht. Als ich aus dem Zimmer trete, bauscht ein Windstoß meinen Kimono. Das Publikum tobt vor Freude. Jemand ruft: ‹Butterfly ist immer noch mit Pinkertons Kind schwanger!› Ich höre kein einziges Wort mehr, Tränen der Verzweiflung schießen mir in die Augen …

Die letzte Arie ‹Tu, tu, Piccolo iddio› wird von Protest begleitet. Vielleicht hatte ich selbst keine Kontrolle mehr über meine Stimme? Und doch bin ich mir sicher, dass diese Arie nicht ausdrucksvoller gesungen werden kann. Mein Selbstmord, das Kind mit verbundenen Augen und sein Schicksal machten keinerlei Eindruck. ‹Butterfly› endet mit Lärm und Pfiffen. Niemand kommt nach vorne auf die Bühne, um den Applaus der im Theater anwesenden Freunde entgegenzunehmen. Plötzlich rennt Tonio, Puccinis kleiner Sohn, auf ihn zu und wirft sich unter Tränen an seine Brust: ‹Oh! Papa, mein Papa!›

In meinen zahlreichen und freudigen Erinnerungen als Künstlerin gehören die zu den unvergesslichsten, als jeder spürte, wie sehr wir unseren großartigen Giacomo Puccini lieben. Doch die jahrelangen triumphalen Erfolge des Komponisten gerieten hier augenblicklich in Vergessenheit. Dasselbe Publikum, das vor seinem Talent niederkniete, das alle seine Opern, von ‹Le Villi› bis ‹Tosca›, verehrte, verspottete nun ‹Butterfly› mit glühendem Hass und böser Einmütigkeit. Es schien, als solle der Hass die gestrigen ‹Bravos› vergessen machen. Das Publikum auf den Rängen, in den Logen, im Parkett – alle buhten und lästerten in erstaunlicher Einhelligkeit über die Oper und zerfetzten das Herz des Komponisten, der, wie sie wohl wussten, hinter den Kulissen stand.»

Das war ein entsetzlicher Schlag, der umso grausamer traf als der Komponist, vertieft in die Liebe zu seiner Figur, absolut vom Erfolg überzeugt gewesen war. Einige Jahre später erinnerte er sich an diesen schicksalhaften Abend: «Der Misserfolg traf mich sehr, weil er unerwartet kam. Aber ich setzte meine Stirn dem Sturm aus mit einem bewusst rebellischen Gefühl. Ich liebte mein Geschöpf zu sehr, um glauben zu können, dass ein Gericht, das es so verunglimpft hatte, gerecht ist … An jenem Abend entfuhr mir vor Schmerz ein Protestschrei. Am nächsten Tag fühlte ich mich zerrissen und unglaublich verloren. Vielleicht hätte ich meine dreijährige Arbeit nicht so sehr bedauert, wenn nicht mein schöner poetischer Traum, den ich mit so viel Liebe gehegt hatte, damit gescheitert war. Mir kam es so vor, als würde ich nie wieder eine einzige Note aus mir herausholen können. Am Morgen rannten Zeitungsleute unter meinen Fenstern in der Nähe der Scala auf und ab und riefen: ‹Ein Fiasko, Maestro Puccini!› Zwei Wochen lang wollte ich das Haus nicht verlassen. Ich schämte mich.»

Puccini litt: Für einen Künstler gibt es keine größere Qual als das Urteil in einem unfairen Prozess. Und er glaubte an seine Oper, er betrachtete «Madama Butterfly» als sein bestes Werk. Der große Bewunderer von Puccinis früheren Opern, der Mailänder Musikkritiker und einflussreiche Verleger Giovanni Pozza, schrieb in einer Zeitung: «Die Oper hat den Test nicht bestanden. Giacomo Puccini war weder in der Lage, die richtige Form noch die richtigen Dimensionen zu finden und missbraucht die Effekte, die uns bereits allen gut bekannt sind, zum Überdruss.»

Nach all dem machte sich der Komponist auf den Weg zu seinem Anwesen am Ligurischen Meer, nach Torre del Lago, in der Nähe von Viareggio. Doch zunächst traf er sich mit seinem Freund, dem Dirigenten Arturo Toscanini, um Ratschläge einzuholen, was er mit der «Butterfly» machen solle. Der brillante Toscanini war einer der wenigen Freunde, deren Meinung der Komponist vollkommen vertraute. Aber er war auch ein sehr strenger Freund: Immer wortkarg, lächelte nicht gefällig wie andere Dirigenten, er korrigierte die Sänger ziemlich streng und lobte sie in äußerst seltenen Fällen. An der Scala forderten Musikliebhaber bei der Aufführung von «Un ballo in maschera» als Zugabe im ersten Akt die Wiederholung von Richards Ballade. Toscanini kam dieser Aufforderung nicht nach und ließ es nicht zu, die Aufführung zu unterbrechen. Die Leute im Saal begannen, dem Maestro beleidigende

Worte zuzuschreien. Daraufhin stoppte Toscanini das Orchester und wartete darauf, dass Stille eintrat. Doch der Lärm, die Pfiffe und Rufe wurden nur stärker. Und dann zerbrach Toscanini seinen Taktstock und warf ihn wütend in die Halle. Das war im Frühjahr 1903. Er tauchte nie wieder an der Scala auf und folgte nicht einmal der Einladung seines Freundes zur Premiere von «Madama Butterfly» …

Als Puccini seinen Freund besuchte, wirkte er verstört und verärgert. Immer wieder sagte er zu sich selbst: «Arturo, mein lieber Arturo, die Welt kennt keinen besseren Dirigenten als dich! Nur du kannst mir jetzt einen Rat geben …»

Das Erste, was Toscanini seinem Freund sagte, war: «Du brauchst eine Sängerin!» «Aber wer wird einwilligen, nach einem solchen Scheitern die Partie zu singen?» wandte Puccini ein, «und es war ja nicht irgendjemand, der gescheitert ist, sondern Rosina Storchio! Jetzt wird sich doch jede Sängerin davor fürchten, die Rolle der japanischen Geisha zu übernehmen.» Darauf antwortete Toscanini: «Es gäbe eine Möglichkeit … Ja, ich kenne eine Sängerin, die wirklich mutig ist. Brillante Technik, ein Tonumfang von fast drei Oktaven. Solomia Kruschelnytska! Sie singt deinen geliebten Wagner! Die ‹Butterfly› ist so ein kleiner, sanfter, aber auffälliger Schmetterling; hier braucht es ein besonderes Timbre, eine besondere Gesangstechnik und eine besondere Expressivität …»

Solomia Kruschelnytska nahm Puccinis Einladung nicht sofort an. Die Partie der Butterfly schien ihr für ihre Stimme wenig geeignet. Sie liebte Rollen heldenhafter, starker Frauen, die mit Macht in der Stimme agieren, Elsa, Brünhilde, und wenn die Frauen schwach waren, dann sollte zumindest ihre Tragödie tiefer sein als sie selbst. Madama Butterfly kam ihr sowohl sentimental als auch naiv vor, doch nachdem sie sich die Partitur genauer angesehen hatte, änderte Solomia ihre Meinung. Die Figur der jungen Japanerin war äußerst komplex, von endloser Freude und Glück bis hin zu höllischer Seelenqual und in den Tod getrieben. Kruschelnytska stimmte zu, die Butterfly zu singen. Vielleicht spürte sie schon damals, dass diese Rolle nach einiger Zeit zu einer der erlesensten lyrischen und dramatischen Figuren der Weltoper werden würde.

Dennoch war klar, dass die Oper nicht in der Form aufgeführt werden konnte, in der sie in Mailand gescheitert war, sie musste gekürzt werden. Als Puccini damit begann, hörte er den Kommentaren der Sängerin aufmerksam zu und stimmte ihr zu. Er arbeitete die zweiaktige Oper in eine dreiaktige um und kürzte sie dabei. Solomia kam zum Komponisten nach Viareggio und lebte sich so gründlich in die Rolle ein, dass sie drei Monate vor der zweiten Uraufführung ständig ein Geisha-Kostüm trug. Sie verstand: Die Butterfly wird entweder auferstehen oder für immer von der Opernbühne verschwinden …

Die zweite Uraufführung fand am 28. Mai 1904 in Brescia statt und endete mit dem völligen Triumph von «Madama Butterfly» und Solomia Kruschelnytska. Zeugen dieses Triumphs erinnern sich: «Das Theater war überfüllt! Die Menschen standen in den Gängen der Galerie, in den offenen Türen des Parketts, im Diensteingang des Theaters und warteten auf ein unvorhergesehenes Ereignis. Wenn der zitternde und verängstigte Komponist hinter den Kulissen kalten Schweiß verströmte, was muss dann erst die Sängerin gefühlt haben? Von ihr hing jetzt alles ab!»

Ja, es waren viele Zuschauer anwesend, aber wie viele davon waren Puccini freundlich gesinnt? Von Mailand nach Brescia ist es nicht weit, und fast die Hälfte der Anwesenden im Saal waren Zeugen des Scheiterns von «Madama Butterfly» an der Scala gewesen. Sie waren nicht erschienen, um den Komponisten freundlich zu begrüßen, der bereits einmal von ihnen ausgebuht worden war … Die Spannung um «Madama Butterfly» hatte nicht nachgelassen, im Gegenteil, und die kurze Zeitspanne von drei Monaten, in der der Komponist die Oper umgeschrieben hatte, irritierte sogar seine Freunde …

Das alles war Solomia nicht verborgen geblieben, ebenso wie die Tatsache, dass nur sie es schaffen konnte, dem Komponisten zum Erfolg helfen konnte. Mit aller Willenskraft schob sie sämtliche Emotionen beiseite bis auf eine, die völlige Verschmelzung mit ihrer Figur und der Musik.

Seit ihren lang zurückliegenden Anfängen in Lemberg hatte Solomia keine Angst vor den Zuschauern. Erfüllt von der Liebe zu ihrer Rolle, vermochte sie es, die Aufmerksamkeit des Saals auf sich zu ziehen und die ganze Zeit über zu halten. Sie besaß eine intuitive Macht. Doch würde es auch hier, vor diesem verwöhnten Opernpublikum, gelingen? Der Auftritt von Solomia Kruschelnytska in der Rolle der Butterfly war so unerwartet für die Musikliebhaber, so überraschend in der Nichtentsprechung ihres Stimmfachs mit der Figur, dass im Saal von Beginn an Stille herrschte. Und das war kein schlechtes Zeichen. Nein, es war ein hervorragendes Zeichen! Die Stille im Saal beruhigte die Gemüter und gab der Sängerin die Möglichkeit, sich voll auf ihre Rolle zu konzentrieren. Und sie verzauberte den Saal. Das Publikum glaubte ihr!

Nach Butterflys erster Arie explodierte der Applaus … Und verklang sofort wieder – niemand wollte den Bann brechen. Als die Aufführung endete, fand die Sängerin, euphorisiert vom Erfolg, kaum den Komponisten. Puccini, der den Applaus immer noch nicht glauben konnte, versteckte sich am Flügel, und Solomia musste ihn geradezu auf die Bühne zwingen. Der Erfolg übertraf alle Erwartungen. Kruschelnytska und Puccini führten siebzehn Zugaben auf. Die Presse war voll von Rezensionen über die Aufführung. Musikkritiker bestanden darauf, dass der Komponist der «ausländischen Interpretin» unglaublich dankbar sein solle. Und

Puccini war ihr sein ganzes Leben lang dankbar, denn von diesem Abend an begann «Madama Butterfly» ihre triumphale Reise über die Opernbühnen der Welt. In dieser Rolle trat Solomia Kruschelnytska in den besten Theatern Europas und Amerikas auf. Manchmal schloss sich auch der Komponist ihrer Tournee an, und man kann sich vorstellen, welche Begeisterung dieses Paar – ein großer, gut aussehender Mann und eine schlanke, schöne Frau mit großen grünlichen Augen – beim Publikum hervorrief. «Wir haben uns nicht geirrt», schrieben die Zeitungen, «in unserer Annahme, dass Solomia Kruschelnytska eine echte Entdeckung für unser Publikum werden würde. Tatsächlich bezauberte sie die Zuschauer mit ihrer brillanten Stimme und ihrem unübertroffenen Können. In dieser schwierigen Rolle zeigte sie sich ihres großen Ruhmes würdig.» Zurück zu Hause schrieb der glückliche Komponist auf sein Porträt: «Dem schönsten und bezauberndsten Schmetterling. Giacomo Puccini. Torre del Lago, 1904.»

Giorgio Panasolier , ein italienischer Schriftsteller, hat überliefert, dass Solomia nach der hundertsten Aufführung zu Puccini gesagt habe: «Hundert Schmetterlingsabende … das reicht!» Und damit gab sie ihm ihre durch den Ruhm geadelte Partitur zurück. Die Schaffensfreude wie den Glauben an den Erfolg hatte sie ihm längst zurückgegeben.

Es gibt drei Orte im heutigen Lwiw (Lemberg), die mit dem Namen der Sopranistin Solomia Kruschelnytska verbunden sind. Auf dem dortigen Lytschakiwski-Friedhof, der sehr schön ist und ein wenig an den Cimitero Monumentale in Mailand erinnert, befindet sich neben dem Grab Iwan Frankos ihr Grabstein mit der Figur des Orpheus. Der zweite Ort ist ein Hausmuseum in der Kruschelnytska-Straße, die entlang eines großen Parks verläuft. Der Park trägt wiederum den Namen Iwan Franko. Der große Dichter und die Diva waren auch im realen Leben miteinander befreundet. Das

Hausmuseum beherbergt Gegenstände aus ihrem persönlichen Besitz und gibt eine Vorstellung von ihrem Leben. Und der dritte Ort – der wichtigste – ist das nach Solomia Kruschelnytska benannte Opernhaus in der Svobody Straße. Dort, im zweiten Stock im Spiegelsaal, steht eine Büste der Sängerin, die nicht nur stimmgewaltig, sondern auch eine Schönheit war. Prächtig und passend zur Stadt ist das Theater, das vor allem im Inneren an das Wiener Opernhaus erinnert, in dem Solomia in der Rolle der Salome in Richard Strauss' Oper «Salome» glänzte.

Jedes Mal denke ich: Es ist doch sehr ungewöhnlich, dass in einer griechisch-katholischen Familie am 23. September 1872 im Dorf Biljawynzi, heute Region Ternopil in der Ukraine, ein Mädchen geboren wird, das Salomia heißt. Es trägt den Namen der Stieftochter des Herodes, die ihren Stiefvater für einen Tanz um den Kopf des Johannes des Täufers auf einem Silberteller bat. Zwar wird im Buch Hiob auch eine andere Salome erwähnt – die Hebamme bei der Geburt Jesu, aber diese Tatsache verschwand in der Spätrenaissance von selbst, und der schreckliche Ruhm der Salome des Herodes blieb in der biblischen Geschichte erhalten.

Im Alter von zwanzig Jahren debütierte Salomia Kruschelnytska am Lemberger Opernhaus in Donizettis «Der Favorit». Das war im April 1893. Und im Herbst desselben Jahres reiste Salomia nach Italien, wo sie begann, mit so legendären Partnern wie dem Tenor Enrico Caruso und dem Bariton Mattia Battistini zu singen. In Italien begann ihre glanzvolle Karriere. Aber sie kam häufig nach Lemberg zurück und trat mit Konzerten auf der Bühne ihrer Heimatstadt auf. Die Menschen hier haben Salomia, die Puccinis Oper «Madama Butterfly» rettete, ins Herz geschlossen und waren stolz auf sie.

Nach dem Erfolg von «Madama Butterfly» kaufte die Sängerin eine Villa und ließ sich in Viareggio nieder. Sie hatte sich in Italien verliebt und schrieb sogar an ihre Freunde, dass dieses Land wie kein anderes auf der Welt höchste menschliche Weisheit erreicht habe. Nicht im Bereich der Regierung, der Philosophie oder der sozialen Institutionen, sondern eher im Bereich des Alltäglichen. Das Leben ist eine Freude, ein Feiertag. Und die Italiener wissen, wie man aus jeder Minute Freude gewinnt. Darin sind sie den Ukrainern sehr ähnlich.

Im Jahr 1910 heiratete Salomia den Bürgermeister der Stadt Viareggio, den Anwalt Cesare Riccioni. Er starb 1936. Im selben Jahr gab die Sopranistin ihr letztes Konzert in Lemberg, wo sie vor langer Zeit eine dreistöckige Villa erworben hatte. Die Stadt hatte sich in den Jahren verändert. Als Salomia hier studiert hatte, gehörte Lemberg zu Österreich-Ungarn. Zwischen den beiden Weltkriegen gastierte sie in einem polnischen Lwuw (Lemberg) und 1939 kehrte sie ins sowjetische Lwow (Lemberg) zurück. Bisher rätseln ihre Biografen: Warum hat sie sich so entschieden? Warum traf sie diese Wahl? Wahrscheinlich vermochte sie nicht sich vorzustellen, dass man ihr, einer Weltberühmtheit, in ihrer Heimatstadt irgendetwas antun könnte, dass sie gekränkt oder gedemütigt werden könnte. Außerdem war sie bereits siebenundsechzig Jahre alt, als ihr Gatte starb. Die betagte Primadonna erwartete nicht, dass es in Lemberg unangenehme Überraschungen geben würde. Ja, und tatsächlich, das Schlimmste blieb aus. Sie wurde nicht inhaftiert, sie wurde keinen Repressalien unterworfen, sie wurde einfach, wie man es zu Sowjetzeiten ausdrückte, «im Rang herabgestuft». So wie die gesamte Westukraine «im Rang herabgestuft» und von Europa in das Sowjetimperium verlagert wurde.

Die Sängerin musste ihre Villa in Viareggio verkaufen, das Geld wurde von der Sowjetregierung beschlagnahmt. Die Villa in Lemberg wurde verstaatlicht, Salomia und ihre Schwester durften vier winzige Zimmer nutzen. Sie träumte davon, am Konservatorium zu unterrichten, aber auch das wurde lange verhindert. Doch dann erlaubte man es endlich, nachdem sie die sowjetische Staatsbürgerschaft angenommen hatte, und einen Monat vor ihrem Tod wurde der 79-jährigen Salomia Kruschelnytska sogar der Professorentitel verliehen.

Es gibt offenbar eine geheimnisvolle Verbindung zwischen einem Menschen und dem Ort, an dem er lebt. Davon weiß der Genius Loci, der den Alten bekannt war – der Geist des Ortes, der spirituelle Phänomene mit ihrer materiellen Umgebung verbindet. Salomia Kruschelnytska ist ein wahrer Genius Loci von Lemberg. Diese Stadt wurde mir vertraut dank der brillanten Sängerin. Doch auch die Sängerin ist mir – dank Lemberg – klarer geworden und nähergerückt. An der Schnittstelle ihres Lebens und Wirkens mit dem Ort, an dem sie geboren und gestorben ist, entsteht ein neuer Blick auf ihre Biografie. Aber wir erfahren die Stadt auch dank der Persönlichkeit von Salomia Kruschelnytska besonders intensiv.

Im Jahr 2006 veröffentlichte Marston (USA) zwei CDs mit Aufnahmen der Stimme von Salomia Kruschelnytska, auf der sie Arien von Verdi, Puccini, Wagner und anderen Komponisten singt (25 Arien auf einer CD und acht auf der anderen). Was mich unendlich berührt, sind vier ukrainische Volkslieder, darunter mein Lieblingslied «Oi, lettily bili husi» (*Oh, die weißen Gänse flogen*), das mir meine Großmutter anstelle eines Schlaflieds oft vorsang.

Ich schalte den CD-Player ein, betrachte das schöne Gesicht der Sängerin in den Porträts der Opernheldinnen, die sie verkörpert hat, und lausche den Arien mit Begeisterung. Das ist es also, was man mit dem Wort «Diva» bezeichnet – ein Wunder, eine Kombination aus kolossalem Gesangstalent und starkem Charakter. In ihrer Gesangstechnik hatte Salomia Kruschelnytska in Timbre, Stimmumfang, Kraft und Klangfarbe nicht ihresgleichen. Es heißt, eine ihrer berühmten Zeitgenossinnen, die die Kruschelnytska in

«Tosca» von Puccini gesehen hatte, habe diese Rolle für immer abgelehnt. Die Stimme der großen Sängerin Salomia ist die Stimme ihres gesamten Jahrhunderts und das hört man in jeder Aufnahme der «Königin der Oper». Für mich gibt es niemanden, der besser ist.

KAPITEL 11

Kateryna Bilokur
1900–1961

Wer das Museumshaus der Malerin Kateryna Bilokur im Dorf Bohdaniwka nahe Kiew besuchen möchte, kommt am besten im April oder November. Im April blühen die Kirschbäume. Im November hat das Laub an den Bäumen seine prächtigste Farbe. April und November waren die Lieblingsmonate der Künstlerin, die dieses Dorf nie verließ. Das Überraschende: In Bohdaniwka fühlt man sich schon am Ende des zweiten Aufenthaltstages wie ein Alteingesessener, als sei man hier heimisch und kein Tourist. Dieses Gefühl von Zugehörigkeit, zumindest für eine Weile – ist nur in kleinen ukrainischen Städten und Dörfern möglich, die ihre patriarchalische Lebensweise beibehalten haben: Hier leben die Menschen wie zur Zeit Kateryna Bilokurs, und die Fremden werden sich danach richten, weil genau das der Grund ist, an einen solchen Ort zu kommen. Zu einem Besuch bei der genialen naiven Malerin und Volkskünstlerin, deren Gemälde Pablo Picasso auf der Internationalen Ausstellung in Paris 1954 verblüfften und begeisterten, kommt man mit Neugier und Mitgefühl.

«Das Schicksal stellt diejenigen, die es wagen, auf ein großes Ziel zuzugehen, auf harte Proben, doch niemand kann die Starken im Geiste einfangen; mit geballten Fäusten gehen sie hartnäckig und kühn dem beabsichtigten Ziel entgegen. Und dann belohnt sie das Schicksal hundertfach und offenbart ihnen die Geheimnisse wahrhaft unvergleichlicher Kunst» – wiederholte Kateryna Bilokur gerne.

Kateryna Bilokur wurde im Dorf Bohdaniwka in der Nähe von Kiew in eine Bauernfamilie hineingeboren und nichts deutete darauf hin, dass sie Künstlerin werden würde. Zu Beginn des 20. Jahrhunderts erwartete die Mädchen im Dorf ein völlig anderes Schicksal: frühe Heirat, Betreuung von Mann und Kindern, Hausarbeit und Arbeit auf dem Feld. Die Träume der kleinen Katri waren ganz anders – schon in früher Kindheit wollte das Mädchen malen. Und obwohl es im Dorf weder Farben noch Papier gab, fertigte sie selbst Pinsel aus Zweigen und Wollresten und malte auf Leinwandstücke, die ihr die Mutter gab, oder auf Bretter, die sie beim Vater gefunden hatte. Besonders neidisch war sie auf ihren jüngeren Bruder, der zur Schule geschickt wurde, denn er hatte Schreibhefte!

Eines Tages nahm Kateryna eines der Hefte und füllte es mit ihren wunderschönen Zeichnungen. In der Hoffnung, ihren Eltern eine Freude zu machen, hängte sie ihre märchenhaften Bilder im Zimmer auf. Als der Vater diesen Eigenwillen bemerkte, verbrannte er die Bilder im Ofen. Seitdem verboten ihr ihre Eltern nicht nur das Zeichnen, sondern bestraften sie auch mit Ruten, um sie von dieser nutzlosen Beschäftigung abzubringen. Kateryna, eine geniale Autodidaktin, verbrachte keinen einzigen Tag in der Schule. Mit dem ABC-Buch, das ihr ihr Vater gegeben hatte, lernte sie in einer Woche selbstständig lesen. Sie musste fortan ihre Lieblingsbücher immer heimlich lesen, damit ihre Mutter es nicht bemerkte, die immer wieder neue Arbeiten für ihre Tochter fand, um sie von den Büchern abzubringen. Der Mangel an Grundschulbildung hinderte Kateryna daran, eine Kunstschule zu besuchen. In den 1920er Jahren ging sie nach Mirgorod, um sich an der Kunstschule zu bewerben und nahm ihre besten Zeichnungen mit, doch ihre Dokumente wurden ohne Reifezeugnis nicht akzeptiert.

Das Mädchen zeichnete weiter, aber auch der Widerstand ihrer Eltern hielt an. Im Jahr 1934 versuchte sie, durch die Nachstellungen ihrer Mutter zur Verzweiflung getrieben, sich vor deren Augen im Fluss zu ertränken. Erst nach dem Selbstmordversuch erlaubte ihr die Mutter das Zeichnen und zwang sie nicht mehr zur Heirat. Kateryna, die sich im kalten Wasser eine Erkältung an den Füßen zugezogen hatte, blieb für den Rest ihres Lebens gehbehindert.

Es gibt kaum einen Fall in der Kunstgeschichte, in dem der Wunsch, Künstlerin zu werden, auf so viele Schwierigkeiten stieß wie bei Kateryna Bilokur. Der Traum des Mädchens aus einer einfachen Bauernfamilie wurde nicht dank, sondern trotz des Schicksals wahr. Fast ihr ganzes Leben lang musste sie um das Recht zu malen kämpfen, und trotzdem strahlen ihre Bilder Verehrung und Bewunderung für die Gaben der Natur aus. Wildblumen und Gartenblumen, die die Künstlerin als Spiegel einer reinen, feurigen und zarten Seele verehrte, reflektieren die Weltsicht eines verzauberten kleinen Mädchens.

Kateryna Bilokur wurde berühmt für ihre Blumenkompositionen. Die Künstlerin malte jede einzelne Blüte mit großer Sorgfalt und ihre Werke zeichnen sich durch fein gestaltete Details aus. Sie konnte ein ganzes Jahr lang an einem Gemälde arbeiten. Im Winter malte sie Blumen aus dem Gedächtnis, aber im Frühling und Sommer arbeitete sie sowohl auf dem Feld als auch im Garten und konnte sogar 30 km in den benachbarten Pyryatinsky-Wald laufen, um Maiglöckchen zu malen.

Man weiß, dass sie die Blumen nie pflückte. Sie sagte: «Eine gepflückte Blume ist wie ein verlorenes Schicksal.» Vielleicht ist das der Grund, warum ihre lebendigen Blumensträuße mit Pfingstrosen, Gänseblümchen, Rosen, Stockrosen und Lilien einen besonderen Zauber haben und den Betrachter in ihren Bann ziehen!

Berühmtheit erreichte Kateryna Bilokur im Alter von 40 Jahren; der Zufall half dabei. Einmal hörte sie im Radio das Lied «Oder war ich kein Schneeballstrauch auf der Wiese» der Sängerin Oksana Petrussenko:

> «Oder war ich kein Schneeballstrauch auf der Wiese?
> War ich nicht rot auf der Wiese?
> Sie haben mich genommen und gebrochen
> Und zu Bündeln zusammengebunden.
> Das ist mein Schicksal!
> Mein bitteres Schicksal!»

Der Text des Liedes berührte die Künstlerin so sehr, dass sie einen Brief an die berühmte Kiewer Sängerin schrieb. Nachdem sie über ihr persönliches Drama und ihren Traum gesprochen hatte, fügte sie eine Zeichnung des Schneeballstrauchs bei. Petrussenko interessierte sich für das Schicksal der talentierten Frau und zeigte das Bild ihren Kiewer Künstlerfreunden. Sehr bald kamen Vertreter des Poltawaer Hauses der Kreativität zu Kateryna nach Bohdaniwka. Und ein Wunder geschah: Die erstaunlichen Werke einer unbekannten, aber überaus begabten Künstlerin wurden für eine Einzelausstellung ausgewählt.

Nach der ersten Ausstellung in Poltawa fand bald in Kiew eine Einzelausstellung statt. Heute werden die Stillleben Kateryna Bilokurs mit französischen Stillleben verglichen, und der dunkle Hintergrund wird mit der niederländischen Malerei alter Meister in Verbindung gebracht. Tatsächlich hat Kateryna Bilokur nie gelernt, professionell zu malen und sich an Vorbildern zu orientieren. Sie bezeichnete allein die Natur als ihre Lehrerin. Erst nachdem ihre

Ausstellungen stattfanden, hatte sie Gelegenheit, Museen in Kiew und Moskau zu besuchen. Kunstkritiker nennen die Künstlerin einen Rohdiamanten, ein Talent von Gottes Gnaden.

Nach dem Krieg wurden Bilokurs Gemälde regelmäßig vom Kiewer Nationalmuseum für Volkskunst erworben. Heute befinden sich die meisten Werke der Künstlerin in diesem Museum und in der Gemäldegalerie in Jahotyn. Es gibt kaum Gemälde in Privatsammlungen. Insgesamt schuf Kateryna im Laufe ihres Lebens etwa hundert Werke.

Nach dem Krieg erlangte Kateryna weltweite Anerkennung. Drei ihrer Gemälde: «Tsar-Kolos», «Birkenbaum» und «Kolchosfeld» nahmen 1954 an der internationalen Ausstellung in Paris teil. Nachdem Pablo Picasso sie gesehen hatte, erkundigte er sich nach der Künstlerin. Als er erfuhr, dass es sich um die Werke einer einfachen Bäuerin handelte, sagte er: «Wenn wir eine Künstlerin von diesem Niveau hätten, würden wir die ganze Welt über sie sprechen lassen.»

Anscheinend war nicht nur Picasso von Bilokurs Gemälden fasziniert. Nach der Ausstellung wurden die Gemälde während des Rücktransports in die UdSSR gestohlen. Bis heute sind sie nicht wieder aufgefunden.

Katerynas Privatleben gestaltete sich schwierig. Sie war eine attraktive Frau und es gab Bewunderer in ihrem Heimatdorf, aber keiner von ihnen verstand ihre Leidenschaft für die Malerei. Die Verehrer waren überrascht und forderten von ihr, ihre kreativen Träume aufzugeben. «Wie? Meine Frau wird eine Farbenkleckserin sein!?» war ein Kommentar. Und Kateryna hatte es nicht besonders eilig zu heiraten. Im reifen Alter fühlte sie sich oft einsam. Sie hätte ihre Freuden und Sorgen gern mit einem geliebten Menschen geteilt, aber im Dorf gab es dafür kein Verständnis. Ihre Gedanken und Erfahrungen hinterließ sie in Briefen an die Kiewer

Kunstkritiker, mit denen sie korrespondierte, und in ihrer Autobiografie. Alle ihre Zeilen sind von Lyrik und aufrichtigem Vertrauen geprägt.

Obwohl Bilokurs Gemälde von Museen angekauft wurden, häufig Ausstellungen stattfanden und ihr der Titel «Volkskünstlerin» und eine hohe Rente verliehen wurden, sonnte sie sich nicht in den Strahlen des Ruhms. Die Künstlerin lebte noch in ihrem Elternhaus, pflegte ihre kranke Mutter und war selbst bereits an Krebs erkrankt. Bis zum letzten Tag malte sie ihre Lieblingsblumen mit Farben und Pinseln, die sie selbst herstellte. In ihrer Seele war immer noch Frühling.

In Bohdaniwka, wo die Künstlerin geboren wurde und ihr ganzes Leben verbracht hatte, wurde nach ihrem Tod ein Museum eröffnet. Neben dem Haus steht ein Denkmal, das ihr Neffe, Iwan Bilokur, schuf. Im Haus werden persönliche Gegenstände und Dokumente aufbewahrt, auch einige Gemälde. Das letzte Werk, das Kateryna Bilokur nicht vollenden konnte, steht auf einer Staffelei, es sind Dahlien auf blauem Hintergrund. Rund um Bilokurs Haus wachsen Blumen, wie zu ihren Lebzeiten. Kateryna schrieb in einem ihrer Briefe so enthusiastisch und aufrichtig über sie: «Wie kann man sie denn nicht malen, wo sie doch so schön sind? Oh mein Gott, wenn man sich umschaut, ist diese schön und jene noch schöner, und diese dort einfach wunderbar! Und sie scheinen sich zu mir zu neigen und zu sagen: ‹Wer wird uns denn malen, wenn du uns verlassen hast?› So vergesse ich alles auf der Welt – und male wieder Blumen.»

Mein Lieblingsbild von Kateryna Bilokur ist das mit den Paradiesblumen. Es wirkt so ruhig und harmonisch! Und ich erinnere mich an die Worte eines Kunstkritikers: «Bilokurs Blumen sind in allen ukrainischen Kunstbüchern abgebildet, nicht weil sie so schön sind, sondern weil sie einzigartig sind!» Und unter den Porträts der Künstlerin gefällt mir das Porträt ihrer Nichte Olya Bilokur (1928, Öl, 58 × 51 cm).

Es heißt, dass Olya sowohl im Aussehen als auch im Charakter der jungen Kateryna sehr ähnlich war. So stelle ich mir die Künstlerin in ihrer Jugend vor: ein süßes, ernstes Mädchen mit Wildblumen – Kornblumen und Mohnblumen, doch man spürt einen so starken Charakter! Sie ist so jung, ruhig und stark! Aber was trägt dieses Mädchen in sich? Was verbirgt sich hinter ihrer Ruhe? Welche Abgründe liegen in dieser beispiellosen Harmonie? Es ist ein Meisterwerk. Und ich spüre etwas Vertrautes in diesem Mädchen auf dem Porträt. Was genau? Vielleicht die ukrainische Vitalität, ihre Freundlichkeit, ihre Freude an der Arbeit, ihre Abneigung gegen jede Lüge und ihre wunderbare Vertrautheit mit der Welt der realen Dinge. All das sagt mir, die ich selbst eine Ukrainerin bin: Du bist wach, fürchte dich nicht vor deiner Zeit, sei nicht hinterlistig, sei stolz auf deine Vorfahren.

Und je mehr man sich in die Gemälde von Kateryna Bilokur vertieft, desto mehr wird man von den Ideen Heimat und Familie, Tradition und kulturelles Erbe durchdrungen.

KAPITEL 12

Olena Teliha
1906–1942

Ein Imperium ist letztlich nichts, was Menschen guttut. Der Moskauer Gartenring ist keine Straße, sondern ein riesiger, zu einem Ring gedrehter Platz. Und der Teufel weiß, wofür solche Wege notwendig sind, von denen man in Europa und Amerika nie geträumt hätte – für Panzerkolonnen oder für jubelnde Menschenmengen? Aus der Vogelperspektive des zweiköpfigen Adlers kann man die menschlichen Mücken nicht sehen, die sich freuen und stolz sind: Ja, wir leben miserabel, aber sie haben Angst vor uns! Aber die wichtigste oder vielleicht eine der wichtigsten gesamtrussischen gesellschaftlichen Erkrankungen ist das Fehlen einer objektiven, vernünftigen und ehrlichen Einschätzung der Vergangenheit. Wie viele Lügen, wie viele böswillige Erfindungen! Und was bleibt uns anderes übrig, als selbst zu lernen, selbst zu sehen und zu verstehen. Es ist unmöglich, nach den sowjetischen Postulaten zu leben; früher oder später müssen alle Aussagen bewiesen werden.

«Die OUN – die Organisation ukrainischer Nationalisten – das sind angeblich Nazis» – heißt es, aber was für Nazis? Was haben sie mit den Nazis gemeinsam? «Die UPA – Ukrainische Aufständische Armee» – was wollten sie? Mit wem haben sie gekämpft? Wofür?

Es waren nicht die Ereignisse und Fakten, die hinter diesen absolut haltlosen Anschuldigungen standen, sondern eine bolschewistische Sicht, unter der kommunistischen Betrachtungsweise klang das alles sehr bedeutsam: Die OUN und UPA sind Feinde der Sowjetregierung und daher Feinde von uns, dem Sowjetvolk.

So haben wir damit gelebt: Chruschtschow – Stalin, Tschernenko – Andropow, Jelzin – Putin. Historiker waren Dienstleister der Macht, keine Vordenker oder objektive Chronisten. Und erst im Laufe der Jahre wurde uns klar, dass eine solche Macht nur gehasst oder verachtet werden kann. Daher kommt die aktuelle Leidenschaft junger Menschen, die ukrainische Geschichte zu verstehen, dort Ideen zu finden, die für die Gegenwart hilfreich sind und nicht die Geschichte zu vereinfachen und falschen Historikern zu glauben.

Die Organisation Ukrainischer Nationalisten (OUN) wurde am 3. Februar 1929 in Wien gegründet. Ziel der Organisation war es, die Besatzung der Ukraine zu bekämpfen und eine eigene Staatlichkeit herzustellen. Für diese Ziele gaben die Menschen ihr Leben im Glauben an eine freie Ukraine. Diese politische und kulturelle Organisation brachte viele engagierte und aufrechte Menschen hervor, die unabhängig vom Hitler-Deutschland oder von Stalins Moskau agierten …

Das Schicksal der Menschen in der ukrainischen Unabhängigkeitsbewegung, die emigrieren mussten und oft ihr Leben verloren, wurde während der Sowjetzeit vertuscht, ihre Arbeit herabgewürdigt und verunglimpft.

Olena Teliha war ein Mitglied dieser Organisation. Zu Sowjetzeiten kannten selbst in der Ukraine nur wenige Menschen ihren Namen. Jetzt ist Olena Teliha in unsere Erinnerung zurückgekehrt, auch weil sie eine Dichterin war. Posthum wurden drei Gedichtbände veröffentlicht: «Seele auf Wacht» (1946), «Flaggen des Geistes» (1947) und «In einem fremden Land» (1947). Für diese Gedichte wird sie verehrt und geliebt. Ihr zu Ehren wurde in der

Ukraine ein Preis ins Leben gerufen, ein Verlag, eine Bibliothek, eine Schule und Straßen benannt. Die Allukrainische Frauengesellschaft trägt den Namen «Olena Teliha», ihre Ziele sind die Stärkung der nationalen Idee, die Belebung der ukrainischen Sprache und der nationalen Traditionen. Die Allukrainische Frauengesellschaft versucht, die vergessenen oder verbotenen Namen ins gesellschaftliche Bewusstsein zurückzubringen und das Zugehörigkeitsgefühl des Individuums zur ukrainischen Nation als einer freien Gesellschaft wiederzubeleben.

Olena wurde am 21. Juli 1906 in Iljinskoje bei Moskau geboren und wuchs in St. Petersburg in der Familie des berühmten Wissenschaftlers Iwan Schowheniw auf, der aus Slowjansk im Donbass stammte. Er war ein bekannter Wasserbauingenieur und arbeitete an den wichtigsten Wasserstraßen des Landes: der Moskwa, der Wolga, der Kljasma und dem Siwerskyj Donez. Er war einer der Autoren des Projekts zur Bewässerung von 500 000 Hektar in der Hungersteppe in der Nähe von Taschkent. Olenas Mutter war Weißrussin und stammte aus der Familie des Podolsker Priesters Kwochkowsky. Die ersten Jahre in Olenas Leben waren sonnig und unbeschwert. Als Liebling ihres Vaters, finanziell abgesichert, von zwei älteren Brüdern Andrei und Sergei und einer Gouvernante betreut, wuchs sie in einem hochkultivierten Umfeld auf und sprach fließend Französisch und Deutsch. Kultur und Bildung wurden im Haus großgeschrieben und die Familienmitglieder pflegten einfache, gute Beziehungen zueinander. Seit ihrer Kindheit fühlte sich Olena von der Natur angezogen; sie liebte Gärten und Parks. Die blühenden Bäume faszinierten sie, und vielleicht war es die Natur, die ihre poetische Fantasie weckte.

Als nach der Februarrevolution 1917 mächtige Wellen der Befreiungsbewegung über die Ukraine hinwegfegten, zog die Familie Schowheniw nach Kiew. Dies geschah am Vorabend der Oktoberrevolution. Das Familienoberhaupt lehrte zunächst an einer polytechnischen Hochschule und diente dann kurzzeitig als Minister in der Regierung der Ukrainischen Volksrepublik, Bruder Andrei diente in der ukrainischen Armee und Olena studierte am Dutschinskaja-Gymnasium. Doch schon bald schafften die Behörden die private Bildung ab: Alle Kinder mussten an normalen Arbeitsschulen lernen. Es gibt Informationen, dass Olena dort auch die Möglichkeit hatte, Wissen zu erlangen.

Während der bolschewistischen Offensive Anfang 1919 musste die Zentrale Rada Kiew verlassen. Olenas Vater und ihr älterer Bruder schlossen sich ihr an. In der Stadt Poděbrady (Tschechoslowakei) gründete Iwan Schowheniw die Ukrainische Wirtschaftsakademie, deren Rektor er wurde. Olena, ihre Mutter und ihr jüngerer Bruder blieben bis 1923 in Kiew, mussten aber, um sich der Verfolgung zu entziehen, die ihrem nationalistischen Vater galt, ebenfalls nach Prag emigrieren.

Die schöne und kluge Professorentochter hatte Erfolg in der Gesellschaft. Doch eines Tages geschah etwas, an das sich Olena selbst so erinnert. Sie saß an einem Tisch unter brillanten jungen Herren auf einem Ball, der von einem Wohltätigkeitskomitee der russischen Monarchisten organisiert wurde. Und einer der jungen Leute, ein ehemaliger Offizier der Weißen Garde, der Russland nach dem Sieg der Bolschewiki verlassen hatte, begann sich abfällig über die ukrainische Sprache zu äußern. Olena stand sofort auf und warf ihren Tischherren entgegen: «Ihr seid frech und unhöflich! Diese Sprache eines Hundes ist meine Sprache! Die Sprache meines Vaters und meiner Mutter! Und ich will nichts mehr mit euch zu tun haben!» Sie drehte sich um und ging. Von diesem Moment an sprach sie zur Überraschung aller ihrer Bekannten nur noch Ukrainisch. Das ist umso beachtenswerter als ihr jüngerer Bruder, Sergei, sich als Russe betrachtete und ein russischer Dichter wurde.

Das war ein Wendepunkt in der Weltanschauung der zukünftigen Dichterin, der durch das, was sie in Kiew erlebt hatte und was sie in der Tschechischen Republik sah, noch verschärft wurde. Olena erkannte sich als Ukrainerin und unversöhnliche Feindin der Großmacht Russland und trat in die Fakultät für Geschichte und Philologie des Ukrainischen Pädagogischen Instituts M. Drahomanow in Prag ein. Sie begann ihren Vater zu fragen, warum er ihr nichts über die Ukraine erzählte. Und er antwortete: «Hier trägt jeder die Ukraine in seinem Herzen, die er für sich schätzt und die er sich in einem schwierigen Kampf mit der Welt und sich selbst ausgesucht hat.» Ein neuer Freundeskreis, Studenten der Akademie, brachte das Mädchen dazu, über ihre Herkunft nachzudenken und nach ihrem Platz in der Gesellschaft zu suchen. Das Ergebnis der Reflexion waren ihre ersten Schreibversuche – Olena begann, Gedichte zu schreiben. In Poděbrady kam sie der ukrainischen Jugend nahe, die durch Jahre des Krieges und der Revolution abgehärtet war. Ihre intensive Suche nach «ihrer eigenen Ukraine» begann. Und am Ende erkannte Olena, dass «Ukraine» nicht nur das Land ist, sondern vor allem eine Nation – die Toten, die Lebenden und die Ungeborenen, vereint durch die Vergangenheit, den Kampf um die Gegenwart und die Zukunft. Die Forscher, die sich mit dem Leben und Werk der Dichterin befassen, können nicht verstehen, wie die privilegierte «Salondame», die in der Atmosphäre der russischen Kultur aufgewachsen war, zu der Erkenntnis gelangte, dass sie eine Ukrainerin war.

Allmählich entwickelte sich Olena zu jenem seltenen Frauentyp, der Stärke, Mut, Willenskraft und Furchtlosigkeit mit Weiblichkeit und Charme verband. Und sie wollte auf einen ähnlich starken Charakter treffen, der sie durchs Leben begleiten würde. Sie verliebte sich in den Ingenieur Mychailo Teliha, einen Kuban-Kosaken, Bandura-Spieler, Offizier der Armee der Ukrainischen

Volksrepublik und Adjutant von Symon Petljura. Er war ihr treuer Begleiter bis in die letzten Minuten ihres Lebens und trug maßgeblich dazu bei, dass aus der russischsprachigen Dame Lenotschka Schowheniwa die prominente ukrainische Dichterin und Patriotin Olena Teliha hervorwuchs. In einem ihrer Briefe an ihren Mann stehen folgende Zeilen: «Mischenka! Du meine einzige, meine hellste Begegnung! Was für ein Segen, dass ich dich getroffen habe. Nun, ganz gleich, was mit mir passiert, ich werde immer wissen, dass es solche Menschen wie dich auf der Welt gibt, nicht vulgär, nicht hohlköpfig, sondern liebenswert und lieb.» Es war Mychailo, der Olena mit E. Malanyuk, Y. Daragan, V. Kirilenko und anderen Menschen fortschrittlicher Gesinnung bekannt machte. Sie gruppierten sich um die Zeitschrift «Literarisch-wissenschaftlicher Anzeiger», die von dem Kritiker, Publizisten und Ideologen des ukrainischen Nationalismus D. Dontsov herausgegeben wurde.

Ab 1927 begann Olena Teliha, Gedichte in dieser Zeitschrift zu veröffentlichen. Die charakteristischen Merkmale ihrer Poesie in dieser Zeit waren der Wunsch nach einem aktiven, erfüllten Leben und der Protest gegen den «stumpfen Alltag». Das Leitthema für Teliha, wie auch für andere Dichter der Vorkriegszeit, bleibt die Idee der staatlichen Selbstständigkeit der Ukraine. Dafür stehen Gedichte wie «Unsterblich», «Feuriger Tag» oder «Antwort». Der lyrische Held der Dichterin ist stets eine strahlende Persönlichkeit voller Selbstdisziplin und Pflichtbewusstsein, wie in «An die Zeitgenossen» und «Abendlied». Die Dichterin sucht und findet «in der tiefen Dunkelheit / fanatische Augen des Blitzes / und nicht des Mondes verträumten Frieden». Gleichzeitig besitzen ihre Texte eine intime Intonation und sind hellwach und aufmerksam für die innere Welt eines starken Individuums.

1929 zogen Olena und ihr Mann nach Warschau, um Olenas kranke Mutter zu unterstützen. Die Familie lebte lange Zeit in Armut. Es heißt, Olena habe musikalische Nummern in Nachtlokalen und Kabaretts aufgeführt und sogar als Model gearbeitet, doch dann gelang es ihr, eine Lehrerstelle an einer ukrainischen Schule und bei der sonntäglichen Kinderbetreuung der Gesellschaft Ukrainischer Frauen zu bekommen. Die Arbeit ihres Mannes umfasste häufige Geschäftsreisen in abgelegene polnische Dörfer, wo er als Landgewinnungsarbeiter mit der Trockenlegung von Sümpfen beschäftigt war. In Warschau schreibt Teliha ihre besten Werke, veröffentlicht in lokalen Zeitschriften, hält Vorträge, lernt prominente ukrainische Politiker kennen, ohne die Verbindung zu den literarischen Nationalisten abzubrechen, die in den 1930er Jahren auch «Vesnikov Quadriga» genannt wurden.

Im wirklichen Leben war sie auf der Suche nach Helden und kam deshalb zur OUN – der von E. Konovalets gegründeten Organisation Ukrainischer Nationalisten. Dann erscheint das Gedicht «An die Sträflinge», das den radikalen Nationalisten V. Bilas und D. Danylyshyn gewidmet ist, jungen Männern, die durch polnische Chauvinisten starben und zum Symbol des nationalen Widerstands gegen die Besatzungsbehörden wurden. Sie war äußerst bestürzt über die Spaltung der OUN, die 1940 aufgrund taktischer und persönlicher Meinungsverschiedenheiten erfolgte, und versuchte sie zu verhindern, überzeugt, dass in der Einheit Stärke liegt. Sie propagierte Heldentum als höchste Tugend, als Beispiel menschlicher Würde – und das blieb die bestimmende Leitlinie ihres Lebens und Wirkens, das so eng mit dem Kampf um die nationale Befreiung ihres Volkes verbunden ist. Daher der männliche, feste Tonfall des programmatischen Gedichts «Die Wende»:

> «Lasst uns die Grenzen mit dem Feuer der Liebe markieren,
> Lasst uns durch die stürmischen Gewässer waten,

Alles zu nehmen, was uns gehört
Und wieder mit seinem Volk verschmelzen.»

Nach dem Angriff deutscher Truppen auf die UdSSR wurden fast zweitausend OUN-Mitglieder auf das Territorium der Ukraine geschickt, um national denkende Ukrainer in den Dörfern zu identifizieren und um sie herum eine lokale ukrainische Verwaltung aufzubauen. Bekanntlich war es so, dass die ukrainischen Nationalisten den faschistischen Angriff auf die UdSSR begrüßten, da sie darin eine Gelegenheit sahen, die Ukraine dem bolschewistischen Reich zu entreißen und zur Schaffung eines unabhängigen ukrainischen Staates beizutragen. Zu einer dieser Gruppen gehörte Olena Teliha, die zusammen mit Ulas Samtschuk am 15. Juli 1941 illegal den Sjan-Fluss, die Grenze zwischen Polen und Galizien überquerte. Aber Lemberg begegnete ihnen mit Feindseligkeit. Bald zog die Dichterin zusammen mit der Gruppe von O. Olzhych nach Riwne, und am 22. Oktober befand sie sich bereits in der Stadt ihrer Jugend, dem heruntergekommenen Kiew, wo trotz aller Gefahr der Ukrainische Nationalrat gegründet wurde. Hier leitete Teliha den Schriftstellerverband, der zum Zentrum des spirituellen Lebens in der von den Deutschen besetzten Hauptstadt wurde. Gleichzeitig wird sie Herausgeberin der Beilage «Literatur und Kunst» der Zeitung «Ukrainisches Wort» und gibt diese unter dem Namen «Litavry» heraus. Hier wurden literarische Werke ukrainischer Dichter und Prosaschriftsteller veröffentlicht, die vom Stalinismus (E. Plushnik, G. Kosynka, O. Wlazko, D. Falkovsky usw.) wie auch von der Emigration unterdrückt wurden. Während Olena Teliha im besetzten Kiew den Samen des nationalen Selbstbewusstseins säte, veröffentlichte sie keine einzige Lobrede auf die Nazis.

Die Deutschen versuchten, die ukrainische Intelligenz dazu zu zwingen, die Idee einer spirituellen Wiederbelebung der Ukraine aufzugeben. Das gelang nicht, und so vernichteten sie bereits im Winter 1941 das «Ukrainische Wort» und erschossen den Redakteur und seine Mitarbeiter in Babyn Jar. Teliha ignorierte weiterhin grundsätzlich die Anordnungen der Besatzungsbehörden. Die Deutschen waren davon überzeugt, dass «Litavry» das faschistische Regime niemals unterstützen würde, und schlossen den Verlag. Am 7. Februar 1942 begannen die Verhaftungen. Freunde warnten Teliha, dass die Gestapo einen Hinterhalt in dem Haus vorbereitete, in dem die Gesellschaft residierte. Oleg Olzhich, der zu dieser Zeit in Kiew ankam, bat sie, aus der Stadt zu verschwinden und hatte ihr und Mychailo Teliha sogar ein Fahrzeug besorgt. Aber Olena Teliha, die die Situation verstand, hatte nicht vor wegzulaufen. In einem privaten Gespräch mit M. Mikhalevich sagte sie: «Ich werde Kiew nicht noch einmal in die Emigration verlassen! Ich kann nicht. Es gibt wichtigere Dinge als einen Befehl! Jemand muss hierbleiben, der der Todesgefahr bewusst ins Auge schaut und nicht zurückweicht.»

Teliha wusste von den Massenverhaftungen von Ukrainern und davon, dass die Gestapo die Räumlichkeiten des Schriftstellerverbandes überfallen hatte, und ging trotzdem am 9. Februar zum nächsten Treffen, wo sie zusammen mit ihren Freunden und ihrem Ehemann, der sich ebenfalls als Schriftsteller bezeichnete, um das Schicksal seiner Frau zu teilen, verhaftet wurde. Insgesamt wurden etwa 40 Personen festgenommen; die 35-jährige Olena war die einzige Frau unter den tapferen und starken Männern. Am 21. Februar 1942 wurde Teliha zusammen mit ihrem Mann und anderen Mitgliedern des Schriftstellerverbandes in Babyn Jar erschossen. Einer der Henker gestand nach der Hinrichtung: «Ich habe noch nie gesehen, dass ein Mann so heldenhaft stirbt wie diese schöne Frau.» An der Wand der Gefängniszelle wurde eine kurze Inschrift gefunden: «Olena Teliha saß hier und wird von hier aus zur Erschießung geführt.» Darüber eingeritzt der ukrainische Dreizack.

Das schöpferische Erbe der Dichterin ist nicht umfangreich: etwas mehr als drei Dutzend lyrische Gedichte im Stil der heroischen Romantik, eine unvollendete Erzählung und eine Reihe journalistischer Artikel. Aber in ihren Gedichten gelang es ihr, tiefe, leidenschaftliche und zärtliche Gefühle mit sozialen und nationalen Gefühlen zu verbinden und gleichzeitig Melodram und sentimentale Laxheit zu vermeiden. Zwei Gedichtsammlungen von Teliha, «Seele auf Wacht» (1946) und «Flaggen des Geistes» (1947), erschienen posthum, obwohl die Manuskripte bereits 1939 erstellt wurden, die Autorin sich jedoch geweigert hatte, sie zu veröffentlichen. Grund dafür waren sowohl persönliche Motive als auch die Überzeugung, dass es in einer Zeit, in der die Ukraine in tödlicher Gefahr schwebte, unmöglich sei, sich mit literarischen Problemen zu befassen. Allerdings waren Telihas Werke schon zu Lebzeiten der Dichterin weithin bekannt und beliebt. Leider sind die meisten ihrer Gedichte verloren gegangen. Aber ihre Worte leben weiter: «Die Ukraine kann durch einen neuen Typ von Ukrainern gerettet werden, die wissen, wie man für seine Nation lebt und stirbt.» Ihre elegant gearbeiteten Werke, die von Kritikern nicht ohne Grund als «private Briefe an die Welt» bezeichnet werden, haben Bestand.

«Ich zähle keine Wörter.
Ich geb' Zärtlichkeit ohne Maß.
Oder vielleicht besteht darin
mein Mut:
Das Herz verbrennen –
in einem Schneesturm,
Die Seele baden
im kalten Regen.

Durch Wind und Sonne
hat Gott meinen Weg geplant.
Ja, wo nötig bin ich fest und streng:
Oh, mein Land, meine klaren Grüße
Hat nie von mir erhalten
ein Feind.»

Wenn ich in Kiew bin, lege ich immer Olenas Lieblingsblumen – Astern – an den Sockel ihres Denkmals im Park bei Korpus zwölf der Nationalen Technischen Universität der Ukraine nieder, dem ehemaligen Kiewer Polytechnischen Institut. Der Bildhauer des Denkmals war Vladimir Shchur, es wurde am 31. August 2009 enthüllt. Das Denkmal ist sehr schön: Auf einer durchbrochenen Bank im Park sitzt eine junge, schlanke Frau in eleganter Pose … Der Glanz, die Sonne, das Grün des Parks, Freude und ein schreckliches Gefühl der Vorahnung, Licht und Dunkelheit, die sich abwechseln, ein schönes Mädchen mit Haaren in der Farbe der Kiewer Kastanien, die man nicht aufhalten kann, der Sommer der Jugend, den man nicht retten kann – und daher das Gefühl beispielloser Schwere, und ein Glücksgefühl, in dessen Futter Angst eingenäht ist, eingenäht das Wissen darüber, was passieren wird mit diesem Mädchen, später.

«Wir werden an einem transparenten Herbsttag aufbrechen,
Obwohl uns das Ende des Weges unbekannt ist.
Harte Arbeit steht an, aber ist es die Trübsal wert,
Wenn der Preis vor uns liegt – der Sieg!»

Es ist unwahrscheinlich, dass es in den Vierzigerjahren schönere Gedichtzeilen als diese gab. Und dann sind sie – eine Seltenheit.

KAPITEL 13

Marija Prymatschenko
1909–1997

Als meine Tochter klein war, liebte sie es, in den Kunstbildbänden unserer Familienbibliothek zu blättern und sich die Bilder anzusehen. Mir fiel auf, dass sie besonders gern einen Band mit naiven Gemälden der ukrainischen Künstlerin Marija Prymatschenko aus dem Regal nahm. Und was mir außerdem auffiel: Sie schaute sich alle Seiten lange an und blätterte nur eine schnell um. Warum? «Ich habe Angst, Mama, ich habe große Angst vor diesem Bild. Und wenn ich anfange, es anzuschauen, muss ich weinen …» Es war das Bild «Die Bestie des Krieges» (1970, Gouache auf Papier, 55 × 75 cm).

Unter all den fantastischen Tieren, die die naive Künstlerin Marija Prymatschenko so gern malte, ist die Bestie des Krieges eine Ausnahme, dieses Grauen, diese Angst. Ja, es scheint, ein Heulen dringt aus dem Bild hervor, oder doch kein Heulen, sondern eher ein Stöhnen, so schwer, dass man sich bekreuzigen möchte.

In der letzten Zeit hat dieses Gemälde für mich eine neue Bedeutung erhalten. Ich sollte Mitleid mit ihnen haben, das heißt mit den Russen, die den Krieg in die Ukraine brachten, Mitleid mit all denen, die das tun und gutheißen, und die schweigen, und die nicht bereuen wollen und können und die Bestie des Krieges füttern. Soldaten mit russischen Abzeichen rufen: «Wir brauchen den

Sieg!» Doch der Sieg über die verbrannte und zerstörte Ukraine wird eine vernichtende Niederlage für Russland sein. Ein solcher «Sieg» erhöht nicht, sondern demütigt und korrumpiert. Bisher scheinen die Menschen nicht zu verstehen, was gut und böse ist. Und wenn du das eine nicht vom anderen unterscheiden kannst, dann ist deine Existenz ein schrecklicher Dienst an den schwarzen Mächten – den Bestien des Krieges.

Einst, als wir in der UdSSR lebten, steckten wir einander heimlich die Gedichte von Alexander Galitsch zu: «Bürger, das Vaterland ist in Gefahr! Unsere Panzer stehen auf fremdem Boden!» Das geschah am 21. August 1968, als sowjetische Panzer in Prag eindrangen. 108 Menschen starben in der Tschechoslowakei während der Invasion, etwa fünfhundert wurden schwer verletzt. Und jetzt kämpft die Ukraine, wo Tausende sterben, für Freiheit und Unabhängigkeit und versucht, die Bestie des Krieges zu besiegen. Das sind die Gedanken und Assoziationen, die das Gemälde von Marija Prymatschenko heute bei mir hervorruft.

Ihr Name ist inzwischen vielen Liebhabern der naiven Malerei bekannt. Die UNESCO erklärte das Jahr 2009 zum Jahr von Marija Prymatschenko. Auf der ganzen Welt fanden zahlreiche Ausstellungen der Künstlerin statt. Eines ihrer Bilder schmückt die Titelseite der «Weltenzyklopädie für Naive Kunst» (Belgrad, 1984). Viele Menschen weltweit lieben ihre Bilder! Meine kleine Tochter sammelte Kinderbücher mit Illustrationen von Marija Prymatschenko; sie waren so schräg und lustig: «Oh, die wilden Pferde», «Eine Frau haut auf die Mohnblume», «Kranich». Wir haben sogar «Die Schwarzgans nimmt eine Dusche» antiquarisch erstanden.

Ihre Werke erhielten 1937 auf der Weltausstellung in Paris eine Goldmedaille, und einer der größten Künstler des 20. Jahrhunderts, Pablo Picasso, sah ihre Bilder. In der Journalistengemeinschaft hielt sich hartnäckig das Gerücht, dass Picasso, der jeden

Anlass nutzte, um seine Kollegen zu kritisieren, über die Werke der ukrainischen Künstlerin sagte: «Ich verneige mich vor dieser wunderbaren Kunst einer genialen Ukrainerin.» Tatsächlich ist das Werk von Marija Prymatschenko ein einzigartiges Phänomen nicht nur für die ukrainische Malerei, sondern für die Weltkunst. Die von ihr geschaffene Fantasiewelt ist trotz ihrer scheinbaren Einfachheit und einer gewissen Naivität, ja Kindlichkeit, voller Witz und Hintersinn, Individualität und erfüllt von einer tiefen Lebensphilosophie. Ihre Wurzeln reichen bis in die heidnische Vergangenheit der slawischen Völker zurück.

Marija Prymatschenko wurde in der Ukraine im polesischen Dorf Bolotnja im Gouvernement Kiew geboren. Ihr Vater Oksentiy war ein kunstfertiger Zimmermann, er schnitzte unter anderem Kanthölzer für die Verzierung für Häuser und Zäune in ländlichen Gegenden. Ihre Großmutter war eine Könnerin bei der Bemalung von Ostereiern, einer traditionellen Volkskunst. Ihre Mutter Paraska galt als anerkannte Meisterin der Stickerei. Es ist nicht verwunderlich, dass das Mädchen schon sehr früh begann, sich für Volkskunst zu interessieren. Zuerst bemerkten Nachbarn die ungewöhnliche Schönheit ihrer Zeichnungen und rieten ihr, sich darin ausbilden zu lassen. Aber das war nicht einfach. Marias Kindheit fiel in die Jahre der schweren Hungersnot in der Ukraine; außerdem erkrankte das Mädchen im Alter von neun Jahren an Kinderlähmung, woraufhin ein Bein lebenslang gelähmt blieb. Als Kind widmete sie sich die meiste Zeit dem Sticken, einer traditionellen Frauenbeschäftigung in den ukrainischen Dörfern, aber sie zeichnete auch viel, und zwar ziemlich seltsame Dinge – Krokodile und Affen, die sie nur auf Bildern und in ihrer eigenen Fantasie sehen konnte.

Im Jahr 1935 wurden Marijas Arbeiten von der Kiewer Künstlerin Tatjana Floru wahrgenommen, die für eine Volkskunstausstellung in der ganzen Ukraine Muster und Arbeitsvorlagen zusammentrug. Im selben Jahr wurde Marija zum Studium und zur Arbeit in den experimentellen Werkstätten am Kiewer Staatlichen Museum für Ukrainische Kunst eingeladen, wo sie ihre Fähigkeiten vertiefte: Sie zeichnete, stickte und bemalte Keramik. In dieser Zeit entwickelte sie ihren fantastischen Prymatschenko-Stil, der seinesgleichen sucht. Es heißt, wenn die Studenten aus der experimentellen Werkstatt in den Zoo gingen, um Tiere aus der Natur zu zeichnen, bestand Tatjana Floru darauf, dass Marija in der Werkstatt zurückblieb. Prymatschenko, die noch nie lebende exotische Tiere gesehen hatte, war so eigenständig in ihrer Darstellung, dass der Anblick echter Elefanten, Löwen und Affen nur ihren wunderbaren und originellen Stil verdorben hätte. Allmählich erlangte Prymatschenko mit ihrer Arbeit Anerkennung, und 1936 erhielt sie ein Diplom ersten Grades für die Teilnahme an der Kiewer Ausstellung für Volkskunst, wo ihre Arbeiten einen eigenen Raum erhielten. Fast unmittelbar danach wurden ihre Werke nach Paris geschickt: «Mir wurde gesagt, dass sie mir für meine Zeichnungen in Paris eine Goldmedaille verliehen hätten. Aber ich habe nichts davon bemerkt», sagte Marija einmal ohne großes Bedauern. Ihre Bilder wurden auf Ausstellungen in vielen Städten der Sowjetunion und im Ausland ausgestellt – in Warschau, Sofia, Prag, Montreal. Man legte der Künstlerin ans Herz, in Kiew zu bleiben, doch sie kehrte in ihre Heimatstadt Bolotnja zurück – zu ihren Eltern, die allmählich alt geworden waren, und dem Mann, den sie liebte, Wassili Marintschuk. Marijas weiteres Leben war untrennbar mit diesem polesischen Dorf verbunden; sie verließ es nach ihrer Rückkehr aus Kiew praktisch nicht mehr. Der Ort mit dem Namen «Sumpf» wurde eine Quelle unerschöpflicher Inspiration.

Doch 1941 endete Marija Prymatschenkos stilles Glück. Die Künstlerin war schwanger und die jungen Leute wollten gerade heiraten, als der Große Vaterländische Krieg begann. Wassili, die einzige Liebe ihres Lebens, ging an die Front und sah seinen Sohn Fjodor nie. «Lass meinen Sohn glücklich aufwachsen, ich gehe heute zum fünften Mal in die Attacke», schrieb er am letzten Tag seines Lebens an Marija. Prymatschenko teilte mit ihren Landsleuten alle Nöte der Besatzungszeit, die Freude über den Sieg, die persönliche Trauer. Und sie zog ihren Sohn groß, doch zu Pinsel und Farbe griff sie lange Zeit nicht. Das Land brauchte in dieser schweren Zeit offensichtlich eine andere Kunst – nicht bunt und naiv, sondern heroisch und monumental. Erst in den 1960er Jahren trat sie wieder in Erscheinung. 1961 begann Marija Prymatschenko mit ihrer Arbeit an der Serie «Zur Freude der Menschen», für die sie 1966 den Taras-Schewtschenko-Staatspreis erhielt. Als Marija Prymatschenko im selben Jahr vom Tod des Flugzeugkonstrukteurs S. Koroljow erfuhr, malte sie ein berührendes Bild: In der Mitte der Sonnenscheibe steht ein mit einem ukrainischen Handtuch bedeckter Sarg und die Überschrift: «Der Körper des Menschen in der Sonne. In Erinnerung an Koroljow.»

Anfang der 1970er Jahre veröffentlichte der Kiewer Verlag «Veselka» eine Reihe von Kinderbüchern mit Illustrationen von Marija Prymatschenko. In den hellen und farbenfrohen Zeichnungen der Volkskünstlerin sehen wir fantastische Blumen, Tiere und Vögel, die an Bilder der heidnischen slawischen Mythologie denken lassen. Die freundlichen Tiere sind hell und leuchtend; die bösen – dunkel und dumpf. Die Körper all ihrer Tiere und Vögel sind mit Flecken, Streifen, Ornamenten und sogar Blumen und Blättern bedeckt. Maria Prymatschenkos Zeichnungen sind nicht statisch, sie bewegen sich und unterliegen einem besonderen Rhythmus. Die Bildunterschriften erinnern an volkstümliche Spruchweisheiten, wirken aber ein wenig skurril: «Die Steinfliegen sind fröhliche Vögel», «Die Rebhühner tanzen und pflügen das Getreide», «Der Rabe hatte zwei Frauen – er umarmte sie beide.» Auf die Rückseite ihrer Zeichnungen schrieb Marija auch gern Gedichte, oft mit märchenhaftem Inhalt, die Gespräche verschiedener Tiere miteinander darstellen. Ihre fantastischen Blumen versieht sie oft mit Widmungen: «Für Menschen, die Brot pflügen und ihre Heimat lieben», «Für junge Mütter, die einen Sohn oder eine Tochter zur Welt gebracht haben», «Für Lessja Ukrainka», «Zu Ehren des Flugs der Kosmonauten». Und Bilder wie «Das Sumpf-Tier» und «Der Sumpf-Krebs» zeigen den Einfluss, den die Natur ihres heimatlichen Bolotnja auf ihre Arbeit hatte. Marijas Lieblingsblumen sind Sonnenblumen, Holunderbeeren, Rosen und die fantastischen «Augenblumen» – sie erinnern am meisten an Wandmalereien in ukrainischen Dorfhütten. «Ich male sonnige Blumen, weil ich die Menschen liebe, ich schaffe für die Freude und das Glück der Menschen, damit alle Nationen einander lieben, damit sie wie Blumen auf der ganzen Erde leben», sagte die Künstlerin über ihre Arbeit.

In den 1970er Jahren malte sie eine ganze Reihe alltäglicher Szenen – «Hochzeit», «Jekaterina singt ein Lied», «Halja lädt zur Hochzeit ein», aber auch die Alltagsbilder kommen nicht ohne Märchenhaftes aus. Ihre fantastischen Gestalten und Gegenstände entstehen aus Träumen und unerwarteten Assoziationen. «Ich schaue auf den Boden und sehe: Hier ist ein Tier, und hier ein Mann auf einem Pferd», sagte die Künstlerin einmal in ihrer alten Hütte mit Lehmboden.

Prymatschenko zeichnet fast nie auf weißem Hintergrund; am häufigsten verwendet sie sattes Rot, Blau, Hellblau, Grün und Gelb. Die Farbschichten werden auf unterschiedliche Weise aufgetragen, wodurch jede Komposition eine andere Tiefe erhält. Auch der Strich ist nicht derselbe, er ist mal kurz und ruckartig, mal dick und breit, mal gleichmäßig und mal leicht wellig. Marija Prymatschenko zeichnete mit fabrikgefertigten Bleistiften, Gouache und Wasserfarben auf gewöhnlichem Whatman-Papier und

Zeichenblättern. Bisher ist die mehr oder weniger genaue Anzahl ihrer Werke nicht bekannt: Viele wurden in die ganze Welt verteilt und einfach als Geschenk an ukrainische Haushalte weitergegeben. Unbestätigten Berichten zufolge wurde eine Zeichnung, die ein fantastisches Tier darstellt, dem berühmten Künstler Marc Chagall geschenkt.

Während des Kalten Krieges schuf Marija die Serie «Atomkrieg – verdammt möge er sein», in der böse Warntiere auftauchen, und 1986 entstand die alarmierende Tschernobyl-Serie, die weltweit Berühmtheit erlangte.

In den letzten Jahren ihres Lebens machte sich die in der Kindheit erlittene Kinderlähmung immer stärker bemerkbar, und Marija konnte überhaupt nicht mehr laufen, sie konnte kaum aufstehen. Doch sie malte weiter bis zum letzten Tag. Sie starb in der Nacht zum 18. August 1997 im Alter von 89 Jahren. Neben einem enormen kreativen Erbe hinterließ uns Marija auch die Nachfolger ihres künstlerischen Schaffens – einen Sohn und zwei Enkelkinder. Fjodor Prymatschenko wurde ein Verdienter Künstler der Ukraine und Träger des nach E. Belokur benannten Preises. Petro und Iwan Prymatschenko sind junge, talentierte und vielversprechende Künstler, und obwohl der Einfluss ihrer Großmutter auf ihre Arbeit enorm ist, ist jeder von ihnen ein eigenständiger Künstler: Der eine neigt eher zur Fantastik, der andere zur Romantik und Poesie des Volkslebens.

Heute wird die Arbeit von Marija Prymatschenko unterschiedlich bewertet. Einige Kunstkritiker nennen es Naivismus, Primitivismus, der nicht über den Rahmen von Kinderbildern oder dekorativer und angewandter Kunst hinausgeht, während andere sie mit den Werken herausragender französischer Künstler – den Fauves – gleichsetzen. Obwohl ihre Zeichnungen tatsächlich viele Gemeinsamkeiten mit der ukrainischen Volkskunst haben – Stickereien, Wandmalereien, Ornamente auf Keramik und Ostereier – sind Prymatschenkos Bilder und die Art und Weise, wie sie vermittelt werden, völlig individuell und einzigartig. Diese Bilder verbergen hinter der scheinbaren Einfachheit Tiefe und die Vielfalt der Gefühle. Wo sind die Namen von Hunderten talentierter und fleißiger Volkskunsthandwerker, deren Zweige und Pferde in Millionen Farb- und Fadenschichten auf den Rändern von Tellern und Hemdkragen liegen? Den Namen der Volkskünstlerin und Dichterin, die es vermocht hat, fabelhafte und keineswegs gruselige fantastische Tiere und Vögel zum Leben zu erwecken, kennt die ganze Welt.

Als der Literaturnobelpreis an Joseph Brodsky verliehen wurde, sagte er in seiner Rede: «Ich glaube, dass es für jemanden, der Dickens gelesen hat, schwieriger ist, jemanden wie seinesgleichen im Namen einer Idee zu erschießen, als für jemanden, der Dickens nicht gelesen hat.» Diese Passage stellt viele vor ein Rätsel: Es gibt wirklich viele gebildete Schurken, Henker und Tyrannen auf der Welt. Aber im Kontext von Brodskys gesamter Rede ist absolut klar, dass es hier nicht um Dickens' primitiven Widerstand gegen die Waffe geht, noch um die Tatsache, dass Bücher Gutes lehren. Wir sprechen über den Maßstab der Persönlichkeit. Eine Person, die die Werte einer Kultur aufgenommen hat, ist höher, bedeutender und größer als eine Person, die außerhalb der Kultur lebt. Die Rede ist von den psychologischen Abgründen, die ein Kulturmensch in sich selbst erblicken kann. Bis zu einem gewissen Grad haben Dickens' Bücher, Bachs Musik oder schöne Gemälde es vermocht, die Pistolen zu ersetzen, und wenn ein Misserfolg auftritt, dann ist «Die Bestie des Krieges» zur Stelle.

KAPITEL 14

Tetjana Jablonska
1917–2005

Im Jahr 2001 wurde der Künstlerin Tetjana Jablonska per Präsidentenerlass der Titel «Heldin der Ukraine» verliehen, verbunden mit dem Staatsorden «für selbstlosen Einsatz für die Ukraine auf dem Gebiet der Bildenden Künste, herausragende schöpferische Verdienste und Leistungen». Sie ist eine der ganz wenigen Künstlerinnen, denen dieser Titel zuteilwurde.

Tetjana Jablonska ist eine einzigartige Künstlerin. Geboren im Jahr 1917 und 2005 gestorben, erlebte sie fast das gesamte 20. Jahrhundert mit seinen Höhen und Tiefen. Dabei war sie nahezu ein halbes Jahrhundert als Künstlerin aktiv und ging in dieser Zeit einen langen und außergewöhnlichen Weg, der sie von der Alltagsmalerei zum Impressionismus führte. Sie wurde in ganz Europa bewundert, als Teilnehmerin an der Kunstbiennale in Venedig und bei zahlreichen Einzelausstellungen von London bis Paris hatte sie ein internationales Publikum. Werke wie «Brot» (1949), «Schwäne» (1966), «Jugend» (1969) und «Das Leben geht weiter» (1971) zählen zu ihren bekanntesten. Tetjana Jablonska begann ihre Ausbildung in der Werkstatt des legendären Künstlers Fyodor Krichevsky. Heute sind ihre Bilder im Original in vielen Museen der Ukraine zu sehen, in Kiew, Charkow, Odessa, Winnyzja und anderen Städten.

Bereits zu ihren Lebzeiten galt die Künstlerin als Klassikerin, ihr Name ist in allen Enzyklopädien der bildenden Künste enthalten. Auch in der Sowjetzeit ragte der Name Tetjana Jablonska heraus, und wenn die Klassiker des sozialistischen Realismus heute fast vergessen sind, sind ihre Bilder immer noch im kulturellen Gedächtnis bewahrt. Sie malte keine Porträts von politischen Führern, keine Großbaustellen mit Fabrikschornsteinen, weder fortschrittliche Arbeiter noch Maidemonstrationen, dennoch wurde sie während ihres langen kreativen Lebens mit hohen Staatspreisen ausgezeichnet, auch Stalin-Preise waren dabei. Sie nahm an vielen internationalen Ausstellungen teil und hatte eine Professur für Malerei an der Kiewer Kunstakademie inne.

Ein spannungsreicher Weg. Die Künstler, die der offiziellen Kunstrichtung des sozialistischen Realismus angehörten, waren Mythenschöpfer, die ihrem Volk gefallen wollten. Die Ästhetik des «Sozrealismus» verlangte, dass, wenn es Konflikte gebe, so nur zwischen dem Guten und dem Besten, alles andere erlaubt die Doktrin nicht. Die Welt dieser Künstler existiert, solange die Ideologie existiert. Bilder einer Vergangenheit, die im Nebel liegt, und einer glorreichen Zukunft, die ebenfalls im Nebel liegt, werden durch eine sichtbare Gegenwart abgeschwächt. Vereinfacht gesagt, es gab starke Zweifel an den glücklichen blonden Kolchosbäuerinnen der Nachkriegszeit, die bereitwillig für Jablonskas Gemälde posierten.

Das Pathos des Stalinismus gab Gewissheit. Es existieren keine unlösbaren Probleme, im Sozialismus wird der Mensch nicht allein gelassen, alles wird gut, schön und richtig, wenn man sich den Großen und Starken anschließt … Das alles hatte etwas unwiderstehlich Anziehendes. Auch an unserer Schule hingen die Bilder von Jablonska an den Wänden. Und über eines von ihnen, «Der Morgen» mussten wir sogar einen Schulaufsatz schreiben. Ein langbeiniges Mädchen in Unterwäsche streckt sich nach dem

Aufwachen in einem gemütlichen Zimmer, das Bett, das sie eben verlassen hat, wirkt noch warm und kuschlig, sie steht barfuß auf warmem Eichenparkett, die Tür zum Balkon ist weit geöffnet, gleißendes Licht dringt herein. Das einfache Frühstück steht auf einem runden Tisch, auf dem Stuhl neben der Balkontür liegen die Sachen bereit, die sie gleich anziehen wird, das rote Pioniertuch, die Schleifenbänder für die Zöpfe. Warmes, helles Licht im ganzen Raum. An der Wand ein Schmuckteller mit ukrainischen Volkskunstmotiven, sein Blau harmoniert mit dem Blau der Tischdecke.

In Moskau wird die Kunst des 20. Jahrhunderts aus der Sammlung der Tretjakow-Galerie in einem weitläufigen Museum am Krymsky Val gezeigt. Als ich dieses Museum zum ersten Mal besichtigte, gelangte ich auch in den Saal, wo die Gemälde des sozialistischen Realismus hängen, Bilder, die damals einen Stalin-Preis erhalten hatten. Da waren sie: «Die Parade der Athleten», «Lenin im Smolny», «Brief von der Front». Und dort hing auch das Gemälde «Der Morgen» von Tetjana Jablonska. Ich muss zugeben, ich ertappte mich bei einem seltsamen Gefühl. Es war das Eintauchen in meine Kindheit, ein Gefühl der Geborgenheit, des Selbstvertrauens und der Schönheit. In den benachbarten Sälen herrschte der Avantgarde-Suprematismus, und als ich dort hineinsah, hatte ich das Bedürfnis, zurückzukehren zu den sozialistischen Realisten – in die Wärme und Behaglichkeit gefälliger Gemälde, in die Welt einer verständlichen Malerei, die ich aus meiner Kindheit kannte.

Jablonska ragt unter ihnen heraus, weil sie dem Selbstbewusstsein und Selbstgefühl eines gewöhnlichen Menschen voll und ganz entsprach. Sie füllte die Nische, die für das Selbstbild der Menschen existierte. Dank ihrer außergewöhnlichen Begabung hielt die Künstlerin nicht nur das sowjetische Leben auf dem Höhepunkt seines Selbstbewusstseins fest, sondern gab der damaligen Generation auch ein solches Bild vor.

Und so war ich nicht die Einzige, die sich von den Gemälden angezogen fühlte. Meine Landsleute schlenderten mit einem zärtlichen und leicht ironischen Lächeln durch den Saal. So betrachtet man ein Foto von sich selbst, das so retuschiert wurde, dass es an einen Hollywood-Star erinnert.

In meiner Heimat wurden der Sozialismus und der Kommunismus aufgebaut – wir haben es in den Filmen von Aleksandrow und Pyrjew gesehen. In diesen Filmen lebten glückliche Kollektivbauern, fröhliche Schweinehirten, tanzende Arbeiter und weise Herrscher! Und es gab jede Menge Essen! Die Tische quollen über vor köstlichen Speisen! Kino und Malerei in der stalinistischen Sowjetunion zeigten uns, dass der Kommunismus nahe war, wenn nicht längst Teil unseres Lebens. Aber die Literatur und Musik dieser Zeit zeigten das nicht.

Das Interesse an der Persönlichkeit von Tetjana Jablonska ist immer noch groß. Sie wurde am 24. Februar 1917 in Smolensk in der Familie des Künstlers Nil Jablonski geboren. 1928 zog die Familie in die Ukraine, zunächst nach Odessa, dann nach Lugansk. Jablonska schloss ihr Studium der Malerei am Kiewer Staatlichen Kunstinstitut ab, in der Werkstatt des berühmten ukrainischen Künstlers Fyodor Krichevsky.

Ihre erste Einzelausstellung fand 1941 statt, als sie noch Studentin war. Tetjana schaffte es, ihr Studium abzuschließen, ehe der Krieg sie von der Malerei abbrachte. Sie wurde in die Region Saratow evakuiert und arbeitete dort in einem Landwirtschaftsbetrieb. 1944 kehrte die Künstlerin nach Kiew zurück und unterrichtete an ihrem Heimatinstitut Zeichnen, Malerei und Bildaufbau. Parallel zu ihrer Lehrtätigkeit entwickelte sie sich als Künstlerin weiter und schuf eine Reihe großer Gemälde. In dieser Zeit entstand eines ihrer berühmtesten Werke, «Brot», für das sie 1950 den Stalin-Preis erhielt. Das Gemälde zeigt Frauen, die

Getreide zum Dreschen ausbreiten. Natürlich ist die Arbeit nicht einfach, aber dank der hellen Farben und Gesichter ist das Bild von Glück und Sonnenlicht durchdrungen. Und es enthält nicht das monumentale Pathos dieser Zeit, sondern wirkt aufrichtig. Es weckt warme Gefühle gegenüber dem Brotgetreide und den Menschen in der Landwirtschaft, die es ernten. Die Künstlerin selbst erinnert sich an die Entstehung dieser Leinwand, die sich jetzt in der Tretjakow-Galerie befindet: «... Ich kenne die Arbeit in der Kollektivwirtschaft nicht aus optimistischen Wochenschauen. Als ich zwei Jahre lang in einem Dorf in der Nähe von Saratow arbeitete, sah ich von allem genug ... Aber ich habe das Bild gemalt und mich über die Frauen gefreut, in die ich mich verliebt habe – sie konnten Brot anbauen, wodurch wir alle den Hunger vergessen haben.» Als der herausragende russische Maler Arkadi Plastow «Brot» auf der All-Unions-Kunstausstellung sah, kniete er vor Tetjana Jablonska nieder und küsste ihre Hand. Bereits 1951 erhielt die Künstlerin den zweiten Stalin-Preis für das Gemälde «Frühling». Die großformatigen Gemälde dieser Zeit, «Abend am Dnjepr», «Sommer», «Über dem Dnjepr», «Frühling» spiegeln die Einheit von Menschen und Natur wider, offenbaren die Emotionen der dargestellten Menschen, sind gefüllt mit warmen Gefühlen und bewirken starke positive Emotionen beim Betrachter. Allerdings war die Haltung der Parteiführung zu ihren Werken nicht immer eindeutig. Neben den begeistert aufgenommenen «Brot» und «Frühling» gab es Werke, die Missfallen hervorriefen. Die Gemälde «Vor dem Start» und «Das Leben geht weiter» wurden als Manifestation des Formalismus und Impressionismus eingeordnet. «Jede Suche nach Farbe und Emotionalität in der Kunst wurde zum Formalismus erklärt», erinnert sich die Künstlerin, die sich mit dieser Einstellung zu ihrer Arbeit sehr schwertat.

Im Jahr 1954 schuf sie ihr berühmtes Gemälde «Der Morgen», das mehreren Generationen von Menschen bekannt ist, die in der Schule nach sowjetischen Lehrbüchern lernten. Für das Mädchen, das vor der offenen Balkontür Streck-Übungen macht, während das Sonnenlicht in den Raum fällt, stand Jablonskas Tochter Elena Modell. Sie wurde später eine berühmte Künstlerin. Das Gemälde fiel mit dem Ende der Stalin-Ära zusammen und so wurde «Morgen» zu einer Art Symbol für den Aufbruch des Landes.

In den 1960er Jahren begann eine neue Etappe im Schaffen der Künstlerin. Sie interessierte sich jetzt verstärkt für dekorative Volkskunst, reiste nach Transkarpatien und Armenien, wo sie regionale Künstler und ihre Werke kennenlernte. Die Gemälde dieser Zeit «Leben», «Braut», «Papierblumen» und «Junge Mutter» vermitteln die Beziehungen zur historischen Vergangenheit, zu Bräuchen, Traditionen und Ritualen als ein wichtiges Merkmal der Menschlichkeit. Einen Bildband der Künstlerin aus dieser Zeit begleiteten die Balladen des ukrainischen Lyrikers Iwan Dratsch, der von Jablonskas Werk fasziniert war. Doch fast die gesamte Auflage wurde vernichtet, weil die Veröffentlichung als nationalistisch eingestuft wurde. Es ist bemerkenswert, dass Jablonska, die eine gebürtige Russin war, nach ihrer Ankunft in der Ukraine zu einer glühenden ukrainischen Patriotin wurde und überzeugt war, dass sie nur in diesem Land als Künstlerin Erfolg haben könne.

Auf die Frage einer Journalistin, ob sie sich als sowjetische oder ukrainische Künstlerin betrachte, antwortete Tetjana Jablonska: «Als Ukrainerin!» Sie begrüßte die Orange Revolution in der Ukraine ebenso wie die Unabhängigkeitserklärung der Ukraine. Und laut ihrer jüngsten Tochter Gajane «liebte sie die Ukraine sehr und fühlte sich ihr mit ihrer Seele verbunden, obwohl sie, wie Sie ja wissen, in Smolensk geboren wurde, aber seit ihrem dreizehnten Lebensjahr lebte sie in der Ukraine, sah sie als ihre Heimat an».

Eine ihrer stärksten Leidenschaften im Leben gehörte der Landschaft von Transkarpatien. Wenn sie dorthin reiste, brachte sie jedes Mal viele Gemälde mit.

Die 1970er Jahre wurden zu einem Wendepunkt in ihrem Schaffen. Sie besuchte Italien und Spanien, wo sie intensiv an Skizzen und Entwürfen für zukünftige Gemälde arbeitete. Eines der bemerkenswertesten Werke dieser Zeit, «Altes Florenz», das den Einfluss der Renaissance-Kunst spüren lässt und die Schönheit und Harmonie der umgebenden Welt betont, findet sich heute ebenfalls in der Tretjakow-Galerie, obwohl Jablonska selbst es eigentlich in Kiew belassen wollte. 1979 erhielt sie den Staatspreis der UdSSR für das Gemälde «Leinen».

Das Alltagsleben der herausragenden Künstlerin war nicht einfach. Aus zwei Ehen hatte sie drei Töchter und es musste ihr gelingen, Unterricht, kreative Tätigkeit und Kindererziehung zu vereinen. Sie war stark, fleißig und optimistisch und in jeder Hinsicht unabhängig. Tetjana Jablonska hatte ihre eigene, recht interessante Sicht auf die Rolle von Männern und Frauen in der Malerei: «Mir scheint, dass Frauen Stimmung und Farbe subtiler spüren. Vielleicht liegt das an der Mutterschaft, der tiefen Sinnlichkeit. Männer wollen sich selbst ausdrücken. Für sie ist Kunst Wettbewerb, Ausdruck des eigenen ‹Ichs›. Frauen sind mit der Sache beschäftigt, nicht mit einer nach außen gerichteten Selbstdarstellung. In der Kunst ist ihnen Stolz fremd.»

Jablonska hat in allen Phasen ihres Lebens viel gearbeitet. Ihre Werke sind ein seltenes Beispiel für die Kunst, das Gleichgewicht zwischen Quantität und Qualität zu halten. «Kunst ist keine mechanische Widerspiegelung des Lebens, sondern eine besondere Form seiner Durchdringung, die Brechung durch die Seele, das Herz und das Talent des Künstlers», sagte sie einmal und bewies das immer wieder mit ihren Werken.

In ihren letzten Jahren verließ die Künstlerin ihre Wohnung in Kiew selten. Sie hatte sich nach einer schweren Krankheit Anfang der 1990er Jahre nicht vollständig erholt. Sie selbst nannte diese Zeit scherzhaft «Post-Infarktionismus». Tatsächlich zeigen ihre letzten Bilder eine Art Impressionismus, einen Ausdruck tiefer Gefühle für die Schöpfung, eine philosophische Lebensauffassung und Bewunderung für die Natur. Jablonska verbrachte viel Zeit am Fenster und malte, was draußen, auf dem Balkon, vor den Fenstern, geschah. Die Gemäldezyklen «Jahreszeiten» und «Fenster» aus den 1990er Jahren entstanden in einer zarten und perfekten Pastelltechnik. Sie strahlen Wärme und Lebensfreude aus. Man sieht ihnen nicht an, dass sie von einer Frau gemalt wurden, die die 80-Jahre-Marke überschritten hat. «Ein Künstler existiert nur, wenn er jung ist. Nicht nach Lebensjahren, sondern nach dem Zustand der Seele», sagte Jablonska in einem Interview.

Von allen Interviews über das Leben und Werk von Jablonska ist das Interview mit ihrer Tochter Gajane sicherlich das Beste. Es ist sehr aufrichtig und voller interessanter Details. «Mama war sehr impulsiv», erinnert sich die Tochter, «sie konnte, wütend auf sich selbst, die ‹freche› Leinwand mit einem Pinsel durchbohren. Einige Leinwände hat sie verbrannt – hier im Ofen. (Zeigt auf den Kamin). Mama glänzte nicht. Sie stand ihrer Arbeit kritisch gegenüber. Und sie fühlte sich immer mit den Großen verbunden, mit Tizian, Rembrandt, Pissarro. Sie hat ihr ganzes Leben lang hinzugelernt. Ich besitze noch ein kleines Album, in das sie Kompositionsdiagramme ihrer Skizzen gezeichnet hat.

Wie sie im Leben war? Sicherlich emotionaler, spontaner, aufrichtiger und talentierter als viele andere. Und auch klüger. Im Allgemeinen hat Genie viel mehr mit Klugheit als mit Talent zu tun.»

Alles scheint, als hätten wir es mit einem Beispiel für eine glückliche Künstlerbiografie zu tun. Aber so einfach ist das nicht.

Für talentierte Menschen war es ein Wunder, die Stalin-Ära zu überleben! Jablonska wurde eingeschüchtert, ihr wurde ukrainischer Nationalismus unterstellt. Der Dichter Iwan Dratsch hatte Gedichte zu ihren Bildern geschrieben und ein fantastischer Bildband dieser Arbeiten befand sich bereits in Druck, als das Buch verboten und die gesamte Auflage vernichtet wurde. Jablonska sah sich ständig mit Vorwürfen konfrontiert: Erst für ihren «Impressionismus», dann kam der «Nationalismus» und später, wer hätte es gedacht, der «Sowjetismus». 1968 wurde ihr Gemälde «Das Leben geht weiter» aus einer Ausstellung entfernt und sie wegen «falscher Ideologie» angeklagt und von allen Positionen, die sie im Künstlerverband innehatte, entfernt.

Noch sind ihre «Tagebücher und Aufzeichnungen» nicht vollständig veröffentlicht. Sie wären aufschlussreich, denn sie enthalten sicher so viele offene, bittere und sogar schreckliche Dinge über die damalige Zeit. Und es ist immer noch unklar, wie man das einordnen, sich dazu verhalten soll. Es wäre wirklich gut, wenn ihre Tagebücher veröffentlicht würden. Und eine ausführliche Biografie von Tetjana Jablonska sollte geschrieben werden. Ohne jegliche Ideologie. Im 20. Jahrhundert entweder nur die Hölle oder nur einen Traum zu sehen, ist falsch; wenn man dich fragt, was du getan hast, werden Verweise auf die Zeit nicht akzeptiert. «Hic Rhodus, hic salta!»

Im Jahr 2004 tauchte der Name der Künstlerin aufgrund eines Skandals um gefälschte Gemälde, die im Kiewer Staatlichen Kunstmuseum zu sehen waren, erneut in den Zeitungen auf. Ihre jüngste Tochter, Gajane Atajan, sagt, sie habe beim Europäischen Gerichtshof für Menschenrechte Klage eingereicht. «Im Jahr 2008 erhielten wir ein Schreiben des Europäischen Gerichtshofs, dass der Fall zur Prüfung angenommen wurde. Und genau ein Jahr später – ein zweites, mit der Ablehnung der Prüfung. Aus formalen

Gründen, wie zum Beispiel einer fehlerhaften Registrierung. Aber ich glaube, dass diese publik gemachte Geschichte, dieser Skandal uns gutgetan hat. Es ist inzwischen unwahrscheinlich, dass irgendjemand versuchen wird, ‹gefälschte Gemälde› von Tetjana Jablonska durch Ausstellungen in staatlichen Museen zu legalisieren ...»

Ich selbst erinnere mich daran, wie ich in Binz auf Rügen zum ersten Mal in meinem Leben ein Museum mit gefälschten Gemälden sah. Sein Besitzer war ein äußerst talentierter Künstler, der für die internationale Mafia arbeitete und gefälschte Expressionisten an Museen verkaufte. Er wurde entlarvt, saß mehrere Jahre im Gefängnis und eröffnete dann in Binz ein Museum für seine gefälschten Gemälde. Er fälschte viele Klassiker des deutschen Expressionismus – und verkaufte sie. An der Tür seines «Museums»-Ladens hing die Kopie eines «Bild»-Artikels über ihn und den Skandal. Ich war daran interessiert, mit ihm zu reden. Es stellte sich heraus, dass er ein Mann mit einer philosophischen Lebensauffassung war: «Ich wollte Harmonie für die Welt! Harmonie ist die Grundlage des Kosmos und sie wirkt dem Chaos entgegen, das im wahrsten Sinne des Wortes übrigens keine Unordnung ist, wie das später in der christlichen Zeit verallgemeinert wurde, sondern Unsinn. Es ist das Fehlen von Sinn und nicht von Ordnung, das die beste Welt zerstören kann. Ich habe versucht, mit meiner Kreativität, mit meinem ganzen Leben die Harmonie wiederherzustellen. Ja, ich habe brillante Gemälde gefälscht, aber, wissen Sie, auf der ganzen Welt bildeten sich gigantische Warteschlangen für Ausstellungen ‹meiner› Werke. Die Bilder gaben den Menschen die Bedeutung von ‹nicht übereinstimmender Übereinstimmung› zurück. Und was macht es für einen Unterschied, Original oder eine brillante Fälschung?»

Das Beste an Kiew ist ein Spaziergang durch die wunderschöne Altstadt. Die Altstadt hat viele lauschige Plätze und Gärten. Jablonska verbrachte hier ihr ganzes Leben und liebte die Stadt sehr. Über die steilen Hänge des Dnipro-Ufers kann man stundenlang zu einem der vielen Aussichtspunkt wandern – und sieht von dort, was man aus den Gemälden der Künstlerin schon lange zu kennen meint. Schlendern Sie auf der Bolschaja-Wassilkowskaja-Straße (ehemals Krasnoarmejskaja) entlang. Hier befand sich ihre Wohnung, von deren Fenstern aus sie eine ganze Bilderserie schuf.

Schauen Sie aufmerksam in die Gesichter der Menschen, denen Sie auf der Straße begegnen, und Sie werden den Eindruck haben, sie sind aus Jablonskas Porträts herausgetreten. Im Archiv der Künstlerin wird ein Exemplar des berühmten Bildbandes mit ihren Zeichnungen und Gedichten des ukrainischen Lyrikers Iwan Dratsch aufbewahrt. Unter jeder Zeichnung finden sich Notizen in ihrer Handschrift: «Das hier sind Tante Chimka und ihre Schwester Lisaweta. Sie stammen aus Kanew.» Und unter einer anderen Zeichnung: «Und dieses Porträt ist die Schwester eines Nachfahren von Taras Schewtschenko im Dorf Schewtschenkowo-Kyrylivets.» Die Gesichter strahlen Würde, Schönheit und Geheimnis aus. Und wenn man in ihrem Bildband blättert, spürt man, wie innerlich frei, wie glücklich Jablonska in dieser Schaffensperiode war.

Gehen Sie bei einem Spaziergang durch Kiew auch in einen Buchladen. Wenn Sie Glück haben, kaufen Sie ein kleines Buch mit dem Titel «Tetjana Jablonska. Aus der Sammlung des Saporoschje-Museums», das kürzlich im Rodovit-Verlag erschienen ist. Gehen Sie auch in der Chreschtschatyk-Straße zum Hauptpostamt. Am Eingang auf der linken Seite befindet sich eine kleine Filiale, in der interessante ukrainische Briefmarken verkauft werden. Eine Briefmarkenserie wurde nach ihren wichtigsten Gemälden gestaltet. Auch eine Gedenkmünze mit einem Porträt von Tetjana Jablonska (2 Griwna) ist dort erhältlich. Sie war eine wunderbare Künstlerin, und sie ist unvergessen.

Tetjana Jablonska starb im Juni des Jahres 2005. Sie wurde 88 Jahre alt. Am Ende ihres Lebens malte sie mit der linken Hand, ihre rechte konnte sie nicht mehr bewegen. Und ihr Redefluss war etwas langsamer geworden. Doch ihre Bilder im Kopf, ihre Assoziationen, ihre Erinnerungen waren unübertroffen lebhaft. Und ihre Furchtlosigkeit angesichts des Alters und der Umstände beispielhaft! Sie blieb als Künstlerin lebendig, wollte weder das Alter noch die Last unvermeidlicher Ängste und Enttäuschungen in ihrer Kunst berücksichtigen. Ganz kurz vor ihrem Tod fertigte sie eine Pastellzeichnung mit dem Titel «Glockenblumen» an. Es war, als würde sie sich von ihren Lieblingsblumen aus der Kindheit und von uns verabschieden.

KAPITEL 15

Walentina Hontschar
*1926

Der großartige Schriftsteller Oles Hontschar galt lange vor seinem Tod am 14. Juli 1995 als lebender Klassiker der ukrainischen Literatur. Er wurde verehrt und bewundert. Er war nicht nur ein Jahrhundertschriftsteller, sondern auch ein großer Humanist, ein Psychologe und Intellektueller. Einmal hatte ich die Gelegenheit, ihn für die Serie «Sonntagsgeschichte» im Neuen Deutschland zu interviewen und dann eine seiner Erzählungen zu übersetzen und zu veröffentlichen, die zu Sowjetzeiten nicht gedruckt werden durfte. Mit dieser Zeitung im Gepäck reiste ich nach Kiew, doch Oles Hontschar war zu diesem Zeitpunkt bereits verstorben. Ich traf seine Witwe – Walentina Hontschar – die ihren Mann durch sein Leben begleitet und ihn begeistert und inspiriert hat.

Walentina Danilowna Hontschar wurde am 22. Juli 1926 in der Siedlung Lomiwka, nahe der Stadt Dnepropetrowsk (heute Stadt Dnipro) geboren. Der Lieblingsort ihrer Kindheit und Jugend war die Bibliothek, eine echte Schatzkammer, wie sie sagte, die allen offenstand. Sie studierte Philologie und lernte während des Studiums ihren späteren Ehemann Oles Hontschar kennen.

Als wir uns in den 1990er Jahren das erste Mal trafen, unterhielten wir uns vier Stunden lang. Diese schöne Frau überraschte mich mit ihrem nüchternen Selbstwertgefühl, ihrer Illusionslosigkeit, ihrer Empathie und der Fähigkeit, die Erfolge anderer zu bewundern und sich selbst für die Talente von Menschen einzusetzen, die sie nicht unbedingt mochte. Sie wusste, wie sie sich von persönlichen Sympathien abgrenzen konnte.

Einmal sagte sie mir: «Weißt du, wir schätzen Menschen oft falsch ein, nicht weil wir nicht aufmerksam sind, sondern weil wir zu schnell aufhören, sie nach ihrem ersten Eindruck zu beurteilen, der übrigens immer richtig ist.»

Bei diesem ersten Treffen in Kiew zeigte sie mir den Schreibtisch des Schriftstellers. Er war übersät mit Manuskripten von jungen Leuten, die den Autor um Unterstützung oder Rat baten. «Es ist erstaunlich, dass er so viel Zeit für junge, aufstrebende Schriftsteller aufgewendet hat: sie zu lesen, ihnen bei der Veröffentlichung zu helfen. Egal, wie schlecht es ihm ging, die Literatur war seine Zuflucht und Rettung – und die Lektüre der Manuskripte junger Schriftsteller, Gespräche über neue Literatur konnten ihn von allem ablenken, was ihm Sorge bereitete. Ich erinnere mich, wie er einmal mit Fieber und Grippe im Bett lag. Dann kam die Post und in der Post lag wieder ein Päckchen mit dem Manuskript eines jungen Autors. Er begann zu lesen und lachte plötzlich: ‹Nein, hör mal zu, wie gut und witzig er schreibt.›«

Bei diesem ersten Treffen mit Walentina Hontschar haben wir den nach Oles Hontschar benannten Deutsch-Ukrainischen Litertur-Förderpreis für junge Schriftsteller der Ukraine ins Leben gerufen. Es sollte in fünf Kategorien erscheinen, Roman, Kurzgeschichte, Poesie, Kritik und Literaturgeschichte, und er sollte jeweils am Geburtstag des Schriftstellers am 3. April in Kiew im Haus der ukrainischen Schriftsteller überreicht werden.

Walentina Hontschar wurde Mitglied der Jury und brachte Vorschläge für wundervolle und talentierte Autoren ein. Zur Jury gehörte auch der brillante Dichter Iwan Dratsch, der heute sehr bekannt ist. Wir, die Gründer des Preises – der deutsche Unternehmer, Kenner und Liebhaber der ukrainischen Literatur Dieter Karrenberg und ich – kamen nach Kiew, um unseren Preis zu überreichen. Und wurden so mit den jungen, talentierten Autoren der Ukraine bekannt. Seit 1998 sind mehr als einhundert junge Autoren unsere Preisträger geworden. Es waren unzählige Begegnungen mit neuen Ideen, mit großartiger Energie und viel Humor: «Wenn es nicht möglich ist, ganz normal zu sein, muss man großartig werden, das ist auch viel einfacher!» Und in all den Jahren übernahm Walentina Hontschar die Aufgabe, Hunderte von Manuskripten zu lesen, die per Post zu unserem deutsch-ukrainischen Literaturwettbewerb eintrafen. In all den Jahren konnten junge Autoren immer auf jede Hilfe von Walentina Hontschar zählen, auch auf finanzielle Hilfe. Sie fand es großartig, wenn sie das Gefühl hatte, dass ein junger Autor versucht, «in den Mainstream zu gelangen». Talentierte Menschen spürten sofort eine Seelenverwandtschaft mit ihr.

Im Jahr 2023 konnten Dieter Karrenberg und ich aufgrund des Krieges nicht nach Kiew kommen, um die Auszeichnung zu überreichen. Aber auf Walentinas Rat schickten wir einen schriftlichen Gruß an unsere Preisträger.

In einer Zeit, in der die Menschen in der Ukraine manchmal nicht genug Zeit haben, um zu einem Luftschutzbunker zu rennen, und es leider nicht jeder rechtzeitig schafft, gibt es Menschen, die einen Roman, eine Geschichte oder ein Gedicht schreiben, als ob die Ewigkeit vor ihnen läge. Es ist erstaunlich! Es ist rührend!

Deshalb lasen wir mit großem Interesse alle Werke, die zum Wettbewerb eingereicht wurden. Und wir waren wieder einmal überzeugt: Es gibt eine neue literarische Generation! Junge ukrainische Autoren, die um die Jahrtausendwende geboren wurden, haben den Kern des Gemeinschaftsgefühls und der Verantwortung in dieser tragischen Stunde nicht verloren.

Es heißt zwar immer, «wenn die Waffen sprechen, schweigen die Musen», aber die Stimme der ukrainischen literarischen Jugend ist zu hören! Sie klingt! Sie spricht mit uns über das Ewige, über die Tatsache, dass alle Kriege einander gleichen und es immer Verrat und Mord geben wird, aber es wird immer auch Heldentaten, Brüderlichkeit, Selbstaufopferung und die Größe des ukrainischen Geistes geben! Am Ende seines Lebens schrieb Oles Hontschar in sein Tagebuch: «Meine Kräfte schwinden. Ich löse mich auf und gehe wie eine Regenwolke. Wie einer deiner kurzen Juliträume im Sommer, Ukraine … Wenn ich nur mit dem Gedanken gehen könnte, mit dem Vertrauen in meiner Seele: Die Ukraine existiert! Die Ukraine wird existieren!»

Dass die Ukraine weiter existieren wird, daran glauben wir alle fest. Wir glauben auch, dass die junge ukrainische Literatur mit Würde und Selbstvertrauen in unser Leben treten wird, ohne die Menschlichkeit und das kritische Denken zu verlieren. Wie werden sich künftige Generationen an uns erinnern? Werden unsere Texte in Erinnerung bleiben? Was werden sie über den Krieg erfahren? Über unsere Geschichte, darüber, dass der Tod immer Tod bleiben wird, Leben – Leben und Mut – Mut. Oles Hontschar, der den Zweiten Weltkrieg kämpfend durchlebte, verstand am Beginn seiner kreativen Karriere: «Unsere Kinder müssen wissen, dass wir ein Volk mit einer reichen, freiheitsliebenden Geschichte sind.»

Deshalb wünschen wir den jungen talentierten Autoren der Ukraine, dass ihre Werke nicht nur in die ukrainische, sondern auch in die Weltliteratur aufgenommen werden. Hier geht es nicht darum, dass die ukrainische Literatur ihre Identität verliert – im Gegenteil: Hinter diesen talentierten Texten finden ausländische Leser die Identität in einer fremden Kultur und die Werke junger ukrainischer Autoren kommen ihnen näher und werden verständlicher. Wir glauben, dass wir im kommenden April 2024 nach

Kiew kommen und unsere ukrainischen Talente treffen und begrüßen können. In der Zwischenzeit sind wir von ganzem Herzen bei ihnen, beten für sie und glauben an den Sieg! Und vergessen Sie nicht das Vermächtnis, das uns Oles Hontschar hinterlassen hat: «Denkt an das Große ...»

Ein Kiewer Arzt erzählte mir, dass es nicht genug Medikamente gibt, manchmal nicht einmal Verbandszeug – und dann kommt er hilflos zu seinen Patienten und liest ihnen die Frontgedichte von Oles Hontschar vor, und sie fühlen sich besser. Ich glaube ihm und weiß von mir selbst, dass ein kranker Mensch besonders sensibel und empfänglich für gute Poesie ist. Ich selbst brach fast in Tränen aus, als mir eine Zimmernachbarin im Krankenhaus die Tagebücher von Oles Hontschar zum Lesen gab, die nach seinem Tod veröffentlicht wurden. Welch eine Kombination aus Stärke und Schwäche, Unsicherheit und kreativer Freude spricht daraus! Und Oles Hontschar kam zur richtigen Zeit am richtigen Ort zu mir.

Walentina Hontschar lebt heute in der Nähe von Kiew in einer kleinen, alten Datscha, die noch von Oles Hontschar gebaut wurde. Sie ist Mutter, Großmutter und Urgroßmutter. Wenn man mit ihr am Telefon spricht, liegt in ihrer Stimme nicht das Gefühl von Ausweglosigkeit, sondern Angst. Ich erinnere mich immer daran, dass sie jetzt an einem Ort lebt, wo in der Nähe Bomben explodieren, aber sie möchte die Ukraine nicht verlassen ...

Ich gehe in meiner Erinnerung alle unsere Begegnungen, alle unsere Gespräche durch und verstehe immer mehr, wie sehr ich diese wundervolle Frau liebe. Ich erinnere mich, wie sie mich mit ihrer Geschichte über die Verfolgung von Oles Hontschar für seinen Roman «Die Kathedrale» verblüffte. Der Roman «Die Kathedrale» trat für die Verteidigung der ukrainischen Sprache, der einheimischen Kultur, der spirituellen Werte des ukrainischen Volkes und der überlieferten kulturellen Denkmäler ein. Denn es ist ja bekannt: Je stärker der Druck, je größer die Demütigung, desto unbestreitbarer die kompensierende Größe, je härter das Leben, desto leidenschaftlicher sind Blick und Stimme nach oben gerichtet. Dieses religiöse Konzept konnte die damalige Sowjetregierung dem Autor Oles Hontschar nicht verzeihen. Die Zeitschrift, in der der Roman erschienen war, wurde aus allen Bibliotheken entfernt. Nur die mutigsten Kollegen wagten es, dem Schriftsteller positive Resonanz zu geben, wie Grigor Tjutjunnik, der ihm schrieb: «Sie haben einen Roman wie ein Adler geschrieben, wie ein Falke, einen Roman wie das Glockengeläut bei Alarm! Oh, wie wird die rückwärtige Abscheulichkeit bei uns zischen, wenn sie sich selbst erkennt; welche Unzufriedenheit mit dir wird sie zum Ausdruck bringen!»

Walentina Danilowna erinnert sich: «Die psychologische Kampagne gegen den Autor von ‹Die Kathedrale› lief auf Hochtouren. Das Werk wurde diffamiert, bei verschiedenen Treffen, Plenartagungen und Sitzungen im Schriftstellerverband ‹durchgearbeitet›, dem Autor wurde ‹beigebracht›, wie er zu schreiben hat. Die Taktik von ‹Sturm und Druck› gegen meinen Mann dauerten lange. Man kann sich kaum vorstellen, wie er litt. Er schrieb schmerzerfüllt in sein Tagebuch: ‹Seit sechs Monaten oder länger lebe ich unter einem Druck von tausend Atmosphären.› Eines Tages erhielt er ein Telegramm: ‹Der beste Ausweg für Sie ist Selbstmord. Das wünsche ich Ihnen. Mit Respekt, ein Verehrer.› Ich habe versucht, die vernichtenden Kritiken von ihm fernzuhalten. Eine Zeitung wurde zu uns an die Wohnanschrift geschickt und ich sendete sie zurück mit der Nachricht: ‹Ich gebe Ihnen die Zeitung mit Ihrem verleumderischen Artikel zurück, weil ich nicht denke, dass es sich lohnt, dass Oles Hontschar das liest.› Der wütende Autor schickte meine Notiz an das Zentralkomitee der Partei. Oles wurde ‹auf den Teppich› gerufen und bekam zurück, was seine Frau geschrieben hatte, zusammen mit einem anonymen Brief, in dem stand, dass seine Walentina die Tochter eines Weißgardisten sei. So eine, hieß es, haben wir also an unserer Brust gewärmt.»

Der Verlust des geliebten Menschen hat den Willen dieser starken Frau nicht gebrochen. Sie ordnete das umfangreiche Archiv von Oles Hontschar und trug zur Veröffentlichung zahlreicher Bücher bei. Unter ihrer direkten Beteiligung wurden insbesondere «Kranz der Erinnerung», «Sammlung der nachgelassenen Briefe des Schriftstellers» und «Tagebücher» veröffentlicht. Die nach dem Tod des Schriftstellers von Walentina Hontschar veröffentlichten Tagebücher wurden ein wichtiges Buch für mich und viele meiner Zeitgenossen. Sie hinterließen einen starken Eindruck auf die lesenden Menschen jener Zeit. Die Tagebücher lehrten uns zu schauen und zu sehen, zu verstehen und zu erzählen, aus der Anschauung zu lernen und in die eigene innere Welt einzutauchen – ruhig und nachdenklich. Und in seinen «Tagebüchern» gibt es Zeilen über seine Muse, seine Frau, seine Walja: «Das ist jemand, der ganz aus Liebe besteht! Walja besitzt diese höchste Gabe – die Gabe völliger Hingabe, das ist die Natur ihres Charakters, ihrer ganzen Seele, ihr ganzes LEBEN.»

Wir kennen uns seit mehr als dreißig Jahren – und von Jahr zu Jahr wächst mein Respekt vor dieser weisen und intelligenten Frau. Walentina Danilowna Hontschar ist Ukrainerin, und das ist keine Zeile aus einem Fragebogen, sondern ein Merkmal. Von den nationalen Merkmalen zeichnet sie sich am meisten durch Lebenslust, innere Freiheit, Furchtlosigkeit beim Denken und ein Quantum Zufriedenheit aus.

Wie viel Energie strahlt sie aus! Wie viel tut sie, um Schulen, Museen und Bibliotheken, die den Namen Oles Hontschar tragen, mit Büchern und Exponaten auszustatten. Sie weigert sich nie, bei einem literarischen Abend in einer Schule oder an einer Universität zu sprechen.

Ich erinnere mich ihrer Worte, als sie mit zukünftigen Lehrern sprach: «Es würde sich lohnen, der Roman ‹Die Kathedrale› in den Lehrplan der ukrainischen Schule aufzunehmen. Um Hontschars wunderbare Idee zu würdigen, dass in jedem Menschen sein Idealbild bereits angelegt ist. Der Sinn des Lebens besteht darin, diese Anlage umzusetzen.»

Zu der Zeit, als die Ukraine einer Aggression ausgesetzt war und ihre Unabhängigkeit verteidigte, begann Walentina Hontschar gemeinsam mit ihrer Enkelin, der talentierten ukrainischen Schriftstellerin Lessja Hontschar, Spenden für ein Waisenhaus in der Nähe von Kiew zu sammeln. Dort werden sehr kleine Kinder betreut, deren Eltern während der Bombardierung von Zivilisten verstorben sind. Ich habe ihnen dabei geholfen, Spenden für das Waisenhaus zu sammeln. Ein privater Fonds der Stadt Soest unter dem Vorsitz von Herrn Klaus Schubert überwies einen großen Betrag für die Kinder. Einmal sah ich in einer deutschen Zeitung ein Foto eines toten Kindes. «Wofür?» Es war, als würde sein zartes, mitleiderregendes, totes Gesicht sprechen. Und dieser stille Schrei verfolgte mich, bis ich aus Soest diesen Fonds fand, der dem Waisenhaus mit Geldern half.

Ich kenne Walentina Hontschar seit vielen Jahren. Die tiefe Achtung, die ich für sie empfinde, wird nie vergehen. Ich bin eine große Verehrerin dieser edlen Frau, die in schwersten Zeiten die Kraft findet, andere zu unterstützen, anderen zu helfen.

Ich danke Walentina Hontschar. Für alles!

KAPITEL 16

Lina Kostenko
*1930

Lina Kostenko gilt als Königin der ukrainischen Poesie des 20. Jahrhunderts. Mit ihrer Wortkunst stellt sie den Glauben der Menschen an das Wort und an Konzepte wie nationale Ehre und Selbstachtung wieder her. Lina Kostenko ist Preisträgerin des Schewtschenko-Preises (1987), des Antonowytsch Preises (USA, 1989), des Petrarca-Preises (Italien, 1994), des Olena Teliha-Preises, sie hat eine Honorarprofessur an der Kiew-Mohyla-Akademie inne, zudem wurde sie zur Ehrendoktorin der Universitäten von Lemberg und Czernowitz ernannt. Den Titel «Held der Ukraine» lehnte sie jedoch ab. «Ich trage kein politisches Bling-Bling», sagte sie. Heute zählt Lina Kostenko zu den einflussreichsten Autorinnen der Ukraine. Und ihre Bücher verschwinden nicht von den Leselisten der jungen Menschen ihres Landes.

Es wäre schade, wenn sie nicht den Nobelpreis bekommt – man hätte ihn ihr geben können! – Sie ist keine geringere Dichterin als Bob Dylan, ganz zu schweigen von anderen.

«Die Ukraine war schon immer ein Land der Literatur» – so lautet der Titel meines Interviews mit dem Schriftsteller Oles Hontschar, das vor mehr als zwanzig Jahren im Neuen Deutschland veröffentlicht wurde. Und so ist es bis heute geblieben. In der

Ukraine glauben die Menschen noch immer, dass ein Buch Heilmittel für viele Krankheiten sein kann, Balsam für Geist und Seele.

Einer meiner Freunde ist Physiker. Er träumte von seinem ersten Geschenk, das er sich machen würde, wenn er aus dem russischen Gefängnis entlassen würde, in dem er wegen Teilnahme an der Dissidentenbewegung eine Haftstrafe verbüßte. Und gleich nachdem er 2023 das Nowosibirsker Gefängnis verließ, bat er um Hilfe bei der Beschaffung eines Buches mit einem Autogramm von Lina Kostenko. Er war sehr besorgt: «Am 19. März wurde Frau Lina 93 Jahre alt. Wird sie noch Zeit haben, mir ein Autogramm zu geben? Im Gefängnis haben mir ihre Gedichte Trost gegeben ...» Wir fanden für ihn eine wundervolle Ausgabe «Lina Kostenko. Dreihundert Gedichte» (Kiew, 2023) und er weinte sogar ein wenig, als er das Geschenk entgegennahm: «Ich würde ihr ins Gesicht sagen – ich weiß nicht, ob das anständig ist, aber egal, Gesicht oder nicht – ich würde ihr gern sagen, dass sie ein großartiges Phänomen ist, ja, und wir Ukrainer werden immer mit ihren Worten sprechen, weil sie sowohl in Poesie als auch in Prosa die schmerzvollsten Dinge zum Ausdruck bringen konnte. Lina Kostenko wird ewig leben.»

Geboren wurde Lina Kostenko 1930 in der Stadt Rschyschtschiw in der Region Kiew. Beide Eltern waren Lehrer. Der Vater Wassili Kostenko hatte selbstständig zwölf Sprachen erlernt. Das machte ihn verdächtig. Ende des Jahres 1930 stand die Geheimpolizei (NKWD) mit einem Durchsuchungsbefehl in der Tür: «Zeigen Sie, wo Sie Ihre Waffen verstecken», schrie der Beamte den Lehrer an. Wassili Kostenko wies lächelnd auf die Wiege, in der die kleine Lina schlief: «Da.» Dennoch wurde Linas Vater 1936 als «Volksfeind» verhaftet und verbrachte zehn lange Jahre im Lagersystem des GULAG.

Nach ihrem Schulabschluss studierte Lina am Kiewer Pädagogischen Institut und später am Moskauer Literaturinstitut. Ihr erstes Buch, «Strahlen der Erde», erschien 1957, im folgenden Jahr «Die Segel» und 1961 «Reisen des Herzens». Die Dichterin gehört zur Generation der sogenannten «Sechziger». Was ist das für eine literarische Gruppe? So nennt man zum einen die zwischen 1918 und 1935 Geborenen, die in der Nach-Stalin-Ära ihren Weg in die Literatur fanden. Zweitens sind dies die Kinder ehemaliger Kommissare und die Kinder der Repressierten, die in den GULAG gerieten und deren Illusionen mit Blut zerstört wurden. Diese Kinder standen für die Ideen einer offenen Welt. Sie waren talentiert, aufrichtig, solidarisch und optimistisch.

Die Zeit der Sechziger ging 1968 zu Ende, als mit dem Prager Frühling auch die Hoffnung auf Veränderung in der UdSSR zunichtegemacht wurde. Danach verschwand die Hoffnung kreativer Menschen auf eine mögliche Reform des Systems. Es begann eine Suche nach neuen Formen der individuellen Existenz, auch außerhalb der Gesellschaft. Und das frühere Pathos der Hoffnung rief bei ihnen nur Ironie hervor. Literaturhistoriker nannten die Gruppe oft «mutig innerhalb zulässiger Grenzen», aber so war die Zeit. Die Tauwetterperiode, eine Zeit von etwas Entspannung und Freiheit, begann in der UdSSR unter dem Staatsführer Chruschtschow, der Stalin ablöste. Es war eine Art «kosmetische» Erneuerung, ein Mittel, nach Stalins Tod die Macht der Parteiführung zu erhalten. Der Personenkult um Stalin wurde entlarvt, eine Notwendigkeit, um den Kurs des Landes zu korrigieren.

Lina Kostenko verlor in der kurzen Tauwetterperiode nicht den Kopf. Ihre große Würde bestand darin, dass sie weder Enthusiasmus verkündete, noch verzweifelte, als das «Tauwetter» verpuffte. Sie zeichnete sich stets durch unabhängiges Denken und gesunden Menschenverstand aus.

Das Konzept von Freiheit als Recht auf Kreativität war vorbei. Nun musste das physische Überleben unter der unmenschlichen Macht gesichert werden. Die politischen Prozesse erneuerten sich. Wie und womit lebte Lina Kostenko in diesen Jahren? Zu ihren ukrainischen Zeitgenossen aus der Generation der Sechziger gehörten Mykola Wingranowski, Wassili Stus, Iwan Swetlitschny und Dmytro Pawlytschko. Einige begannen, Gedichte für den Kampf um den Frieden zu schreiben, andere versuchten, die christliche Tradition in der Poesie wiederzubeleben, einige wandten sich der Kinderliteratur zu, andere sahen im Kino eine Chance, sich zu verwirklichen, viele wanderten ab dem Ende der Sechzigerjahre einfach aus … Zu dieser Zeit musste Lina Kostenko aufgrund ihrer Beteiligung an der Dissidentenbewegung eine Zeit des Schweigens ertragen, die sechzehn Jahre andauerte. Ihre Bücher wurden nicht veröffentlicht, sie wurde totgeschwiegen, nur weil sie furchtlos protestierte, Protestbriefe unterzeichnete und sich gegen Verhaftungen ukrainischer Intellektueller aussprach.

Im Sommer 1966 wurden die Goryniv-Brüder in einer nichtöffentlichen Gerichtsverhandlung in Lemberg wegen «Anstiftung zum Kampf für die Freiheit der Ukraine» angeklagt. Nach der Urteilsverkündung überreichte Lina Kostenko den Brüdern weiße Rosen … Die Obrigkeit verzieh ihr solche Taten nicht.

Das nächste Buch der Dichterin, «Sternenintegral», war 1963 bereits in der Druckerei fertig gesetzt, als es verboten wurde. Das Gleiche geschah 1972 mit ihrem Lyrikbuch «Fürstlicher Berg». Aber für Lina Kostenko war Gedichte zu schreiben eine innere Notwendigkeit. Ihre Arbeit an den Texten ging weiter, so wie der Atem weitergeht, wie das Leben selbst weitergeht.

Im Jahr 1976 schreibt Lina Kostenko «Die Ballade vom Rauch», ein Gedicht, das dem Andenken der österreichischen Schriftstellerin Ingeborg Bachmann gewidmet ist. Sie galt als die wichtigste deutschsprachige Lyrikerin ihrer Zeit und starb einen tragischen und rätselhaften Tod in ihrer Wohnung in Rom. Lina Kostenko formuliert ihre Anklage aus der Perspektive des Rauchs, des einzigen Zeugen der Tragödie:

«Und der Rauch sagte:
‹Aber das geschah nicht zur Zeit der großen Flut!
Wo sind die menschlichen Stimmen geblieben?
In einem so dicht bevölkerten Europa
In so zivilisierten Zeiten?
Sie hetzte in diesem modernen Haus hin und her –
Das Feuer schüttete Glas auf die Regale!
Sie verbrannte auf dem Scheiterhaufen
Aus eigenen Gedichten – ist das nicht Horror?!
Ein kleines Sodom, ein Gomorrha hinter den Gardinen,
Wacht auf, Leute, hört – den Schmerz!›
Und die Treppe schrie den Marsch von Tschernomor,
Und Rauch legte sich darauf aus wie ein grauer Bart.»

«Ingeborg Bachmann war eine geniale Schriftstellerin. Ihre Gedichte sind Avantgarde-Literatur», sagt Lina Kostenko. «Doch stets wahrt sie einen Rest von Rätsel und Geheimnis. Das versuche ich in meiner Ballade zu vermitteln.»

1977 erschien ein neues Buch der Dichterin «An den Ufern des ewigen Stroms», das zu dem Buch wurde, mit dem ihr Name in der Öffentlichkeit noch heute verbunden ist. Lina Kostenko denkt viel über das Schicksal von Künstlerinnen nach und sucht dafür Analogien im Mythos. Da ist zum Beispiel ihr Versroman «Marusja Tschuraj», die Tragödie einer begabten Frau. Die Autorin überdenkt die Handlung des Volksliedes «Oh, geh nicht, Grytsju, zum Fest am Abend.» Während im Lied das betrogene Mädchen ihren

Geliebten absichtlich vergiftet, wird im Versroman die legendäre Sängerin und Dichterin Marusja Tschuraj zufällig zur Mörderin. Die Autorin schildert die Psychologie eines Menschen unmittelbar vor der Hinrichtung, den Einfluss eines tragischen Schicksals auf die Schöpferkraft und macht deutlich, wie beängstigend es ist, wenn in der Liebe «Ungleichheit der Seelen» herrscht. Für den Roman «Marusja Tschuraj» erhielt die Dichterin 1987 den nach Taras Schewtschenko benannten Staatspreis. Es ist ein ausgesprochen ungewöhnliches Werk, geprägt vom Einfluss der Moderne.

Ihr nächster Versroman «Berestetschko» ist nicht von subtiler Lyrik, sondern von Ironie geprägt. Wie in «Marusja Tschuraj» wird eine Geschichte in der Ich-Perspektive erzählt – dieses Mal von Bohdan Chmelnyzkyj, dem ukrainischen Kosakenhetman, der mit seinem Aufstand gegen Polen-Litauen einen frühen Kosakenstaat auf dem Gebiet der heutigen Ukraine gründete. Berestetschko ist der Ort einer Schlacht, wo er eine entscheidende Niederlage erleidet. Über die Gründe denkt Lina Kostenko in ihrem Versroman nach. Das Werk ist von Selbstironie durchdrungen, die verhindert, dass man in einen Abgrund der Verzweiflung gerissen wird. Da gibt es keine Sentimentalität, keine Tränen, sondern eine Wahrheit über die menschliche Natur, die Angst machen kann.

Lina Kostenko wird häufig als ukrainische Feministin des 20. Jahrhunderts bezeichnet. Aber es ist nicht so, dass die Dichterin traditionelle Werte wie Mutterschaft, den häuslichen Herd, Liebe zu ihrem Mann und ihren Kindern ablehnen würde. Die Dichterin verteidigt einfach das Recht der Frauen auf Kreativität und Selbstausdruck. Im Gedicht «Die Zigeunermuse» greift die Heldin plötzlich zur Feder und beginnt zu schreiben, anstelle «ihre Ohrringe zu schütteln, wunderschön zu singen – und es reicht»! Erstaunlicherweise hat Lina Kostenko die Hauptfigur des Gedichts nicht erfunden. Es gab tatsächlich eine Dichterin im Volk der Sinti und Roma auf dem Gebiet der heutigen Ukraine. Ihr Name war Bronislava Weiss. Der Mädchenname stammte aus dem Polnischen und lautete Papusha, was so viel wie «Puppe» bedeutet.

Die Dichterin veröffentlichte außerdem eine Gedichtsammlung, «Garten der unvergänglichen Skulpturen» (1997) und eine Gedichtsammlung für Kinder, «Der Holunderzar» (1987).

Lina Kostenko verbrachte ihr ganzes Leben damit, Probleme von außergewöhnlicher Komplexität zu lösen. Ich werde nicht ins Detail gehen, weil das bedeuten würde, dass ich viele Fachbegriffe verwenden müsste. Aber so viel sei gesagt: Lina Kostenko versuchte, eine neue poetische Sprache zu entwickeln, um über die Probleme des modernen Lebens zu sprechen. Sie hat dabei eine erstaunliche Kombination aus Alltag und Bodenständigkeit und metaphysischer Leidenschaft, aus Intimität und Pathos geschaffen. Ihre Sprache ist sehr dicht, und es verschlägt einem beim Lesen geradezu den Atem, und dann rast der Puls und der Blick geht nach oben. Aber Lina ist auch in der Lage, ganz einfach zu schreiben – sie schuf herrlich präzise, einfache Liebesgedichte. Ich bin mir sicher, dass eines meiner Lieblingsgedichte von Lina Kostenko, «Weiße Symphonie», mit der Zeit ein Klassiker werden wird. Es ist zu perfekt, um es in Auszügen zu zitieren, deshalb führe ich es hier vollständig an:

«Du bist mein Schwanengesang,
meine letzte Liebe …
In diesem Alter liebt ein Mensch
immer zum letzten Mal.

Denn das ist bereits eine Frage der Würde –
Das Leben, sieh nur, huscht wie ein Traum vorbei.
Jugendliche müssen, um seriös zu wirken,
eine Vergangenheit haben.

Die schneebedeckten Segel hingen herab,
wie weiße Oberteile …
Auch ich habe ihm etwas gesagt
und wahrscheinlich auch etwas Tragisches.

Es war eine verhängnisvolle Liebe
fast aus Rostands Drama …
Ich erinnere mich nur an Schnee
der längst getaut ist.

Der Schneesturm stöhnt bis zum Morgen
Wird sich den Flügel im Wald brechen …
Du bist meine erste Liebe.
Die letzte ist bereits geschehen.»

Am 1. September 1999 hielt Lina Kostenko einen Vortrag an der Kiew-Mohyla-Akademie, der im selben Jahr als separates Buch mit dem Titel «Die humanitäre Aura der Nation oder Der Defekt des wichtigsten Spiegels» veröffentlicht wurde. Die Dichterin wurde Ehrenprofessorin an der Nationalen Universität «Kiew-Mohyla-Akademie». Der Vortrag berührte viele drängende Themen, darunter auch die Frage der Selbstachtung. Wie lange kann man zum Beispiel noch das Klischee wiederholen, dass die Ukraine endlich von den Knien aufstehen muss? Und was ist mit der jüngeren Generation, die keine Zeit hatte, in die Knie zu gehen, weil sie zu spät geboren wurde?

Im Jahr 2010 veröffentlichte der Verlag «A-ba-ba-ga-la-ma-ga» ihren Roman «Aufzeichnungen eines ukrainischen Verrückten.» Er wurde sofort zum ukrainischen Bestseller. Die Dichterin hatte sich auch als Drehbuchautorin versucht, doch ihr Drehbuch wurde so von den Eingriffen der Zensurbehörde verdorben, dass sie ihre

Autorschaft zurücknahm. Das einzig Positive: Sie lernte den Direktor des Dowschenko-Filmstudios in Kiew, Wassyl Tsvirkunov, kennen, der ihr eine verlässliche Stütze im Leben wurde. Ihr Sohn Wassyl wurde Programmierer und ihre Tochter aus erster Ehe Oksana Pachlevska ist Professorin an der Universität «La Sapienza» in Rom.

Wie lebt Lina Kostenko heute? «Möchten Sie Lina Wassiljewna interviewen? Dann gehen Sie mit ihr nach Tschernobyl», sagen Kiewer Journalisten. Seit 1991 nahm Lina Kostenko regelmäßig an verschiedenen Expeditionen in das Gebiet des Reaktorunfalls teil, um, in ihren Worten, «die Totenmaske von diesem Land zu entfernen». Denn auch hier, in einer Zone, in der das Leben scheinbar aufgehört hat, leben Menschen, nicht nach einem weit hergeholten Szenario, sondern nach der Art und Weise, wie ihre Großväter und Urgroßväter vor hundert-, zweihundert Jahren lebten. Hier, so sagt die Lyrikerin, findet sie mentale Erholung. In jedem Dorf, das die Expedition aufsucht, hat sie Bekannte, mit denen sie sich verbunden fühlt. Das war ihre Welt – eine Welt ohne Masken und Lametta, eine Welt voller echter Menschen und echter Gefühle. Fast wie im Krieg, der zu Beginn das Schicksal von Lina Kostenko prägte.

«Sie fragen sich vielleicht, wie man diese verlorene Zone lieben kann. Aber wie kannst du sie nicht lieben? Liebst du deine Mutter etwa weniger, weil sie bereits tot ist? Im Gegenteil, du liebst sie mehr, tiefer, reuiger, denn es ist eine Liebe, die um den Schmerz eines unwiederbringlichen Verlusts vervielfältigt ist», schrieb Lina Kostenko in ihren Erinnerungen über einen der Expeditionsteilnehmer, den Fotografen Mikhail Zagreb. Das versuchte sie auch, dem Publikum bei ihren Auftritten in den frühen 2000er Jahren zu sagen, die sofort Resonanz fanden. In ihren seltenen Gesprächen mit Journalisten, als sie zur Sendung «Entspann dich, du bist im Äther» eingeladen war, lud sie ihrerseits das Filmteam in den

Owrutsch-Bezirk ein und verbrachte den größten Teil der Sendung damit, über Tschernobyl, den vierten Reaktor des Kernkraftwerks und über das Schicksal der Menschen zu sprechen. Auf die Frage, warum sie sich an diesen gefährlichen, strahlenverseuchten Ort begibt, antwortete sie: «Vielleicht rette ich dort meine Seele.» Doch sie rettete auf diesen Reisen auch das Erbe der ukrainischen Region Polesje. Sie ist eine echte Feldforscherin, sie hat wertvolle Exponate aus den «toten Dörfern» beschrieben und in einem Katalog zusammengestellt. «Das ist meine freiwillige Auswanderung. Ich gehe nach Tschernobyl, um Kraft zu tanken. Und ich lehne nicht ab, was die Einheimischen mir anbieten. Ich esse Kuchen mit Beeren und trinke Wasser aus dem Brunnen … Aber ich rate nicht, das nachzumachen, besonders nicht jüngeren Menschen.»

Lina Kostenko redet nicht gern mit Journalisten, aber manchmal teilt sie bei Reisen nach Tschernobyl ihre Gedanken darüber mit, wie fasziniert sie von der einzigartigen Kultur der Poleschuk ist, einer ethnischen Gruppe, die in der kontaminierten Zone lebte. In den verlassenen Dörfern blieben prachtvolle Utensilien ihrer ländlichen Alltagskultur zurück, mit Schnitzwerk verzierte alte Dorfhäuser, einzigartige bestickte Hemden, Familienfotos, Dokumente. «Wie konnte es passieren, dass eine ganze ethnische Gruppe vor unseren Augen starb? Die ukrainische Region Polesje verschwand aufgrund des Reaktorunfalls von Tschernobyl. Viele wurden aus der radioaktiven Zone in neue mehrstöckige Gebäude umgesiedelt, aber sie kehren heimlich in ihre Häuser zurück, sie können nicht ohne ihre Felder, den Wald, ihr eigenes Zuhause leben …»

Lina Kostenko ist mit ihrer leichten und leuchtenden Gabe auch heute noch gefragt. Sie ist eine derjenigen, die in der Ukraine am häufigsten zitiert werden: Ich selbst wiederhole oft ihren berühmten Satz: «Es gab noch kein Zeitalter für Dichter, aber es gab Dichter für ein Zeitalter.» Trotz ihres ehrwürdigen Alters sind ihre Worte immer noch bedeutsam, und in den neuen Gedichten gibt es eine Vorahnung dieser neuen Generation, die jetzt für die Freiheit und Unabhängigkeit der Ukraine in den Kampf zieht und siegen wird!

KAPITEL 17

Solomia Pawlytschko
1958–1999

Am Neujahrstag 2000 hatte ich einen Traum: Ich stand am Ufer eines schmalen Flusses und auf der anderen Seite des Flusses sah ich ein Haus und eine weite grüne Wiese. Es wird dunkel. Auf der Wiese steht ein weißes Pferd, und eine junge Frau geht über die Wiese auf das Pferd zu.

Nachdem ich sie genauer betrachtet habe, erkenne ich sie und rufe ihr zu: «Solja – a – a, Solja – a – a ...» Aber die Frau hört mich nicht, sie nähert sich langsam dem Pferd, nimmt es am Zaumzeug und führt es weg. Und ich strenge mich immer mehr an: «Solja, Solja – a – a ...» – und ich verstehe, dass meine Stimme zu schwach ist und sie mich nicht hört. Ein paar Tage später rief mein Bekannter aus Kiew an und sagte, Solomia Pawlytschko sei am 31. Dezember 1999 auf tragische Weise gestorben. Auf dem Schreibtisch lag das unvollendete Manuskript ihres neuen Forschungsprojekts «Nationalismus, Sexualität, Orientalismus. Die komplexe Welt des Ahatanhel Krymskyj». Sie war 41 Jahre alt. Sie galt als die berühmteste ukrainische Feministin, eine talentierte Literaturkritikerin, Doktorin der Philosophie, Professorin, Übersetzerin englischer und amerikanischer Literatur, eine Fachfrau mit einem Ruf auf höchstem Niveau. Überdies war Solomia eine wunderschöne Frau, deren Persönlichkeit ihrem Talent in nichts nachstand.

Ja, meine Stimme ist schwach und über das Leben und die Arbeit von Solomia Pawlytschko zu schreiben ist eine schwierige und zuweilen schmerzhafte Angelegenheit. Und vielleicht ist die Form eines Kurzessays auch nicht angemessen. Ich möchte mich lieber auf einen Aspekt konzentrieren. Der Mensch Solomia wird uns noch lange in Erinnerung bleiben. Und das ist verständlich: Sie war eine sehr leuchtende, sehr extrovertierte Person. Und die Leser, die sie dafür bewunderten, interessierten sich manchmal in erster Linie für ihr Privatleben und erst dann für ihre literaturtheoretischen Leistungen. Solomia war sowohl in ihrer Forschungsarbeit wie im Leben eine außergewöhnliche Persönlichkeit. Ich erzähle hier von meinen Begegnungen und Gesprächen mit ihr. Sie war nur zehn Jahre jünger als ich und doch ein völlig anderer Typ von Geisteswissenschaftlerin, sie unterschied sich von allen meinen Zeitgenossen und Kollegen. Sie schien nicht nur aus einer anderen Generation, sondern einer anderen geistigen Verfasstheit zu stammen. Darüber hinaus war sie eine großmütige Frau, wenn auch manchmal etwas hart.

«Wie? Du kennst das Werk von Wassyl Holoborodko nicht? Er ist doch in deinem Alter und kommt aus der Bergbau-Region Donbass. Sehr, sehr talentiert: Seine freien Verse wurden bereits in andere Sprachen übersetzt. Seine Gedichte sind in der Anthologie der Weltpoesie ‹Von Rabindranath Tagore bis Wassyl Holoborodko› erschienen, die in den Achtzigerjahren in Belgrad herauskam. Finde sie, lies sie. Es ist etwas Unglaubliches!»

Ich fand die Anthologie, ich las sie, und ich schnappte nach Luft! So entdeckte Solomia für mich den Dichter Holoborodko, der einer der ersten modernen ukrainischen Dichter wurde. Hier sein sehr bitteres Gedicht «Selbstmorde». Er schrieb es vor mehr als zwanzig Jahren über diejenigen, die vergessen haben, dass sie Ukrainer sind …

«Wir sind die Rübenbewohner des Chochollands,
wir sind Chochly mit herabhängenden Schnauzbärten,
wir sind faul und feige,
wir sind Kulaken und Subkulakisten,
Wir sind Banditen, Verräter, Polizei,
wir sind Maseppianer,
wir sind Petliuristen,
wir sind Banderowzer,
und haben nichts, womit wir uns gegen Angriffe verteidigen können,
vor jeglichen Beleidigungen,
die uns vorgeworfen werden von Leuten, über die man nicht nachdenken will.
Unsere Artillerie besteht aus von Ochsen gezogenen Karren,
die mit angehobener Deichsel
auf den Feind zielen,
der von überall her und aus dem Nichts kommt.
Unsere Luftwaffe besteht aus Windmühlen,
konzentriert auf einen einzigen Kampfflugplatz –
im Freilichtmuseum für Volksarchitektur.
Wir haben keinen Platz auf unserem Land,
Wir können nirgendwo in dieser Welt hingehen:
Wir wandern nur ins antike Griechenland aus,
Entfalten uns in Homers Ilias, –
Um zu überleben, töten wir uns:
Wir löschen unsere Namen – Ukraine –
vom Antlitz der Erde, wie eigene Spucke,
Wir geben unsere Sprache auf, wie ein nicht begangenes Verbrechen,
was uns anscheinend vorgeworfen wird,
Wir verlassen unser Zuhause,
dessen Mauern nicht mehr schützen, –
wir sind Selbstmörder.»

Meine Gespräche mit Solomia Pawlytschko erfolgten oft telefonisch, aber manchmal trafen wir uns persönlich. Das erste Mal war das Ende der Siebzigerjahre in Lemberg bei unseren gemeinsamen Freunden. Ich empfand sie zunächst als etwas kalt und unkommunikativ. Dass sie Fremden gegenüber zunächst so war, wusste ich noch nicht, aber wenn sie in dem Gesprächspartner einen Seelenverwandten erkannte, war sie ganz anders. Für diejenigen, die sie interessant fand, war es ungewöhnlich einfach, mit ihr zusammen zu sein. Anderen gegenüber blieb sie verschlossen. An unserem Abend des Kennenlernens brachte Solomia einen solchen Wasserfall an großartigen Texten, Geschichten, Fakten und Witzen für ihre Freunde mit, dass ich mich seither für immer an sie erinnerte. Langweilige, unbegabte Menschen fanden sie auf den ersten Blick unsympathisch. Ihre Bodenständigkeit vor dem Hintergrund ihrer Gelehrsamkeit war etwas Besonderes. Sie dachte schnell, fasste leicht eine interessante Idee auf und verachtete Eigennutz und Konformismus. Ich weiß, dass viele Kollegen sie beneideten, aber sie hat nie jemanden beneidet. In einem Interview soll sie das einmal so erklärt haben: «Ich beneide andere nicht, weil ich mir einfach zu sicher bis, dass ich besser bin als alle anderen.»

Aber mit der Zeit lernte ich eine andere Solomia kennen. Sie war mit dem Gefühl irreparabler Einsamkeit und Verfolgung vertraut, mit dem Gefühl der eigenen Richtigkeit und ihrer Bedeutungslosigkeit. Weil man niemanden von irgendetwas überzeugen kann, niemandem etwas beweisen. Und alles, was vom Leben bleibt, ist die literarische Suche. Im Großen und Ganzen mache nichts Sinn außer Literatur, sagte Solomia, weil nichts anderes bleibt.

Lwiw, das alte Lemberg, Solomias Heimatstadt, liebte ich lange bevor ich dort je gewesen bin. Tatsache ist, dass es diese Stadt war, der es zufiel, im sowjetischen Kino für Italien und Frankreich zuständig zu sein. Wenn ein Filmteam Italien oder Frankreich für die Handlung benötigte, ging es nach Lemberg. Alle sowjetischen Zuschauer – von Kaliningrad bis Kamtschatka – kannten den Potocki-Palast in der Kopernikus-Straße in Lemberg. Er spielte in der sowjetischen Verfilmung «Die drei Musketiere» die Rolle des königlichen Palastes, und über diese Veranda galoppierte unser D'Artagnan auf seinem Pferd.

Solomia liebte wie ich die Renaissancehäuser am Rynok-Platz, die luxuriösen Barockkirchen in der ganzen Stadt und insbesondere die Skulpturen von Pinsel. Sie war es, die mir riet, den Berg zur St.-Georgs-Kathedrale zu besteigen, an deren Fassade sich Statuen des Heiligen Athanasius und des Heiligen Leo befinden. «Das ist Pinsel. Schau dort unbedingt vorbei!» Dank Solomia entdeckte ich den brillanten Bildhauer Johann Georg Pinsel. Jetzt gibt es in der Klarissenkirche, hinter dem Bernhardinerkloster, ein Museum für ihn. Dort sind seine Holzskulpturen aus allen verlassenen Kirchen Galiziens versammelt. An Virtuosität stehen diese Skulpturen den Werken Michelangelos in nichts nach, aber wer kennt schon den Namen «Pinsel»? Das Schicksal dieses Bildhauers ist rätselhaft: Über ihn ist lediglich bekannt, dass er 1761 oder 1762 in Lemberg starb.

Wenn ich jetzt nach Lemberg komme, sehe ich Löwen, Löwen, Löwen. Sie sind überall: auf Kaffeetassen, Abzeichen und T-Shirts, erinnere ich mich an eine weitere Bemerkung von Solomia: «Lemberg erhielt seinen Namen im Jahr 1256, als Fürst Daniil von Galizki die Stadt gründete und sie zu Ehren seines Sohnes Leo benannte.» Nach Solomias Tod stieß ich einmal in der Nähe des Rathauses auf eine Ausstellung mit Löwen, hergestellt aus allen nur denkbaren Materialien. Mir gefiel der Löwenkönig des jungen, schon berühmten ukrainischen Schriftstellers Juri Andruchowytsch. Es war so ein wundervoller, freundlicher Löwe mit einer Krone.

Solomias Freunde erzählten mir, dass in Lemberg eine besondere Aura herrscht. Wissenschaftler sind sich einig, dass in Lemberg, genauer gesagt unter der Kirche St. Elisabeth, die Wasserscheide des Ostsee- und Schwarzmeerbeckens verläuft. Alle Gewässer, die von hier nach Norden fließen, münden in die Ostsee und die nach Süden fließen, ins Schwarze Meer. Der Schriftsteller Juri Andruchowytsch bemerkte in diesem Zusammenhang: «Die Wasserscheide lässt einen ‹Wendepunkt› erkennen: Die Stadt bekennt sich zu mehreren Kulturen gleichzeitig, ohne einer von ihnen anzugehören.»

Solomia wurde 1958 in Lemberg in der Familie des berühmten Dichters und Übersetzers Dmitri Wassiljewitsch Pawlytschko und seiner Ehefrau Bogdana Pawlytschko geboren. Im Laufe der Zeit kam eine Schwester, Roksolana (Lana), zur Welt. Der Geburtsort ist symbolisch: Die Stadt des Löwen, die ehemals Lemberg und Lwow hieß, ist von einer einzigartigen Geschichte geprägt und führte jeden Besucher in die europäische Idee ein. Daher sind die Worte von Leonid Tanjuk über die Bedeutung Europas für Solomia angemessen: «Aufgewachsen in einer Familie mit hoher poetischer Kultur, hatte Solomia Pawlytschko den Mut, mit traditionellen Ansichten über künstlerischen Fortschritt und die heutigen künstlerischen Werte zu polemisieren, sie fühlte sich vom Unbekannten angezogen.»

Ein konstantes Merkmal ihrer Arbeit war ihr Wunsch, Literatur und Literaturanalyse auf eine philosophische Ebene zu bringen, das künstlerische Europa mit den Augen einer europäischen Ukrainerin zu betrachten und die Zukunft der Literatur zu skizzieren. Laut Horoskop war sie Schütze, und vielleicht wollte sie deshalb so energisch das Versteinerte aufbrechen. Ermöglicht wurde dies vielleicht auch durch ihr westukrainisches Blut: Ihr Vater hatte hutsulische Wurzeln, Hutsul väterlicherseits, mütterlicherseits aus Ternopil, genährt von der Bekanntschaft ihrer Vorfahren mit dem

Dichter Iwan Franko selbst. Der Museumswagen, in dem die kleine Solya gerne schaukelte, versprach neue Welten.

Seltsamerweise wollte Solomia, die seit ihrer Kindheit hervorragend Englisch sprach, zunächst nicht an der Fremdsprachenfakultät für romanische und germanische Sprachen aufgenommen werden, sie fühlte sich eher zu orientalischen Studien hingezogen. Dennoch folgte sie dem Rat ihres Vaters und wurde eine Koryphäe der Amerikanistik und der englischen Literaturgeschichte. Sie wird «Lady Chatterley» von David Herbert Lawrence sowie Werke von William Golding, Mark Twain und Ernest Hemingway ins Ukrainische übersetzen. Doch zuvor beschäftigt sie sich mit der Figur Byron, der amerikanischen Romantik, mit Ralph Waldo Emerson und Walt Whitman und mit der fast unbekannten genialen Dichterin Emily Dickinson (1830–1886).

Eines unserer seltenen Treffen fand in Kiew statt, als ich mit ihr über die Organisation unseres internationalen Wettbewerbs junger ukrainischer Autoren sprechen wollte. Wir unterhielten uns über viele Dinge, aber ich erinnere mich, wie sarkastisch Solomia reagierte, als wir auf die Übersetzung von Byrons «Don Juan» ins Russische kamen. Der russische Übersetzer hätte das Russische aus dem Text entfernt. Auf dem Sklavenmarkt von Istanbul, wo eine Szene spielt, heißt es übersetzt «... Lieferung an den großen Istanbuler Markt / Tscherkessenfrauen, Slawen und Georgier.» Im Original bei Byron steht «Russen». Dem Übersetzer war die Vorstellung, dass Russen auf dem Sklavenmarkt in Istanbul verkauft werden, offenbar so unangenehm, dass er sie durch «slawische Frauen» ersetzte, man könnte denken, es seien vielleicht polnische Frauen gewesen. «Russische Übersetzungen», sagte Solomia, «sind nicht nur ideologisch eingefärbt, sondern auch häufig schlampig und ungenau. Schließlich ist bei Byron alles genau gesagt ...» Solomia selbst übersetzte hauptsächlich amerikanische Literatur ins Ukrainische, aber es gab auch eine Zeit, in der sie sich für die Übersetzung englischer Literatur interessierte: «Was mich an Amerika fasziniert, ist, dass dort die besten Werke über das Individuum geschrieben wurden, über einen einsamen Menschen. Er allein verfügt über mehrere Freiheitsgrade, die er wählt. In der Prosa ist eine solche Figur für mich interessant», sagte Solomia. Und sie war selbst eine Person mit innerer Freiheit und starkem Selbstwertgefühl.

In den Jahren 1990 und 1991, als darüber entschieden wurde, ob die Ukraine unabhängig werden würde oder nicht, beschloss Solomia, ein Buch mit Übersetzungen von Emily Dickinson zu veröffentlichen. Mit diesem Buch entstand die Idee, einen Verlag zu gründen, und es entstand der renommierte Verlag «Osnovy», der heute den Namen «Solomia Pawlytschko» trägt und philosophische Klassiker veröffentlicht.

Eine Frau, die sie sehr bewunderte, war überzeugt, dass die Seele von Emily Dickinson zu Solomia Pawlytschko übergewandert sei. «Hören Sie», sagte sie einmal zu mir: «Das ist doch signifikant. Solomia und Emily sind im Sternzeichen Schütze geboren. Beide waren einsam. Sowohl die ‹Nonne von Amherst› als auch die Feministin Solomia hätten im Ausland enormen Erfolg gehabt, wenn sie dort geboren worden wären, doch in ihrer Heimat wurden sie nicht besonders verehrt. Im Allgemeinen galt Emily Dickinson als nahezu verrückt und Solomia war oft von Menschen umgeben, die sie nicht verstanden. Und auch in Bezug auf die Ehe kam es zu Missverständnissen. Emily Dickinson weigerte sich standhaft, überhaupt zu heiraten ... Solomia übersetzte Emily Dickinson so hitzig und direkt ins Ukrainische, und das trotz aller formalen Perfektion und Präzision. Beide hatten diese Hitze – eine Furchtlosigkeit, ein extrem starkes Gefühl des Lebendigen, während andere mit Halbgefühlen leben ...»

Aufsehen erregte bereits ihre Doktorarbeit «Der Diskurs der Moderne in der ukrainischen Literatur» (1995). Manchen erscheint sie auch heute noch schockierend und unverständlich. Solomia wurde vorgeworfen, die einheimische Literatur zu demütigen und zu bremsen. Fakt ist, dass tatsächlich nur wenige die Nuancen der Psychoanalyse verstanden, über die sie schrieb. Das war nicht die Freudsche Tradition, sondern die des polnischen Wissenschaftlers Stefan Baley, der in Lemberg lebte. Als Publizistin wurde Solomia Pawlytschko bekannt durch ihre «Briefe aus Kiew» (1990–1991), englischsprachige Artikel über Feminismus und Frauenpolitik in der Ukraine sowie Interviews im ukrainischen Fernsehen.

Solomias Meisterwerk war die unvollendete Studie «Nationalismus, Sexualität, Orientalismus. Die komplexe Welt von Ahatanhel Krymskyj». Welch eine spannende Themenstellung. Die Wissenschaftlerin wollte immer mit den banalen Stereotypen brechen, die überall in der Literaturvermittlung herrschten: Die Gutsherren unterdrücken die Leibeigenen. Lessja Ukrajinka war eine Freundin der Arbeiter. Und so weiter. Sie wollte tiefer gehen. Sie wollte die Authentizität und die Geschichte der Ukraine beweisen, ihre Komplexität und Einzigartigkeit. Solomia sah die wahre Entwicklung der ukrainischen Literatur in der Moderne, und die vergleichende Analyse der englischsprachigen und der ukrainischen Welt ergänzte sich bei ihr hervorragend. Deshalb ist es umso tragischer, dass sie ausgerechnet am letzten Tag des alten Jahrhunderts starb. Das neue Jahrtausend begann ohne sie. Oksana Sabuschko, die berühmte Feministin, sagte, dass sie nach Solyas Tod nie wieder mit jemandem gesprochen habe, mit dem sie einen so umfassenden intellektuellen Dialog führen konnte.

Einer ihrer Wegbegleiter in der Wissenschaft, der Philologe Dmitri Naliwaiko wird recht haben, wenn er sagt: «Ich kannte die Werke von Solomia Pawlytschko sowohl aus der ausländischen wie der ukrainischen Literatur, ich war Rezensent ihres Buches über Byron und ihr Opponent bei der Verteidigung ihrer Doktorarbeit über die ukrainische Moderne. Aber erst jetzt, nachdem ich ihr wissenschaftliches Erbe neu gelesen habe, wird mir klar, welche Denkerin und Literaturtheoretikerin unsere Kultur verloren hat.»

Solomia starb am letzten Dezembertag des Jahres 1999. Sie hatte bis zum Schluss gearbeitet. Das gesamte literarische Kiew begleitete sie auf ihrer letzten Reise. «Was für eine Tragödie. Eine so junge, schöne Frau», sagte man betroffen in der Menge. Und sie war erfolgreich. Eine überzeugte Einzelgängerin der ukrainischen Literatur, die ein großes, aufregendes Werk hinterließ.

Ruhm wurde Solomia viele Male vorhergesagt, und damit diese Vorhersage wahr wurde, genügte es zu sterben – ein so banaler menschlicher Zusammenhang. Manchmal ertappe ich mich bei dem Gedanken: Solomia glaubte aufgrund ihrer zweifelsfreien ukrainischen Natur an das Land und seine verborgenen Kräfte, an die Freiheit und Unabhängigkeit der Ukraine und sie gab diesen Glauben nie auf. Und wer weiß – vielleicht hätte ihre Anwesenheit hier und jetzt, in diesen schwierigen Zeiten, die Ereignisse etwas in eine andere Richtung lenken können? Sie verfügte über eine Ausstrahlung, die bei anderen den Wunsch weckte, besser zu werden.

Ich konnte lange Zeit nicht über ihren Tod sprechen, geschweige denn darüber schreiben. Ich war nie an ihrem Grab. Und ich werde auch in Zukunft nicht hingehen. Weil Solomia Pawlytschko für mich lebendiger ist als jede andere Lebende. Wenn ich meinen Lesern von der Ukraine, meiner ukrainischen Jugendzeit, meiner Schule und meinen Studienjahren in Bachmut (damals Artjomowsk) erzähle, zitiere ich sie oft und dieses Zitat ist immer passend. Und obwohl sie so lange aus meinem Leben verschwunden ist, kommt es mir immer noch so vor, als wäre sie nur weggegangen, um vor Studenten in Boston oder Harvard Vorlesungen zu halten. Und bald käme sie wieder nach Kiew zurück und wir würden uns treffen …

KAPITEL 18

Oksana Sabuschko
*1960

Ich hatte einen guten Freund – den Journalisten von Radio Liberty in Prag, Peter Weil. Wir haben gelegentlich telefoniert. Am Ende jedes Gesprächs berührten wir das Thema Kochen. Das interessierte uns beide, ich habe sogar mehrere Bücher zum Thema Kulinarik und Essen geschrieben. So erzählt er mir eines Tages: «Weißt du, ich bin gerade aus Lemberg zurückgekehrt. Dort gibt es ganz in der Nähe der katholischen Kathedrale ein Restaurant ‹Amadeus› zu Ehren Mozarts. Wusstest du, dass Mozarts Sohn, Franz Xaver Mozart, ebenfalls Komponist, die meiste Zeit seines Lebens in Lemberg lebte? Also rieten mir die lokalen Gourmets, einmal die Wachteln in diesem Restaurant zu probieren! Es war mehr als nur Können, es war Poesie! Und weißt du, mit wem ich so ausgezeichnet gespeist habe? Mit Oksana Sabuschko! Ja, ja, mit der Autorin des Buches ‹Feldforschung zum ukrainischen Sex›. Oksana ist eine Frau von einzigartiger Intelligenz, Freundlichkeit und Anstand, aber das ist nicht das Wichtigste. Das Wichtigste ist – sie ist eine begabte Schriftstellerin. Eine der besten Schriftstellerinnen heute in der Ukraine. Vielleicht ist ihre Generation die erste in der ukrainischen Geschichte, die wirklich frei ist. Sie hat einen starken Eindruck auf mich gemacht … Und sie ist eine großartige Gesprächspartnerin! Wir haben mehrere Stunden im ‹Amadeus› verbracht.»

Oksana Sabuschko wurde am 19. September 1960 in der ukrainischen Stadt Luzk geboren. In ihrer Familienlegende ist überliefert, dass einer ihrer Vorfahren namens Sabuschskyj unter dem Kosakenhetman Bohdan Chmelnyzkyj diente und 1649 auf die polnische Seite übergelaufen war, wo er vom König – wenn auch nur für kurze Zeit – den Hetmansstab der Ukraine überreicht bekam. Brodelnde Leidenschaften gab es in der Familie seit Jahrhunderten. Unter den Vorfahren gab es ausgewiesene Zauberer und Hexen. So war eine Tante dazu in der Lage, ohne technische Hilfsmittel Wasseradern unter dem Erdboden zu spüren und allen in der Gegend zu zeigen, wo man Brunnen graben konnte. Im 20. Jahrhundert wurden alle Männer der Familie «verschleppt», wenn nicht in den Krieg, dann ins Lager. Auch Oksanas Vater konnte sich den Repressionen Stalins nicht entziehen. Er wurde 1956 rehabilitiert, als das Chruschtschow-Tauwetter begann. Dennoch blieben die Dissertationen zur ukrainischen Philologie, die sowohl der Vater als auch die Mutter angefertigt hatten, ohne Wirkung.

Weil Oksanas Vater im Ruf stand, ein Dissident zu sein, habe man auch die Tochter «genau unter die Lupe genommen». Für ihren überragenden Schulabschluss hatte sie bei der Universitätszulassung freie Wahl, und sie entschied sich für die philosophische – sehr stark ideologisch geprägte – Fakultät der Taras-Schewtschenko-Universität in Kiew. Ihre Vorleistungen gaben ihr das Recht, anstelle der üblichen Aufnahmeprüfungen nur eine Prüfung abzulegen, und zwar in ihrem Profilfach Geschichte. Man gab ihr eine «Vier», also nur ein «Gut» in der sowjetischen Notenskala, wo Fünf die beste Note war. Mit dieser Bewertung war sie nicht einverstanden, und Oksana und ihre Mutter klagten eine Wiederholungsprüfung ein, um zu beweisen, dass die Bewerberin das Thema «ausgezeichnet» beherrschte. Sie gewann das Verfahren.

Dies war die erste der zahlreichen «Legenden», die sich seitdem um Oksana und ihren Lebensweg angesammelt haben.

Im Jahr 1982 schloss Oksana ihr Studium an der Philosophischen Fakultät ab und beendete 1985 den Graduiertenkurs. Sie startete ihre akademische Laufbahn in der Philosophie mit ihrer Promotion «Die ästhetische Natur der Lyrik als Kunstform». Ihre Promotionsphase erlebte sie als die schwierige Zeit «einer sozialen Schizophrenie», einer Spaltung in ein «ich für die Welt» und «ich für mich selbst». Sie flüchtete in die Bücherwelt und las besonders viel amerikanische Literatur, die nicht durch den Filter der Sowjetzensur gegangen war.

Von 1986 bis 1987 unterrichtete sie Ästhetik am Kiewer Tschaikowski-Konservatorium. Aufgrund der bedrückenden antiukrainischen Atmosphäre dort begann sie eine Forschungstätigkeit am Institut für Philosophie der Nationalen Akademie der Wissenschaften. Ihr Übergang fiel mit dem Aufstieg der nationalen Bewegung zusammen: Die Kiewer Plätze waren «von Kundgebungen überrannt». Sabuschko verbrachte einen erheblichen Teil ihrer Zeit im Ausland und engagierte sich in der Lehr- und Kulturarbeit. Sie unterrichtete mehrere Semester Ukrainistik in den USA an der University of Pennsylvania und der University of Pittsburgh. Sabuschko war auch als Journalistin aktiv. Sie schrieb Kolumnen in Zeitschriften wie «Unsere Ukraine», «Hauptstadt-Neuigkeiten» und «Panorama». Ab 2001 lehrte sie an der Philologischen Fakultät der Kiewer Nationalen Schewtschenko-Universität und hielt außerdem Vorlesungen an führenden Universitäten in Europa und den USA: Stockholm, Columbia, Yale.

Die Aktivitäten von Oksana Sabuschko erhielten viel Lob und Anerkennung. 1996 wurde die Schriftstellerin mit dem Preis «Cream of Art» und einem Stipendium der Shcherban-Lapik-Stiftung ausgezeichnet. 1998 erhielt sie eine Auszeichnung der Kowaljow-Stiftung und wurde außerdem Preisträgerin der Global Commitment Foundation. Oksana Sabuschkos Lyrik wurde mehrfach auf internationalen Poesiefestivals ausgezeichnet. 2009 war sie Artist in Residence der Villa Sträuli in Winterthur (Schweiz).

Oksana Sabuschkos Bücher erschienen außer in Ukrainisch auch in Englisch, Ungarisch, Tschechisch, Polnisch und Russisch. Ihre Gedichte wurden in 14 europäische Sprachen übersetzt und in viele Anthologien der Weltpoesie aufgenommen.

Sabuschko ist Mitglied der Vereinigung ukrainischer Schriftsteller (AUP). Was sie von anderen unterscheidet, ist die explosive Mischung aus Talent, Intelligenz, Temperament, Charakter und Lebensgeschichte. Sabuschko lehnt sämtliche Moskauer Standards und Muster für die ukrainische Literatur ab, die ihren eigenen Weg finden und gehen sollte.

Oksana Sabuschko begann ihre literarische Arbeit mit Lyrik. Ihre ersten Gedichte wurden schon sehr früh veröffentlicht und erfuhren Anerkennung, unter anderem von Mychajlo Stelmach, einem einflussreichen Literaten. Obwohl das Buch an ihrem zehnten Geburtstag vollständig druckreif war, erschien ihr Debüt erst zwölf Jahre später, da die Eltern des Mädchens im Zusammenhang mit den Kiewer Ereignissen von 1973 als Dissidenten auf die schwarze Liste gesetzt worden waren.

Inzwischen ist Oksana Sabuschko Autorin mehrerer Gedichtsammlungen. «Der Maifrost» (1985) wurde noch durch die Zensur völlig verstümmelt, die sogar eine Änderung des Titels erzwang. Das Buch sollte eigentlich «Kein Flug-Wetter» heißen, darin wurde eine gefährliche Anspielung auf die politische Lage im Land vermutet. Ihre Gedichtsammlung «Dirigent der letzten Kerze» (1990) basiert auf der «Nach-Tschernobyl-Erfahrung». «Per Anhalter» (1994) spiegelt Jahre des Wanderns und der Entdeckung der Welt wider, die Oksana bisher nur aus Büchern kannte. Im Jahr 2000 veröffentlichte Sabuschko ein Buch mit ausgewählten Gedichten aus den Jahren 1980–1998 mit dem Titel «Das neue Gesetz des Archimedes».

Sabuschko erklärt, dass «die heutige ukrainische Poesie zu den besten der Welt gehört» und hält dies für historisch gerechtfertigt. Schließlich wuchs sie selbst, wie viele Vertreter ihrer Generation, mit dem Bewusstsein auf, dass «der Urgroßvater auf der einen Seite ein Petljura-Oberst war, der vom Wirbelsturm der Fronten mitgerissen wurde, der Großvater auf der anderen Seite ein UPA-Freiwilliger, der auf wundersame Weise überlebt hatte. Der Vater wiederum wurde 1948 von der Universität verwiesen und verbrachte sechs Jahre in Ostsibirien, um später nach seiner Rückkehr alle neun Dante-Kreise eines typischen ukrainischen Intellektuellen seiner Zeit zu durchlaufen.»

Ihr Blick hat das «historische Gewicht» aufgenommen und zwingt sie, alles zu tun, was ihre Eltern und Großeltern versäumt haben. Denn wie Sabuschko wiederholt betont hat, muss die Existenz eines Schriftstellers durch seine Arbeit gerechtfertigt sein.

Die Autorin hat sich auch viel mit Prosa beschäftigt. Ihre ersten Erzählungen und Romane wurden in literarischen Zeitschriften veröffentlicht. Für großes Aufsehen sorgte der Roman «Die Außerirdische» (1989), der zum ersten wirklich feministischen Werk der ukrainischen Literatur erklärt wurde. Die folgenden Bücher, «Feldforschung zum ukrainischen Sex», der hochgelobte Roman «Museum der vergessenen Geheimnisse» und ein 2002 veröffentlichter Band ausgewählter Prosa richteten sich an ein großes Publikum und wurden vielbeachtete Erfolge.

Oksana Sabuschko arbeitet aktiv als Philosophin und Philologin. 1992 erschien ihr Buch «Die Philosophie der ukrainischen Idee und der europäische Kontext: Die Zeit von Iwan Franko». und 1997 «Der Schewtschenko-Mythos in der Ukraine: Versuch einer philosophischen Analyse». Auch Sabuschkos interessante und professionelle Essays regen oft zu Diskussionen an. Darunter sind populäre Aufsätze wie «Zwei Kulturen», die Bücher «Chroniken von Fortinbras» und «Report aus dem Jahr 2000» sowie der Aufsatz «Das psychologische Amerikda und die Asiatische Renaissance, oder Karthago neu gesehen» zu erwähnen. Oksana Sabuschkos Essays und philosophischen Werke zeugen von ihrer organischen Beherrschung der Werkzeuge fortgeschrittener westlicher Schulen, die für das ukrainische Denken grundlegend neu sind. Oksana Sabuschkos sowohl poetischen als auch prosaischen Werke werden weltweit verfilmt oder für das Theater dramatisiert.

Oksana Sabuschko ist auch als Übersetzerin bekannt: Ukrainische Leser lernten anhand ihrer Übersetzungen amerikanische und polnische Literatur kennen, zum Beispiel «Die Prophezeiungen des Nostradamus». Sie übersetzte auch das dokumentarische Buch «Tschernobyl: Chronik der Zukunft» der belarussischen Schriftstellerin Swetlana Alexijewitsch. Bei der gemeinsamen Arbeit stellte sich heraus, dass Oksana Sabuschko der Methode von Alexijewitsch sehr nahestand – sie schrieb ebenfalls dokumentarische Prosa in dem Genre, das in der englischen Literatur Oral History genannt wird – Geschichte, die mündlich überliefert wird. Dabei zieht sich die Autorin zurück und bleibt nur für kurze erläuternde Kommentare sichtbar. Neun Zehntel des Textes sind die direkten Aussagen von Zeitzeugen. Zuvor hatte außer Swetlana Alexijewitsch niemand in dieser Form geschrieben. Sie wurde 2015 mit dem Literatur-Nobelpreis ausgezeichnet und fand große Anerkennung. Mir erzählte ein Student: «Ein Buch mit so schrecklichen, wahrhaftigen Zeugnissen lebender Menschen ist schwer zu ertragen. Es scheint zu glühen. Belletristik ist heute längst nicht so beliebt wie die Literatur des Faktischen.»

Das 20. Jahrhundert war ein Testfeld für Ideologien, von denen zwei – der Nationalsozialismus und der Kommunismus – die Welt erschüttert haben. Beide haben ihre Erprobung nicht ausgehalten, sie sind gescheitert. Und nebenbei, im Zuge von Hiroshima und Tschernobyl, brach der Glaube an die Möglichkeit einer rationalen und vernünftigen Struktur der Welt zusammen. Wenn das vergangene Jahrhundert einen Nutzen brachte, dann liegt er nur darin, dass man den Ideologien nicht mehr vertraut. Das Misstrauen gegenüber dem ideologischen Wort hat sich auch zu einem Misstrauen gegenüber jeglichem Wort entwickelt, besonders gegenüber dem fiktionalen. Vielleicht ist deshalb die Fakten- oder Tatsachenliteratur so populär geworden. Das haben Autorinnen wie Swetlana Alexijewitsch als auch ihre Übersetzerin Oksana Sabuschko verinnerlicht. Das Buch «Tschernobyl: Chronik der Zukunft» wurde also von zwei Experten geschrieben.

Und noch etwas zu guter Letzt. Es gab zwei berühmte Feministinnen in der Ukraine – Oksana Sabuschko und Solomia Pawlytschko. Sie waren eng befreundet und beide schrieben viel darüber, wie sich die Vorstellung von der Rolle der Frau in der Gesellschaft und damit auch die Einstellung der Männer gegenüber Frauen verändert hat. Es geht auch um den Begriff «Gender», Geschlecht nicht in seiner physiologischen, sondern in seiner sozialen Bedeutung. Eine Frage, die die Wissenschaftler bewegt. Aber jede von uns beschäftigt nach den Artikeln von Sabuschko und Pawlytschko eine praktische Frage: Kann eine Frau außerhalb von Liebe und Ehe erfolgreich sein? Die Antwort ist klar.

Im Jahr 1999 starb Solomia Pawlytschko auf tragische Weise. Sie wurde 41 Jahre alt. Es war ein unfassbarer Verlust. Ihre aufsehenerregende Denkweise, ihre Persönlichkeit, ihre genialen Bücher fehlen seither. Oksana Sabuschko machte sich große Sorgen um diese Leerstelle. Manchmal kommt mir ein seltsamer Gedanke: Solomias Tod erwies sich als Bestätigung des Lebens, dessen Fülle und Vielfalt sie verehrte …

Oksana Sabuschko gehört zu jener Generation, die mit ihrem «Rhythmus der Biografie von Katastrophen geprägt» wurde. Menschen wie Sabuschko, Pawlytschko und ihre talentierten literarischen Kollegen waren die erste Generation in der Geschichte des Landes, in der die Korrektheit der Proportionen zu spüren war – eine Kombination aus Pathos und Ironie, Nachdenklichkeit und Optimismus, Tränen und Lachen. Diese junge Generation vermittelt den Eindruck von Integrität, kreativer Konsequenz und Loyalität gegenüber ihren Idealen. Was auch immer geschieht, so ist es und so wird es bleiben.

KAPITEL 19

Oksana Lyniv
*1978

«Endlich!» so kommentierte die ehemalige Bundeskanzlerin Angela Merkel den Auftritt der ersten Dirigentin bei der Eröffnung der berühmten Bayreuther Festspiele im Juli 2021. 145 Jahren nach der Gründung des Bayreuther Wagner-Fests im Jahr 1876 war es die Ukrainerin Oksana Lyniv, der die Ehre zuteilwurde, als erste Frau die Festspielpremiere musikalisch zu leiten. An diesem Tag führten 160 Chorsänger und 100 Musiker Wagners Oper «Der fliegende Holländer» auf. Oksana Lyniv erzählt über die Reaktion im Publikum nach ihrem Auftritt: «Da waren endlose ‹Bravo›-Rufe, zwölf Minuten Applaus und wildes Stampfen mit den Füßen auf dem Boden. Es fühlte sich an, als hätte ein Erdbeben begonnen! Es war die schwierigste Prüfung in meinem Leben. Das Schlimme für mich war, dass mein ganzes Leben in ein ‹Vorher› und ein ‹Nachher› zerfallen würde. Es gab nur zwei Möglichkeiten, Triumph oder Fiasko. Als ich mit der Arbeit an der Oper begann, bat ich um Erlaubnis, mit dem Manuskript des ‹Fliegenden Holländers› arbeiten zu dürfen, das im Wagner-Archiv in der Villa Wahnfried aufbewahrt wird. Und sie gaben es mir – die erste Ausgabe, obwohl eine zweite nicht erhalten geblieben ist. Forscher vermuten, dass der zweite ‹Holländer› zusammen mit anderen Wagner-Partituren, die Adolf Hitler 1939 zu seinem 50. Geburtstag als Geschenk erhielt, während des Krieges zerstört wurden … Wie dem auch sei, es war mir sehr wichtig, mich in die Materie zu vertiefen, in die Atmosphäre dieses Ortes mit all seinen Legenden, seiner Geschichte und seinen Mythen. Es ist wichtig, Wagners Partitur zu sehen!»

«Ich bin sogar in einen Vorort von Paris gefahren», erzählt Oksana Lyniv, «nach Meron, wo der 27-jährige Wagner seinen ‹Fliegenden Holländer› komponierte. Er schrieb mit Schmerz in der Seele: Sein Traum vom Erfolg an der Grand Opéra war zerplatzt, er wurde sogar gezwungen, die Opernpartitur für 500 Franken an einen unbekannten Komponisten zu verkaufen … Und ich spüre das in Wagners Musik: seinen Wunsch, die Welt zu erobern, seine Zweifel, seinen Schmerz, seine jugendliche Wut – all das ist ‹lesbar›, und zwar bereits in der Ouvertüre zum ‹Fliegenden Holländer›.»

«Den Wahnsinn in den Dienst einer Tätigkeit stellen, die ohne ein bisschen Wahnsinn nicht gelingen kann», sagt eine Figur namens Hans Sachs in Wagners Oper «Die Meistersinger von Nürnberg». Wenn Sie nach einem Epigraf zum Leben und Werk Richard Wagners suchen, können Sie keine besseren Worte finden. «Vielleicht liegt Wagners Hauptdrama gerade darin, dass er versuchte, Wahnsinn und Wunder in der Musik und im Leben zu planen», sagt Oksana Lyniv.

Sie habe die deutsche Sprache erlernt, um ihre wichtigsten und liebsten Komponisten besser zu verstehen – von Haydn über Wagner bis Mahler, berichtet Oksana Lyniv weiter. Ohne Deutschkenntnisse und ohne das Gefühl, dass Musik das genaueste Abbild der Zeit ist, könne diese Musik nicht aufgeführt werden. Vielleicht ist sie das geheimnisvollste Bild der Zeit. Und wie Oscar Wilde treffend sagte: «Musik bringt uns das Unbekannte und höchstwahrscheinlich die wahre Vergangenheit zurück.»

Nach der Aufführung in Bayreuth gab es keinen einzigen Journalisten – weder aus Deutschland noch aus der Ukraine –, der Lyniv nicht nach dem legendären Orchestergraben in Bayreuth gefragt hätte: «Für mich ist das Wichtigste, dass ich klar sehen kann, was auf der Bühne passiert.

Wenn ich etwa einen Kopf größer wäre, gäbe es Schwierigkeiten. Dieser Orchestergraben ist auf die Größe Wagners ausgelegt, der 166 Zentimeter groß war. Ich habe genau die richtige Größe, aber berühmte Dirigenten wie zum Beispiel der großgewachsene Christian Thielemann mussten in Bayreuth sitzend dirigieren.

Beeindruckt haben mich auch diese exotischen vier Telefonapparate neben dem Dirigentenpult – ganz altmodisch, mit Wählscheibe. Die Telefonapparate wurden von Wolfgang Wagner installiert, damit er von überall im Festspielhaus aus direkt den Dirigenten im Orchestergraben anrufen konnte. Das Buch ‹Mein Leben mit Wagner› von Christian Thielemann, dem künstlerischen und musikalischen Leiter der Bayreuther Festspiele, hat mir sehr bei der Arbeit geholfen, und mein zweites Lieblingsbuch wurde ‹Musik und Gender›. Das ist ein enzyklopädisches Nachschlagewerk. Für mich war es wichtig, mich für dieses Thema zu wappnen. Denn die Journalisten werden immer noch in jedem Interview etwas fragen, wie: ‹Wir sind natürlich sehr daran interessiert, Ihre Mahler-Interpretation zu hören, aber lassen Sie uns trotzdem über Gender reden.› Manchmal fühlt man sich tatsächlich wie ein dressiertes Tier im Zirkus: ‹Schau mal, die können ja auch Musik machen!›»

Mich interessierte die Tatsache, dass sich bereits ein ganzes grundlegendes Feld der Wissenschaft mit Fragen dieser Art beschäftigt: An welchem Punkt in der Geschichte ist «etwas schiefgegangen», sodass man begann, einige Werkzeuge und Berufe mit dem weiblichen Geschlecht in Verbindung zu bringen, andere nur mit dem männlichen Geschlecht. Aus irgendeinem Grund fragt niemand einen Geiger, Flötisten oder Sänger, wie er es schafft, sein

Instrument zu beherrschen, aber alle sind sehr überrascht, wenn sich herausstellt, dass eine Frau eine Beethoven-Symphonie dirigieren kann, und zwar gut.

Ich selbst habe die Enzyklopädie «Musik und Gender» auch in meinem Bücherregal. Viele Namen weiblicher herausragender Dirigenten sind nicht darin enthalten. Zum Beispiel ist Weronika Dudarowa, eine legendäre Dirigentin aus Russland, nicht aufgeführt.

Ich habe diese herausragende Frau einmal interviewt. Vielleicht erreichte sie weder die Tiefe von Wilhelm Furtwängler noch die Präzision von Arturo Toscanini oder die Subtilität von Carlos Kleiber, aber diese einzigartig talentierte Dirigentin wusste etwas ganz Entscheidendes: Sie wusste, wie aus ernster Musik ein Fest wird. Das Publikum war immer begeistert und der Beifall dauerte manchmal zwanzig Minuten! Ja, die Experten und Musikwissenschaftler haben natürlich ihre eigene Hierarchie, aber Frauen wie Weronika Dudarowa, Karina Canellakis und Oksana Lyniv selbst sind fest im Bewusstsein der Musiköffentlichkeit verankert. In der ehrwürdigen Enzyklopädie findet man sie jedoch nicht.

Das Jahr 2021 ist für Oksana Lyniv ein ereignisreiches Jahr geworden. Anlässlich des 30. Jahrestags der Unabhängigkeit der Ukraine dirigierte sie die grandiose Veranstaltung «Arche Ukraine: Zehn Jahrhunderte ukrainische Musik in einem Konzert». Und ein paar Tage später, am Unabhängigkeitstag, erhielt sie eine Auszeichnung aus den Händen des Präsidenten der Ukraine – den Orden der Fürstin Olga dritten Grades. In einem Interview mit dem ukrainischen Radio sagte Oksana: «Natürlich bin ich Ukrainerin. Aber ein Beruf wie Dirigent erfordert eine breite Sicht auf die Welt. Musik selbst kennt als Kunst keine Grenzen, jeder Komponist schuf sein eigenes Werk, indem er sich von der Weltkultur inspirieren ließ.

Ich hänge sehr an meinem Zuhause, meiner Familie, meiner Heimat. Das ist mein Kraftort. Und er hat Einfluss darauf, wie ich meine eigene Aufgabe sehe, in meiner Arbeit ebenso wie im Leben: Die Popularisierung von Musik ukrainischer Komponisten und meine Teilnahme an großen Kulturprojekten mit ukrainischen Kollektiven.»

Hinter den zerbrechlichen Schultern der charismatischen Lyniv verbirgt sich eine der erstaunlichsten Karrieren in der europäischen Musikwelt.

Oksana Lyniv wurde in der Stadt Brody in der Region Lemberg geboren. Mutter und Vater sind Musiker und so wächst sie als zweites Kind einer Familie auf, in der Musik den Alltag bestimmt. Sehr früh begannen sie und ihr älterer Bruder mit einer musikalischen Ausbildung; beide besuchten neben der regulären Schule eine Musikschule. Danach studierte sie an der Lyssenko-Musikakademie in Lemberg. Dort erlernte sie das Dirigieren perfekt. Der Leiter ihrer Meisterklasse war Bogdan Dashak, Chefdirigent des Lemberger Opernhauses. Es war sein Verdienst, das es der talentierten Schülerin ermöglichte, sich zu öffnen und an sich selbst zu glauben.

Heute ist sie eine der beliebtesten und populärsten Dirigentinnen der Welt, aber es ist doch immer wieder erstaunlich, dass sie trotz der Offenheit, mit der sie in Interviews über ihr Leben spricht, genau genommen ein Rätsel ist. Ich habe dutzende Artikel über sie und ihre Biografie in ukrainischen Zeitungen gelesen. Hier einige wichtige Einblicke:

Es heißt, sie habe nach der Dirigierprüfung an der Lemberger Musikakademie geweint, weil ihr klar wurde, dass sie nicht sehr bald oder gar nicht mehr vor einem großen Orchester stehen würde. Und dann kam die wunderbare Geschichte eines «musikalischen Aschenputtels», wie im Film: Auf einer Fensterbank der Akademie fand sie zufällig eine Zeitung mit der Ausschreibung des Ersten Gustav-Mahler-Dirigentenwettbewerbs in Bamberg. Sie wischte sich die Tränen weg und bereitete sich mithilfe von YouTube-Videos auf den Wettbewerb vor. Und belegte den dritten Platz. So bekam sie 2005 eine Anstellung bei den Bamberger Philharmonikern und wurde dort Assistentin des Dirigenten Jonathan Nott. Im selben Jahr trat Oksana Lyniv in die Graduiertenklasse der Dresdener Hochschule für Musik Carl Maria von Weber ein. Im Jahr 2007 begann Oksana Jugendorchester in ihrer ukrainischen Heimat zu dirigieren. Darüber hinaus war sie als Dirigentin in Deutschland, Frankreich, der Schweiz, Estland und Rumänien tätig. Im Jahr 2008 erhielt Oksana eine Stelle am Nationalen Akademischen Opern- und Ballett-Theater Odessa. Unter ihrer Leitung wurden viele klassische Werke aufgeführt.

Im Jahr 2013 übernahm Oksana Lyniv die Assistenzstelle beim Generalmusikdirektor Kirill Petrenko an der Bayerischen Staatsoper in München. Etwas später wurde ihr die Dirigentenstelle in diesem Theater anvertraut. 2015 erhielt die Ukrainerin Oksana Lyniv den Titel «Beste Dirigentin der Bayerischen Staatsoper». 2017 wurde sie Chefdirigentin der Grazer Oper und des Grazer Philharmonischen Orchesters. Die ukrainische Dirigentin war die erste Frau, die das Orchester dieser österreichischen Stadt leitete. Oksana war ein Jahr in dieser Position tätig. Darauf folgte die Tätigkeit als Generalmusikdirektorin des italienischen Teatro Comunale Bologna. Sie war damit die erste Frau, die in Italien ein Opernhaus leitete.

2017 gründete sie das Ukrainische Jugendsinfonieorchester, dessen Musiker talentierte Kinder und Jugendliche aus verschiedenen Teilen des Landes waren. Oksana Lyniv zählt zu den drei besten Dirigentinnen der Welt.

Ihr Mann Andrey Murza stammt aus Odessa und ist dort künstlerischer Leiter des traditionsreichen Internationalen Violinwettbewerbs. Er spielt bei den Düsseldorfer Symphonikern und unterrichtet seit 2019 an der nach A.V. Neschdanowa benannten Nationalen Musikakademie Odessa. Murza ist Gewinner zahlreicher internationaler Wettbewerbe und als Geiger in der Welt der klassischen Musik berühmt. Sein Instrument ist eine Geige von 1840 aus dem Nachlass des größten französischen Meisters Auguste Bernardel. Oksana und Andrey lernten sich 2019 nach einem Konzert kennen. Anfang 2021 gab das Paar seine Verlobung bekannt, am 6. November feierten sie schließlich ihre Hochzeit in Lemberg. Oksana erinnert sich, dass es bei ihrer Hochzeit ganz traditionell ein «ukrainisches Lösegeld» für die Braut gab, außerdem den Segen der Eltern, die Trauung und einen Laib Brot, Karawai genannt. Und Oksana fügt hinzu: «Am Abend haben wir gemeinsam traditionelle ukrainische Lieder gesungen. Es war ein unvergesslicher Abend!»

Oksana Lyniv liebt ukrainische Volkslieder: Sie besitzt eine Sammlung vom musikalischen Volksschaffen, die sie zum Teil selbst bei ihren Feldforschungen in verschiedenen ländlichen Regionen der Ukraine aufgenommen hat, Lieder, die ihr die alten Frauen in den Dörfern vorsangen. Darunter ist viel Musik aus der Karpatenregion, aus der ihr Vater stammt und wo die ethnischen Gruppen ihre Traditionen bewahrt haben, Lemken, Hutsulen, Boyken. Auch in der Herkunftsregion ihrer Mutter, der Gegend um Poltawa, gibt es interessantes musikalisches Folklorematerial.

Ein großer Bewunderer ukrainischer volkstümlicher Musik war Pjotr Tschaikowski. Sie nimmt einen wichtigen Platz in seinem Werk ein, Motive ukrainischer Volkslieder klingen in der Zweiten Symphonie und im Ersten Quartett sowie in den Opern «Tscherewitschki» («Pantöffelchen»), «Masepa» und «Der Opritschnik».

In jüngster Zeit fördert Oksana Lyniv die Musik ukrainischer Komponisten. Einer der interessantesten ist der Komponist Borys

Ljatoschynskyj. Geboren im Jahr 1895, wurde während der Stalin-Ära von ihm verlangt, für die Entwicklung seiner Karriere nach Moskau zu ziehen. Das tat er jedoch nicht und blieb in Kiew. Er schrieb zwei Opern und fünf Sinfonien, Suiten und Tondichtungen für Orchester. Aus seiner Kompositionsklasse am Konservatorium ging im Wesentlichen die gesamte moderne ukrainische Kompositionsschule hervor. Das sind unter anderem Jewhen Stankowytsch, Leonid Hrabowsky und Walentyn Sylwestrow – die talentiertesten Komponisten! Inzwischen sind die musikalischen Urenkel des brillanten Ljatoschynskyj in die moderne Musikwelt eingetreten. Sie orientieren sich an den besten Musikbeispielen und sättigen sie mit epochalen, großangelegten, traditionell ukrainischen Inhalten.

Mit Überraschung und Freude entdeckte ich, dass Oksana Lyniv und mich die gemeinsame Liebe zur nationalen Volkskunst und vor allem zur Stickerei verbindet. Ich besitze eine Sammlung ukrainischer «Wyschywankas» – bestickte Blusen, die zu festlichen Anlässen getragen werden. Und in ihrem Haus steht eine riesige geschnitzte Truhe, in der sie ihre Sammlung historischer Trachtenteile aufbewahrt. Sie sagt darüber: «Ja, ich bin eine leidenschaftliche Sammlerin, und wenn ich solche Schönheit sehe, kann ich nicht widerstehen, egal, wie viel es kostet. Aber ich versuche die Kleidung auch zu tragen, diese bestickten Blusen, Plachty, also Wickelröcke mit Blumenstickerei, die westukrainischen Keptary, bestickte Fellwesten, und die entsprechenden Mützen und Umhänge. Ich passe sie an meinen Alltag, mein eigenes Leben an. Deshalb nehme ich so eine alte bestickte Bluse und lasse sie für mich ändern, und vervollständige die Ärmel oder den Saum mit den besten verfügbaren Materialien. Und das Ergebnis sind so atemberaubende Outfits, die man auch in Wien und in Paris tragen kann.»

Ich hatte einige Male das Glück, Oksana Lyniv am Dirigentenpult zu erleben. Außer in Lemberg sah ich sie im September 2020 Frankfurt am Main, wo sie die Oper «Die Puritaner» von Vincenzo Bellini dirigierte. Mir ist ihre Kleidung aufgefallen. Es handelte sich um ein strenges Kostüm, bei dem sie jedes Mal ein kleines Element stilisierter ukrainischer Volkstracht einsetzt. Ihr Markenzeichen ist der ukrainische Kosakengürtel, über den Oksana sagt: «Dieser Gürtel hat viele Vorteile: Er setzt einen Akzent, und man kann den Dirigentenstab dahinter anbringen wie einen Säbel.»

Sie ist viel auf Tour. Das einzige Land, in das sie jetzt nicht reisen wird, ist Russland. «Von dort kommen Einladungen, aber nein, ich werde nicht gehen. Ich bin nicht bereit, in Russland zu arbeiten, bis die Frage der Militäreinsätze geklärt ist. Kreativität ist ein Territorium des Vertrauens. Es reicht nicht aus, sich gegenseitig auf individueller Ebene zu respektieren. Auch auf staatlicher Ebene muss gegenseitiger Respekt herrschen.»

Als ich sie einmal in ihrem geliebten Lemberg, beim LvivMozArt-Festival, das Oksana Lyniv gegründet hat und leitet, erlebt habe, sind mir im Gästebuch zwei Einträge aufgefallen: «Vielen Dank für das wunderbare Konzert! Da war ein Gefühl von Glück, von Ewigkeit ... Diese Musik erhebt die Zuhörer in ihren eigenen Augen, ohne sie jemals zu demütigen. Das ist der überwältigende Zauber der Musik von Mozart, Haydn und Beethoven – und sie wollen uns etwas damit sagen. Wir dürfen den Zauber nicht verlieren, dafür existieren sie. Heute bei Ihrem Konzert hatte ich plötzlich ein Gefühl, so einen Moment der Einsicht, genau diesen Moment, in dem ein Mensch ein für alle Mal herausfindet, wer er ist. Das heutige LvivMozArt-Konzert wird in meiner Erinnerung bleiben, und in meinen Träumen ... Danke!» Der Eintrag war auf Ukrainisch verfasst und das letzte Wort «Danke» – auf Ukrainisch «Djakuju!» mit riesengroßen Buchstaben geschrieben.

Der zweite Eintrag lautet wie folgt: «Ich komme zu allen Konzerten, die Oksana Lyniv dirigiert, um mich zu überzeugen, dass Lyniv von Tag zu Tag besser wird.» Und ich selbst habe in dieses Gästebuch des Festivals einen Eintrag geschrieben. Ich bin sicher, dass die Dirigentin Oksana Lyniv eine der ganz wenigen Visitenkarten der Ukraine ist, auf die man ohne Hintergedanken stolz sein kann.

KAPITEL 20

Olena Selenska
*1978

Oktober 2022. Frankfurter Buchmesse. Eine kleine Gruppe von Verlegern, Redakteuren und Journalisten wurde an einem Abend in das Kongresszentrum in den Harmonie-Saal eingeladen, wo ein Treffen mit der Frau des Präsidenten der Ukraine, der First Lady Olena Selenska, stattfand. Ein interessanter Zufall: Im Herbst 2022 schrieb ich einen Aufsatz über Olena Selenska. Und natürlich habe ich von einem persönlichen Treffen und einem Interview mit ihr geträumt. Aber niemand, keiner meiner Freunde glaubte, dass ein solches Treffen möglich sei. Aber ich weiß, wenn ich etwas wirklich will, dann beginnt mir das ganze Universum zu helfen und die Sterne richten sich so aus, dass ich zur rechten Zeit am rechten Ort lande. So auch diesmal. Mein Treffen mit der First Lady der Ukraine fand statt in Frankfurt. Ich kam zur Präsentation meines neuen Buches dorthin. Und es war ausgerechnet am Abend dieses Tages, dass ich einem Gespräch mit Olena Selenska beiwohnen durfte, das von der Chefredakteurin der Frauenzeitschrift «Brigitte» geleitet wurde. Ein Wunder geschieht immer unerwartet, deshalb ist es ein Wunder.

Um meinen Aufsatz über Olena Selenska zu schreiben, habe ich viele Interviews mit ihr erneut gelesen. Doch etwas fehlte, und das war genau der persönliche Eindruck, das Gefühl, das aus den ersten Minuten der Begegnung entsteht.

Olena Selenska ist die jüngste First Lady in der Geschichte der Ukraine, zum Zeitpunkt der Amtseinführung ihres Mannes, am 20. Mai 2019, war sie 41 Jahre alt. Was ich an ihr immer bewundert habe, ist ihre erstaunliche Intelligenz, sie ist zurückhaltend, klug, taktvoll und sehr aufmerksam gegenüber Menschen. Wenn sie mit einem Menschen spricht, geht sie auf ihn ein, schaut ihm in die Augen, beobachtet, ob er sie gut verstanden hat, erklärt ihre Gedanken mit Ruhe, Sensibilität und Geduld. Sie liebt Menschen, das merkt man. Und die Liebe und Freundlichkeit, die aus ihren wunderschönen blauen Augen im wahrsten Sinne des Wortes strahlen, sind Teil ihrer Lebenserfahrung und ihrer Empathie. Und wenn man tief in ihre Augen blickt, erkennt man einen darin verborgenen Schmerz. Diese zerbrechliche und vornehme Frau weiß, dass sie vielen Menschen, die auf Hilfe angewiesen sind in ihrem Land, nur mit Liebe und Empathie helfen kann. Und deshalb fühlen sich auch Journalisten in Gegenwart der schönen First Lady der Ukraine wohl und vertraut, wie mit einem geliebten Menschen. Deshalb sind Interviews mit ihr ausnahmslos klar und lebendig.

In einem Fernsehbericht sah ich sie mit Tränen in den Augen, als sie vom Tod des Mädchens Lisa in Winnyzja erfuhr. Olena Selenska nahm vor Weihnachten ein Video mit diesem Mädchen auf und sah später in einer Nachrichtensendung einen umgestürzten Kinderwagen und in der Reportage, dass das Kind gestorben sei. Es stellte sich heraus, dass es Lisa war. «Ihr Tod wurde zu meiner persönlichen Tragödie», sagte Selenska.

Aufgrund der zahlreichen Berichte und Interviews, die ich über sie hörte und las, erinnere ich mich auf unterschiedliche Weise an Olena Selenska. Im Allgemeinen war deutlich zu erkennen, dass sie die Balance hielt – eine Kombination aus Pathos und Ironie,

Ernsthaftigkeit und Humor, Nachdenklichkeit und Leichtigkeit, Tränen und Lächeln. Sie hat ein Gespür für das richtige Maß, daher auch der Eindruck von Integrität, Aufrichtigkeit und Zuverlässigkeit. Ja, und was sie hervorbrachte – war authentisch.

Ich erinnere mich an den Moment, als sie direkt vor der Kamera lachte. Das Thema war ernst – man sprach über das Problem, dass die Ukrainer leider nicht gewohnt sind, sich auch in schwierigen Zeiten an Psychologen zu wenden, dass «wir dazu neigen, Depressionen zu ignorieren, und das ist gefährlich». Der Journalist sagte darauf: «Ja, ja, wir Ukrainer glauben, ein Psychoanalytiker ist eine Person, die Ihnen für Ihr Geld Ratschläge gibt, die Sie bereits anderen kostenlos gegeben haben.» Und dann konnte die First Lady nicht anders als über diesen Witz in Lachen auszubrechen.

Generell weiß sie Humor zu schätzen. Viele Witze und Pointen von Wolodymyr Selenskyj in der Zeit, als er im Studio «Kvartal 95» auftrat und nicht im Entferntesten an irgendeine Art von Präsidentschaft dachte, schrieb seine Frau, die Drehbuchautorin, für ihn. Und diese Witze waren nie zynisch – sie waren immer klug und lustig, selbst wenn es um die heikelsten Dinge ging.

Wenn Journalisten nach ihrer Liebesgeschichte fragen, betont Olena immer: «Wahrscheinlich war es der Humor, der die Chemie zwischen uns ausmachte.» Das Ideal von Beziehungen war für sie schon immer die gemeinsame Gestaltung. Wolodymyr Selenskyj sagt über seine Frau: «Natürlich ist sie meine Liebe. Aber sie ist auch meine größte Freundin. Olena ist wirklich meine beste Freundin. Sie ist auch eine Patriotin und liebt die Ukraine. Das ist wahr. Und sie ist eine wunderbare Mutter.» Er gibt zu, dass er stolz auf die Art und Weise ist, wie seine Frau die unerwarteten Herausforderungen des Krieges annimmt: «Sie hat einen starken Charakter. Und wahrscheinlich ist sie stärker, als sie selbst dachte. Und dieser

Krieg – nun ja, jeder Krieg bringt das wahrscheinlich mit sich, offenbart Qualitäten, von deren Existenz niemand geahnt hat.»

In Frankfurt bekam ich die Gelegenheit, Olena Selenska aus nächster Nähe zu beobachten und ihr zuzuhören. Es zeigte sich, dass sie wenig Ähnlichkeit mit ihren Fotos auf den Titelseiten des «Time Magazine» (Juni 2022) und vieler anderer Zeitschriften hatte. Meiner Meinung nach kommen die Fotos, die die amerikanische Fotografin Annie Leibovitz für «Vogue» gemacht hat, ihrem natürlichen Aussehen am nächsten. Sie scheinen ihre Natur hervorzuheben: Lebenslust, gepaart mit Talent und Intelligenz.

Olena Selenska kam in einem eleganten Kostüm und einer leichten Bluse zu uns, sie sah sehr gut und siegesgewiss aus. Ich saß ziemlich nah bei ihr und hatte das Gefühl, dass sie zunächst äußerst vorsichtig und etwas zurückhaltend war. Dann begann das Gespräch, und es stellte sich heraus, dass diese Optimistin, für die ich sie immer gehalten habe, ganz offen und mit großer Bitterkeit über sich selbst sprechen kann. Das fühlte sich besser an, als wenn sie mit falscher Liebe über andere gesprochen hätte. Vieles von dem, was sie sagte, wussten wir bereits, aber es gab auch neue interessante Details in ihrer Biografie, die ich bei diesem Treffen erfuhr. Vor allem spürte ich darin dasselbe «zarte Eisen», über das ein Journalist geschrieben hat. Ja, sie ist eine Person mit starken Prinzipien. Und sie zählt, meiner Meinung nach, zu den Frauen, die Knappen nötiger brauchen als Ritter.

Bis zum April 2019 wussten wir wenig über Olena Selenska. Sie trat selten in der Öffentlichkeit auf, gab keine Interviews und posierte nicht in Hochglanzmagazinen.

Olena Kyjaschko wurde am 6. Februar 1978 in Kriwoi Rog geboren. Ihren zukünftigen Ehemann lernte sie in der Schule kennen, sie besuchten Parallelklassen am Kriwoi Rog-Gymnasium Nr. 95. Doch erst als Studenten an der Universität in Kriwoi Rog, sie studierte Bauwesen, er Wirtschaftsrecht, begannen sie miteinander zu sprechen. Das Paar war acht Jahre lang zusammen, bevor es 2003 heiratete. Sie sind Eltern von zwei Kindern: Kyrylo (geboren am 21. Januar 2013) und Alexandra (geboren am 15. Juli 2004). Während der Anfangsjahre ihrer Beziehung gründeten Selenskyj und eine Gruppe seiner Freunde eine Comedy-Truppe namens «Kvartal 95», benannt nach einem Stadtteil von Kriwoi Rog. Sie traten bei Wettbewerben in den Nachfolgestaaten der ehemaligen UdSSR auf. Im Jahr 2003, im selben Jahr, in dem sie heirateten, begann «Kvartal 95» mit der Produktion von Fernsehprogrammen. Selenska begann als Drehbuchautorin zu arbeiten und war Teil des Teams, das Comedy-Sketche entwickelte, die Selenskyj und andere dann aufführten. Sie arbeitete noch jahrelang als Autorin und half sogar gelegentlich bei Drehbüchern, nachdem Selenskyj in das Amt des Präsidenten gewählt worden war.

Aber bei all dem gibt es einen mystischen Moment. In der Fernsehserie «Diener des Volkes», deren Idee von Olena stammt, wird Selenskyj Präsident. Und dann, im Jahr 2018, kündigte er an, dass er im wirklichen Leben für das Präsidentenamt kandidieren würde, und meldete eine nach seiner Show benannte Partei an. Selenska erfuhr aus den Nachrichten von seiner Entscheidung. Er behauptete, er habe einfach vergessen, es ihr zu sagen …

Wie dem auch sei, es heißt so schön: Eine gute Regierung ist nicht eine, die die Menschen glücklich machen will, sondern eine, die weiß, wie man das macht. Und die ersten Schritte der jungen Regierung der Ukraine waren erfolgreich, und dann geschah …

Lassen Sie mich einen kleinen Exkurs machen. Meine Großmutter erzählte mir von der Friedlichkeit der Ukrainer. In ukrainischen Dörfern und Weilern kam es selten zu Gewaltverbrechen oder Morden. Und wenn so etwas geschah, war das so überwältigend, dass die Geschichte von Generation zu Generation weitergegeben wurde. «Am Dorfeingang, dort, wo der Mord geschah, stellten sie eine schwarze Säule auf, damit jeder, der vorbeikam, sofort wusste, was dort passiert ist, und vorbeifuhr, ohne in diesem Dorf Halt zu machen.»

Am letzten Abend vor dem Krieg wandte sich der Präsident der Ukraine an die Russen: «Die Ukraine in Ihren Nachrichten und die Ukraine im wirklichen Leben sind zwei verschiedene Länder. Und ihr Hauptunterschied besteht darin, dass unseres real ist ... Man sagt Ihnen, dass die Ukraine eine Bedrohung für Russland sei. Das war nicht so in der Vergangenheit, das ist jetzt nicht der Fall und es wird auch in Zukunft nicht passieren. Hören Sie uns zu! Ich weiß, dass meine Ansprache nicht im russischen Fernsehen gezeigt wird, aber Sie sollten sie sehen. Wollen die Russen Krieg? Ich würde die Frage wirklich gerne beantworten, aber die Antwort hängt von Ihnen ab, den Bürgern der Russischen Föderation.»

Für mich und meine Familie begann der Krieg im Jahr 2014, als Russland erstmals in Teile der Ostukraine einmarschierte, wo wir in der Region Donezk im Dorf Nowgorodskoje lebten – dem letzten Dorf vor der Grenze zwischen der Ukraine und der sogenannten Volksrepublik Donezk, wo die Besatzer herrschten. Mein Vater Wassili Kuschtewski war ein Kriegsveteran, ein Arzt, der die Hölle des Zweiten Weltkriegs durchgemacht hat. Er genoss im Dorf große Autorität. Auf einer Kundgebung sagte er zu den Bewohnern: «Wir dürfen nicht schweigen, meine lieben Landsleute, Freunde aus Kindheit und Jugend. Wir wurden hier geboren und das ist unsere Ukraine, die von denen erobert wurde, die eine Nation gegen eine andere aufhetzten! Lasst uns auf der Seite des Friedens stehen, nicht des Krieges. Ihr könnt nicht für den Krieg sein! Egal, was russische Propagandisten sagen: Putin drang, ohne uns den Krieg zu erklären, in unser Donezker Land ein – und nannte es später eine militärische «Spezialoperation». Explosionen, Morde …» Und mein Vater begann zu weinen. Ich habe ihn noch nie weinen sehen. Er war ein mutiger Mann, aber er konnte es nicht ertragen … Unser Haus in der Druschba-Straße, in der Straße der Freundschaft, bebte vom Artilleriebeschuss ukrainischer Dörfer durch das russische Militär.

Im russischen Staatsfernsehen wurde gezeigt, wie Historiker eine Karte der Grenzbildung der Ukraine von 1654 bis 1954 erstellten. Darauf waren in verschiedenen Farben «Geschenke der russischen Zaren», «Geschenke Lenins», «Geschenke Stalins» und «Geschenke Chruschtschows» vermerkt. Die Ukraine ohne «Geschenke» auf dieser Karte wäre auf die Grenzen von 1654 geschrumpft. Mein Vater kommentierte mit Bitterkeit in der Stimme: «Siehst du, dieser kleine Rest, der ohne Geschenke von der Ukraine übrigbleibt, wird in naher Zukunft von der Inschrift begleitet sein: ‹Geschenk Putins› …» Und dann starb mein weiser Vater, und der Krieg, den sich wenige Menschen in Russland vorstellen konnten (außer denen, die sich danach sehnten und ihn mit aller Kraft herbeiführten), kam!

Am frühen Morgen des 24. Februar 2022 wachte Olena Selenska von Geräuschen auf, die an Feuerwerk erinnerten. Sie öffnete die Augen und erkannte, dass die seltsamen Geräusche stärker wurden und es sich nicht um ein Feuerwerk handelte. Ihr Ehemann, der Präsident der Ukraine, Wolodymyr Selenskyj, befand sich im Nebenzimmer, bereits angekleidet und bereit, zur Arbeit zu gehen. «Was ist passiert?» fragte sie ihn. «Es hat begonnen», antwortete er.

Er ging und Olena hatte das Gefühl, dass etwas Unwirkliches passiert sei, ein böser Traum. Putins großangelegte Invasion in die Ukraine hatte begonnen. Raketen prasselten auf Ziele im ganzen Land ein, und russische Truppen rückten aus drei Richtungen auf Kiew vor. «Den verfügbaren Informationen zufolge hat der Feind mich als Ziel Nummer eins und meine Familie als Ziel Nummer zwei identifiziert», sagte Präsident Selenskyj in einer seiner ersten Videobotschaften.

Manchmal konnte Olena Selenska mit ihrem Mann sprechen, allerdings nicht über eines ihrer üblichen Geräte. Der Sicherheitsdienst sagte ihr, sie solle auf alle elektronischen Geräte verzichten und sich nicht in den sozialen Medien zeigen. Die Tage waren lang und einsam. Sie vertrieb sich die Zeit, indem sie Kyrylo bei seinen Schulaufgaben half. Sie versuchte, Tagespläne zu erstellen, um beschäftigt zu bleiben. «Man muss seine Stunden und Minuten planen, um sicherzustellen, dass man etwas zu tun hat und sich nicht in seinen Gedanken verliert», sagte sie sich. Olena Selenska verbrachte die ersten Kriegsmonate mit ihren Kindern, spielte Brettspiele und las mit ihnen. Dann las sie George Orwells «1984» noch einmal: «Welch eine schreckliche Übereinstimmung. Genau das passiert jetzt in Russland.»

Der Krieg versetzte allen ukrainischen Familien einen schrecklichen Schlag. Der kleine Sohn Kyrylo gestand ihr einmal mit Tränen in den Augen: «Mama, ich möchte unbedingt meine Freunde sehen! Ich habe sie so lange nicht gesehen. Seit drei Monaten spiele ich nur mit unseren Hunden und den Leibwächtern.»

Die Tochter möchte sich an der Universität einschreiben, aber der Krieg kam nach zwei Jahren Pandemie und es wird für sie schwierig sein, ein Studium zu beginnen. Alle Projekte, die Olena Selenska erfolgreich gestartet und gefördert hat – Chancengleichheit für Ukrainer im Programm «Barrierefrei»; Bau von Rampen für Rollstuhlfahrer; Schulmahlzeiten; Kulturprojekte – wurden nun vom Krieg verdrängt. «Wenn ich die schrecklichen Verbrechen gegen mein Volk sehe», sagt Selenska, «dann denke ich, dass es nicht das Gute ist, das das Böse letztendlich besiegen wird, sondern dass das Böse sich selbst besiegen und sich selbst zerstören wird.»

Auf die Frage: «Haben Sie Angst vor dem Tod?» antwortet die First Lady der Ukraine: «Ich habe vielmehr Angst vor Menschen, denen ihr Leben egal ist. Das bedeutet, dass ihnen das Leben anderer egal ist, weil sie ihr eigenes nicht wertschätzen. Das ist der Unterschied zwischen uns und den russischen Invasoren – uns ist jedes Leben wichtig.»

Deshalb ist Selenskas neues Projekt ein psychologisches Unterstützungsprogramm für Bürger der Ukraine. Es bedarf einer großen Informationskampagne, um den Menschen zu erklären, dass sie psychologische Hilfe benötigen und dass es Anlaufstellen dafür gibt.

Die First Lady der Ukraine betont in allen Interviews: «Wir müssen die Menschen in die Ukraine zurückbringen. Wir müssen sicherstellen, dass die Menschen in der Ukraine auf ihre Rückkehr warten. Sie müssen wissen, wohin sie zurückkehren, warum sie zurückkehren und in welche Bedingungen. Deshalb wird der Staat alles für ihre Rückkehr tun, und wir müssen ihnen immer wieder sagen, dass wir auf sie warten und sie nicht verlieren wollen. Wir können nicht für jede Person verantwortlich sein. Vielleicht hat jemand sein Glück und seine Zukunft in einem anderen Land gefunden. Aber wir müssen hoffen und alles tun, damit möglichst viele Menschen nach Hause zurückkehren. Der Krieg wird enden und die ukrainischen Familien werden wieder zusammen sein können.»

Zu den Aktivitäten der Frau des Präsidenten gehört das Sammeln von Spenden für Krankenwagen; für Kinderkliniken. Sie hat vor, Audioguides auf Ukrainisch für die führenden Museen auf der ganzen Welt zu produzieren, sie sammelt für die Veröffentlichung von 100 000 Büchern auf Ukrainisch für Kinder, die aufgrund der russischen Aggression ihr Zuhause verlassen mussten und in verschiedenen europäischen Ländern Zuflucht fanden; für Kinderlager, die in den Regionen der Ukraine betrieben werden, in denen keine Gefahr direkter Feindseligkeiten oder einer feindlichen Invasion besteht.

«Ich denke, dass zuallererst die Armen und Kranken Liebe und Mitgefühl brauchen und nicht die Gesunden und Reichen. Ich sehe oft die unglücklichsten Menschen, die sich mit verzweifelten, erschöpften Gesichtern ihren Weg durch die Menge bahnen, ohne ihre Hand auszustrecken und um Almosen zu bitten, weil sie sich nichts mehr erhoffen. Ich versuche, ihnen, so gut ich kann, zu helfen. Unser Jahrhundert ist in seinem Zynismus viel offener als die vorherigen Jahrhunderte, so scheint es mir. Die Atomkatastrophe, die Zerstörung der Natur, der Luft, des Bodens und eine monströse Unmoral in der Gesellschaft – das sind die drei Hauptleiden des Jahrhunderts», sagt Olena Selenska.

Am 20. Juli 2022 sprach die Ehefrau des Präsidenten der Ukraine, Olena Selenska, im Rahmen ihrer Reise in die Vereinigten Staaten vor dem US-Kongress. Es war das erste Mal in der Geschichte der USA, dass die First Lady eines anderen Landes im Kongress sprach.

Ich war beeindruckt von Olena Selenskas brillantem Auftritt. In ihrer emotionalen 15-minütigen Rede vor Mitgliedern des Repräsentantenhauses und des Senats zeigte sie Videos von getöteten oder verletzten ukrainischen Kindern. «Wie viele solcher Kinder gibt es in der Ukraine noch? Wie viele weitere Familien werden durch den Krieg zerstört? Ich bitte», sagte sie, «um Waffen, die nicht dazu verwendet werden, Krieg im Land eines anderen zu führen, sondern um das eigene Zuhause zu schützen und das Recht, in diesem Zuhause lebend aufzuwachen.»

«Die Antwort liegt hier in Washington. Helfen Sie uns, diesen Terror gegen die Ukraine zu stoppen, und dies wird unser gemeinsamer großer Sieg im Namen des Lebens, der Freiheit und des Strebens nach Glück sein», sagte sie.

«Was wir hier gesehen haben, war eine menschliche Tragödie direkt vor unseren Augen, unschuldige Menschen wurden getötet. Warum? Weil sie Ukrainer sind. Das ist Völkermord. Das ist während des Zweiten Weltkriegs passiert. Und es muss gestoppt werden», sagte der demokratische Senator Richard Blumenthal in seiner Rede.

Nach ihrem Auftritt im US-Kongress schrieben ukrainische Journalisten, dass trotz fehlender politischer Ambitionen die Frau des derzeitigen ukrainischen Staatsoberhauptes, Olena Selenska, eine Kandidatin für die nächsten Präsidentschaftswahlen sein könnte. Auf jeden Fall spielt Olena Selenska mittlerweile eine wichtige Rolle in der ukrainischen Politik. Hier, bei den ernsten Fragen im Rahmen politischer Prognosen, komme ich zum Schluss mit den Worten meines Vaters: «Die Zeit wird es zeigen.»

KAPITEL 21

Unzerstörbar
Unbeugsame Frauen und der Krieg

Am frühen Morgen des 24. Februar 2022 regnete es Bomben auf die Ukraine. Krieg ist ein Verbrechen. Die Ukraine war nie ein Feind Russlands. Was geschah? Warum? Wofür? Wie wurde dieser Krieg möglich? Ich kann nicht verstehen, was geschieht. Vielleicht hat sich der Kreml viel zu lange von seiner eigenen Propaganda ernährt, dem Gewaltkult und dem Lärm vom Schlagen der Blechtrommeln?

«Krieg hat kein weibliches Gesicht» – das war der Titel eines Buches der belarussischen Schriftstellerin mit ukrainischen Wurzeln, der Nobelpreisträgerin Swetlana Alexijewitsch. Ja, Krieg ist keine Frauensache, aber der Krieg in der Ukraine hat auch ein Frauengesicht. Und selbst das Wort «Krieg» ist im Ukrainischen weiblich.

Niemand außer den Ukrainern wird die Ukraine beschützen. Und deshalb stand das ganze Land auf, um seine Heimat zu verteidigen. «Nezlamni» («Unzerstörbar») heißt das Buch, das 2023 in der Ukraine zum Bestseller wurde. Seine Autorin ist Victoria Pokatis, es wurde im Kiewer Verlag Yakaboo Publishing (2023) veröffentlicht. Die dreißig Heldinnen des Buches – Frauen im Krieg – sind heute die berühmtesten Ukrainerinnen in der Ukraine. Unter ihnen sind Kriegskorrespondentinnen, Fernsehjournalistinnen, Freiwillige, Anwältinnen, Stiftungsgründerinnen, Militärangehörige, Ärztinnen … Das Buch enthält einen ausführlichen Essay über jede von ihnen: Für einige spaltete der Krieg ihre Familie, andere mussten den Tod ihrer Verwandten beklagen.

Diese Frauen schauderten vor Schmerz und Entsetzen und fanden dennoch die Kraft, anderen zu helfen, mit ihrem Glauben an den Sieg, mit der Überzeugung, dass das Blut von ukrainischen Zivilisten nicht an den Händen der Angreifer kleben darf.

Ich habe mich entschlossen, die beliebtesten Frauen in der Ukraine zu nennen, über die gesprochen und geschrieben wird. Ich nenne sie, um meine Dankbarkeit auszudrücken. Im Kugelhagel liefern sie Nahrungsmittel und Medikamente an die Front. Sie riskieren ihr Leben, um der Armee zu helfen, Kinder aus Trümmern zu retten und viele andere gute Taten zu vollbringen. Hier sind ihre Namen:

Julija Pankowa

Journalistin, Moderatorin der Sendung «Revisor» und Persönlichkeit des öffentlichen Lebens

Zu Beginn des Krieges überlebte Julija die Besetzung in einem Dorf in der Nähe von Butscha – es gab weder Nahrung noch Gas, Strom oder Internetverbindung. Dann gelang es Julija, mit ihrer Mutter nach Europa zu gehen, von wo aus sie begann, Spenden zu sammeln, um die Ukraine zu unterstützen, und Lebensmittelpakete an die Bewohner der Region Charkow zu verschicken.

Regina Koschewaja

Ex-Direktorin einer Kommunikationsfirma,
Stiftung Zukunft für die Ukraine

Regina Koschewaja war vor dem Krieg Leiterin der Kommunikationsabteilung der Agentur BADOEV. Als der Angriffskrieg begann, meldete sich ihr Mann freiwillig zur Verteidigung des Landes und Regina begann als Kommunikationsdirektorin der Stiftung «Zukunft für die Ukraine» in Polen zu arbeiten.

Julija Mikitenko

Oberstleutnant der ukrainischen Streitkräfte

Julija trat 2016 gemeinsam mit ihrem Mann in den Vertragsdienst bei den Streitkräften der Ukraine ein. Nachdem sie im Hauptquartier gearbeitet hatte, gelang ihr der Eintritt in die Nationale Akademie der Bodenstreitkräfte P. Sagaidatschny und eine Rückkehr an die Front als Kampfoffizier. Nach dem Tod ihres Mannes im Februar 2018 begann sie ihre Tätigkeit am Kiewer Militärlyzeum. Am Tag nach unserem Interview begab sich die unbezwingbare Julija Mikitenko zu einem Kampfeinsatz in den Osten der Ukraine.

Alisa Kowalenko

Ukrainische Dokumentarfilmregisseurin

Alisa Kowalenko ist eine ukrainische Dokumentarfilmregisseurin, deren Filme auf internationalen Filmfestivals mehrfach ausgezeichnet wurden, und sie ist Mitglied der Europäischen Filmakademie. Ihr erster abendfüllender Film «Alisa im Land des Krieges» – über den Krieg im Donbass und die Erfahrungen in der besetzten Zone – erschien 2015. Der Film nahm an mehr als 50 Festivals teil und erhielt drei Auszeichnungen. Dann gelobte sie sich selbst: Sollte es zu einem umfassenden Krieg kommen, würde sie zu den Waffen greifen. Und sie hat ihr Wort gehalten.

Uljana Ptscholkina

Vorstandsmitglied der NGO «Gruppe für aktive Rehabilitation», Weltmeisterin im Rollstuhlkarate der Frauen

Uljana Ptscholkina ist als Weltmeisterin im Parakarate eine öffentlich bekannte Person und engagiert sich in den Sozialen Medien. Sie entkam auf wundersame Weise aus dem besetzten Butscha. Nach ihrem Umzug in das sicherere Lemberg helfen sie und andere Mitglieder der «Gruppe für aktive Rehabilitation» Ukrainern mit Rückenmarksverletzungen bei der Beschaffung der notwendigen Medikamente und Hygieneartikel sowie bei der Evakuierung.

Olga Rudneva

CEO Superhumans

Olga Rudneva war Direktorin der «Jelena Pintschuk Foundation», die den Kampf gegen AIDS in der Ukraine unterstützt , und ist seit Kriegsbeginn CEO der Stiftung «Superhumans», einer Klinik für Prothetik, rekonstruktive Chirurgie und Rehabilitation für im Krieg verletzte Menschen.

Olga Kudinenko

Gründerin der ukrainischen Stiftung Hilfe für krebskranke Kinder «Tabletotschki»

Olga Kudinenko hat die Wohltätigkeitsstiftung «Tabletotschki» gegründet, sammelt Spenden und ist Mitglied im Kuratorium des Kinderkrankenhauses «Ochmatdet» («Schutz von Mutterschaft und Kindheit»). Bereits vor dem Krieg ist sie mit ihrer Mutter und ihrer Tochter vorübergehend ins Ausland gegangen. Sie hatte vor, in die Ukraine zurückzukehren, doch die Pläne wurden durch den Krieg zunichtegemacht.

Anastasija Leonowa

Ausbilderin für taktische Medizin

Anastasija Leonowa sagt, sie sei 2015 in die Ukraine gekommen, weil sie sich als Teil der kollektiven Schuld für das Vorgehen der Russischen Föderation fühlt. Im Zivilleben ist sie Sommelière. Aber als Ausbilderin für taktische Medizin hat Anastasia bereits mehr als dreitausend ukrainische Militärangehörige in militärischer Notfallmedizin geschult.

Viktoriya Tigipko

Gründerin und geschäftsführende Gesellschafterin der Venture Capital TA Ventures-Fonds, Präsidentin des Internationalen Filmfestivals Odessa

Viktoriya Tigipko führte vor dem Krieg ein aktives multidisziplinäres Leben, investierte in Start-ups, entwickelte die Filmkultur der Ukraine und betreute als Präsidentin des Privatinvestorenclubs ICLUB Global viele Großprojekte. Mit Ausbruch des Krieges stellte sie nicht nur ihre Aktivitäten ein, sondern richtete ihre Kontakte auch darauf aus, ukrainischen Familien bei der Evakuierung von Flüchtlingen nach Australien zu helfen. Sie gründete die Plattform «Eine Ukraine», auf der sich internationale Unternehmer und Investoren zusammenschlossen, um der Ukraine während des Krieges effektiv zu helfen. Außerdem arbeitet sie an der Neuformatierung des Filmfestivals.

Olga Rondyak

US-amerikanische Künstlerin ukrainischer Herkunft

Olga Rondyak wurde im Exil geboren und wuchs dort auf, doch nach der Unabhängigkeit der Ukraine beschloss sie, in die Heimat ihrer Vorfahren zurückzukehren. Olgas Familie lebte seit dem Ende des Zweiten Weltkriegs im Ausland, bewahrte jedoch immer ihre ukrainische Identität. Die Künstlerin erlebt heute, wie die Ukrainer diese Identität spüren und wieder für sie kämpfen. Genau das gibt sie in ihren Bildern wieder.

Anastasija Tichaja

Freiwillige

Die 20-jährige Anastasija Tichaja und ihr Ehemann Artur evakuierten während des Beschusses der Stadt 19 Hunde aus Irpen. Einige von ihnen waren krank und verkrüppelt. Manche Hunde wogen mehr als 20 Kilogramm! Und sie brauchten drei Stunden, um zu Fuß nach Romanowka zu gelangen, wo ihre Freunde in einem Auto auf sie warteten. Das legendäre Foto von Anastasija, auf dem die Hunde sie in verschiedene Richtungen ziehen, das sich im Internet und in allen Medien verbreitete, wurde von einem Journalisten vor der berühmten Brücke in Irpen aufgenommen.

Witalja Pankul

Freiwillige, Mitbegründerin der Initiative «Schlüsselfertige Häuser»

Witalja Pankul ist Leiterin einer Vorschul-Bildungseinrichtung und Mutter zweier kleiner Kinder sowie eine Frau, die bewiesen hat, dass es auch ohne fremde Hilfe möglich ist, eine Unterkunft für Vertriebene einzurichten. Witalja renovierte zusammen mit ihren Freundinnen Tatjana, Olga, Elena, Karina, Julia, Irina und Alla fast 50 Häuser im Dorf Pantschewo in der Region Kirowograd, wo heute Vertriebene leben. Kürzlich verlieh der Vorsitzende des Kirowograder Regionalrats, Sergej Schulga, den Freiwilligen Ehrenurkunden – «Für ihren bedeutenden persönlichen Beitrag bei der Organisation und Bereitstellung wohltätiger Hilfe, für aktive öffentliche und ehrenamtliche Aktivitäten und anlässlich des Tages der ukrainischen Eigenstaatlichkeit».

Inga Kordinowskaja

Gründerin des humanitären Zentrums in Odessa

Inga Kordinowskaja ist Inhaberin der Anwaltskanzlei ID Partners, die trotz der drohenden Besetzung von Odessa zu Beginn des Krieges in der Stadt blieb und das Humanitäre Freiwilligenzentrum in Odessa unterstützt. Anschließend gründete sie zwei weitere Projekte zur Unterstützung von Vertriebenen, insbesondere für Mütter.

Olena Schewtschenko

Vorsitzende der öffentlichen Organisation «Insight», Gründerin der Organisation «Women's March». Beide Institutionen unterstützen und schützen die Rechte der LGBTQI-Gemeinschaft.

Aljona Schewtsowa

Generaldirektorin des internationalen Zahlungssystems LEO und Vorsitzende des Aufsichtsrats des LEO-Systems, Vorsitzende des Aufsichtsrats der IBOX BANK

Mit Ausbruch des Krieges tat Aljona Schewtsowa nicht nur alles dafür, das Unternehmen auf Vorkriegsniveau betriebsfähig zu halten, sondern sie half auch dem Militär und den Vertriebenen.

Inna Skarschinska

Inhaberin der Kosmetikmarke Vesna

Inna Skarschinska ist ausgebildete Lehrerin und Mutter mehrerer Kinder. Vor etwa sieben Jahren begann sie mit der Herstellung von Naturkosmetik – zunächst, weil sie für eines ihrer Kinder, das an Neurodermitis litt, keine Pflegeprodukte finden konnte. So entstand die Kosmetikmarke Vesna. Als der Krieg begann, fasste sie den Entschluss, sich in der humanitären Hilfe zu engagieren.

Inna Popereschnjuk

Mitbegründerin der Firma «Nowa Poschta», Mitinhaberin des Restaurants «Damals vor 100 Jahren» und «Die Anderen», Markenbotschafterin von «New Run» und Gründerin des Projekts für Waisenkinder «Team der Zauberer»

Inna Popereschnjuk lebt in Poltawa und ist seit Kriegsbeginn nirgendwohin gereist. «Nah bei den eigenen Leuten zu sein, sich um seine Mitarbeiter und ihre Träume zu kümmern, das ukrainische Geschäft zu unterstützen – das ist Patriotismus», sagt diese Frau über ihre Arbeit.

Olena Strischak

Vorstandsvorsitzende der gemeinnützigen Organisation «Positive Frauen»

Olena Strischak ist Vorstandsvorsitzende der Wohltätigkeitsorganisation «Positive Frauen», die vor dem Krieg Frauen mit HIV half und seit Beginn der russischen Invasion allen betroffenen ukrainischen Frauen und ihren Kindern hilft. So wie zuvor sind die Ansprechpartner der Organisation in allen Regionen der Ukraine tätig, auch in den besetzten Gebieten, mit Ausnahme von Lugansk.

Irina Iwantschik

Mitbegründerin der Wohltätigkeitsstiftung «Glaube an dich selbst»

Der Preis für soziale Investitionen sei während des Krieges viel höher, sagt Irina Iwantschik, und das Leben eines Menschen hängt davon ab, wie rechtzeitig, transparent und effektiv die humanitäre Hilfe in Kriegszeiten organisiert wird. Irina erzählt, wie es ihr gelungen sei, die Arbeit der Stiftung neu zu organisieren, mit einem umfangreichen Netzwerk regionaler Zentren neue humanitäre Projekte zu starten und eine Zusammenarbeit mit ukrainischen und westlichen Gebern aufzubauen.

Katerina Sirka

Freiwillige, Gründerin der «Buongiorno UA Foundation»

Katerina Sirka ist eine Frau aus Charkow, die vor einigen Jahren nach Italien gezogen ist. Vor dem Angriffskrieg auf die Ukraine betrieb sie ihren eigenen Gastro-Blog und arbeitete in der Tourismusbranche, doch seit der russischen Invasion konzentriert sie ihre Aktivitäten auf die Unterstützung des Militärs an der Front. Dank ihrer «Buongiorno UA Foundation» verfügen die ukrainischen Verteidiger über mehr als 12 000 Stück Munition, mehr als dreitausend Militärgeräte, 26 Starlink-Satelliten und Fahrzeuge, acht Krankenwagen, ein Quad-Rettungsfahrzeug, taktische Erste-Hilfe-Sets und medizinische Rucksäcke; außerdem VAC-Geräte und Verbrauchsmaterialien dafür, Medikamente und Geld für humanitäre Hilfe.

Natalija Moseijtschuk

Fernseh-Moderatorin

Natalija Moseijtschuk ist Fernseh-Moderatorin des Kanals «1+1» und des Nachrichtenkanals «United News Marathon», sie ist YouTube-Bloggerin, Kuratorin des Projekts «Recht auf Bildung», der «Superhelden Schule» und eines nationalen Lehrerpreises der Ukraine. Sie erinnert sich ihre Vorahnungen des Krieges, und worauf der Nachrichtenschwerpunkt im Februar 2022 gerichtet war, spricht über den Kampf gegen Fälschungen und Einschüchterungen, aber auch über die Militärzensur, die sie spontan meistern musste, über die Werte, die die Menschen in den ersten Kriegstagen verbanden und die Motivation weiterzukämpfen.

Oksana Misjura

Freiwillige

Die Freiwillige Oksana Misjura hilft seit 2014 dem Militär – seitdem steht sie im Krieg. Sie und ihre Schwester wählten die schwierigsten Bereiche – taktische Medizin und Lieferung von militärischer Optik. Darüber hinaus gründete sie ein Unternehmen, das Uniformen und Öko-Taschen herstellt.

Irina Sampan

Kriegsberichterstatterin

Irina Sampan ist eine Militärjournalistin, die sich zu Beginn des Krieges dazu entschloss, sich freiwillig zu melden und Fahrzeuge für das Militär zu überführen, weil sie überzeugt war, dass das für die Ukraine gegenwärtig wichtiger ist. Vier Monate später kehrte sie jedoch zum Journalismus zurück und bringt nun die Geschichten der Soldaten von der Front zurück in die Medien.

Natalija Jemelina

Chefredakteurin der Frauenzeitschrift «Die Einzige und Eine», Freiwillige

Natalija Jemelina ist seit Langem Chefredakteurin des Frauenmagazins «Die Einzige und Eine» und des Magazins «Ihr Baby». Zu Beginn des Krieges war die Journalistin mit ihrem jugendlichen Sohn in Butscha. Sie standen 15 Tage lang unter russischer Besatzung. Etwa drei Monate lang versuchte Natalija, sich von den Ereignissen zu erholen, die sie erlebt hatte, und beschloss dann, als Freiwillige beim Militär zu dienen.

Ksenia Draganjuk

Mitbegründerin der öffentlichen Organisation «Ukrainische Front der Landfrauen»

Ksenia Draganjuk und ihre Landfrauenorganisation helfen insbesondere den weiblichen Militärangehörigen. Sie kümmert sich um Militäruniformen für die Frauen, um ausreichend Munition, Schuhe und darum, «humanitären Frauenbedarf» landesweit zu liefern. Die Organisation veröffentlicht außerdem ständig Geschichten über Frauen, die an der Front kämpfen, und entwickelt so die Kultur der «Frauen im Militär» in der Ukraine.

Nadija Omeltschenko

Vizepräsidentin des Unternehmens «IT-Integrator»

Sie sammelt Geld für taktische Erste-Hilfe-Sets, Aufklärungsdrohnen, Drehkreuze, Boote und Jeeps für das Militär, sie hilft Einheiten des staatlichen Notdienstes, der Streitkräfte der Ukraine, sie organisiert unter schwierigen Bedingungen die Logistik zur Lieferung von Schutzausrüstung, Munition, Drohnen und Walkie-Talkies aus dem Ausland und arbeitet in ihrer Freizeit in Lagerhäusern der humanitären Hilfe. Und das alles zwischendurch, neben einem Vollzeit-Arbeitsplan. Zudem kümmert sie sich um die Sicherheit ihrer Familie und ihrer Mitarbeiter. Sie hat ihr Büro nach Lemberg verlegt und organisiert die Umzugsunterstützung für das Team. In ihrem Unternehmen ist sie die Freiwillige Nr. 1. Sie richtete ein Forschungs- und Entwicklungszentrum für Militärtechnologie ein, um der Armee und der Front zu helfen. Das ist der militärische Alltag von Nadija Omeltschenko.

Oksana Lebedewa

Gründerin der Initiative «Gen.Ukrainian»

Oksana Lebedewa engagiert sich als Gründerin einer öffentlichen Organisation für die kostenlose Rehabilitation ukrainischer Kinder, die unter der Invasion Russlands gelitten haben. In Spanien schuf sie ein Gesundheits- und Bildungscamp zur psychologischen Betreuung und Rehabilitation der ersten 30 Kinder im Alter von sieben bis zwölf Jahren. Ihre Initiative steht unter der Schirmherrschaft der First Lady der Ukraine Olena Selenska.

Marta Lewtschenko

Gründerin der Stiftung «Die Zukunft der Ukraine bin ich»

Seit Beginn des Angriffskrieges hat Marta Lewtschenko die Aktivitäten ihrer Stiftung und des damit verbundenen Krisenzentrums «Stadt des Guten» weiter ausgebaut. Vor der Invasion beherbergte das Zentrum Kinder und Mütter, die aufgrund häuslicher Gewalt, Obdachlosigkeit oder Armut kurz davorstanden, das Sorgerecht für ihre Kinder zu verlieren. Heute leben dort zusätzlich Familien und Kinder aus Waisenhäusern, die aus Kriegsgebieten evakuiert wurden. Zum Zeitpunkt der Invasion befanden sich etwa 90 Menschen im Zentrum, heute sind es mehr als 300.

Olga Belitskaja

Gründerin der Initiative «Beauty Volunteers»

Olga Belitskaja ist Maskenbildnerin und Vertreterin einer französischen Kosmetikmarke. Nach Ausbruch des Angriffskrieges ist sie Gründerin einer Initiative im Bereich Schönheitspflege – Freiwillige werden zu Spezialisten ausgebildet, die den Bewohnern von Siedlungen in der russischen Besatzungszone, die die Kämpfe überlebt haben, kostenlose Dienstleistungen anbieten. Olga gelingt es, die Betreuung ihres kleinen Sohnes, ihre Arbeit und die ehrenamtlichen Tätigkeiten unter einen Hut zu bringen.

Leila Tuwaklijewa

Mitbegründerin der Wohltätigkeitsorganisation «Kiewer Freiwilliger»

Leila Tuwaklijewa arbeitete viele Jahre in der Restaurantbranche, davon fünf Jahre bei «GoodWine», und war Unternehmensverkaufsleiterin. Sie hatte keine Ahnung, dass sie eines Tages für Soldaten der ukrainischen Streitkräfte und Menschen in den nicht besetzten Gebieten in der Nähe von Kiew kochen würde.

*

In Essen, nicht weit von meinem Haus entfernt, gibt es einen Laden namens «Annuschka», wo ukrainische, russische und polnische Lebensmittel verkauft werden. Ich legte mein übliches Sortiment in den Korb: «Slawjanski»-Brot, «Krestjanski»-Hüttenkäse, «Kiewskoje»-Kekse, «Korowka»-Bonbons … Und dann fragte mich eine schmale, ältere Frau, eine Geflüchtete aus einem Dorf in der Ukraine, eingehüllt in ein ukrainisches Kopftuch: «Entschuldigung, bist du auch aus der Ukraine geflüchtet?» Ich antwortete: «Nein, ich bin nicht geflüchtet, aber ich habe viele Jahre in der Ukraine gelebt.» Sie war verlegen und erklärte: «Nun, verzeihen Sie, dass ich gefragt habe, aber ich sah, dass Sie ukrainische Lebensmittel gekauft haben …» Zum Abschied sagte sie zu mir: «Beten Sie für die Ukraine, ich bitte Sie, beten Sie für unsere Ukraine!» Sie sagte es so eindringlich, dass ich weinen musste. Ich bete.

NACHWORT

In meiner Jugend war ich bereit, die Kommunisten im Namen meines Vaters, den ich verehrte, und im Namen der Generation, der er angehörte, zu rechtfertigen. Diese Generation war mit den Idealen der kommunistischen Kommissare erzogen worden. Und mein Vater – Wassili Iwanowitsch Kuschtewski – war ein idealer Bürger der Zukunft, ein ausgezeichneter Arzt, ein Kenner der Malerei, ein Experte für ukrainische und russische Literatur, der Initiator ständiger Mut- und Kraftproben. Diese zwischen 1918 und 1920 geborene Generation wurde fast vollständig eliminiert. Aber die Überlebenden schufen großartige Literatur. Wie die fantastische Generation der ungefähr von 1919 bis 1925 Geborenen – von Alexander Solschenizyn bis Oles Hontschar … Sie waren es, die die sowjetische Geschichte neu dachten und bereits nach dem Zusammenbruch des ersten Tauwetters alles durchschaut hatten.

Mein Vater absolvierte eine ukrainische Schule im Dorf New York in der Region Donezk in der Ukraine. Und ich absolvierte dieselbe Schule, aber das Dorf war zu meiner Zeit bereits umbenannt worden und hieß Nowgorodskoje. Einmal entdeckte ich den Namen des Dorfs in der Frankfurter Allgemeinen Zeitung (Kerstin Holm: „Als hätte ein Geschoss die Sprache getroffen", *Frankfurter Allgemeine Zeitung* vom 4. Juli 2023, Feuilleton).

Noch vor dem Einmarsch russischer Truppen in den Donbass trat mein Vater offiziell aus der Partei aus und warf seinen Parteiausweis weg. Das war sein innerer Protest gegen die Verfälschung der Erinnerung. Er konnte es nicht ertragen, dass die Erinnerung an den Großen Vaterländischen Krieg eine heilige Sache sei und dass das Konzept der «Verfälschung der historischen Wahrheit» und der «Wahrheit über den Krieg» nicht mehr existiert. Denn alles, was mein Vater über den Krieg erzählte, und er hatte ihn vom ersten Aufruf bis zum Ende durchgemacht, wurde als Verleumdung abgestempelt. «Das ist Demagogie», sagte mein Vater, «sie zielt auf Unwissenheit und absolute Verarmung des Geistes ab. Es handelt sich nicht mehr nur um die Erschaffung eines Mythos über den Krieg, sondern um die ‹Vergötterung› und die Umwandlung des Großen Vaterländischen Krieges in ein Propagandawerkzeug.» Und er äußerte sich verbittert über die Einnahme des Donbass durch russische Truppen: «Meiner Meinung nach gibt es keine vernünftigen Argumente für eine solch unmenschliche, plötzliche russische Invasion. Aber die Ukraine wird überleben, du wirst sehen. Jetzt geschehen hier Dinge, da möchte man ein Maschinengewehr nehmen. Man kann doch nicht einfach dastehen und zusehen, wenn man ein Mensch ist.»

Meinem Vater gelang es zu Lebzeiten, seine Erinnerungen für mich aufzuschreiben. Er beendete seine Aufzeichnungen und starb am folgenden Tag. Im Schlaf. Als sei alles Wichtige im Leben vorbei. Er wurde 97 Jahre alt …

Alles, was wir Glück nennen, und alles, was wir Unglück nennen, ist in gleicher Weise nützlich, wenn wir es als Prüfung annehmen.

1991 bin ich der Liebe wegen nach Deutschland gezogen. Meine ersten Schritte in Deutschland verliefen folgendermaßen: «So, in einer Woche haben Sie Ihren Filmabend in unserer ‹Black

Box›», erinnerte mich am Ende unseres Gesprächs der Leiter des Düsseldorfer Filmmuseums, Hartmut Redottée, ein sympathischer Mensch, der in das Kino verliebt war. «Wir werden Ihre russischen Dokumentarfilme zeigen: ‹Und aus den Netzen des Teufels befreie mich!›, ‹Die Fahrlässigen› und ‹Von Irdischem und Himmlischem›. Danach lesen Sie, wenn Sie wollen, noch ein paar Seiten aus Ihrem Manuskript. Rechnen Sie damit, dass ein intellektuelles Publikum zu Ihnen kommt. Es wird Fragen stellen. Und einige Studenten planen eine Diskussion.» Als Redottée sah, dass ich bei diesen Worten den Kopf ein wenig hängen ließ, lächelte er mir aufmunternd zu: «Tatjana, Sie sind in Moskau oft aufgetreten und das sowohl auf literarischen Veranstaltungen wie auch auf Filmabenden. Sie haben doch Erfahrung, wie ich hoffe …»

Das war in Düsseldorf im Jahr 1995. Ich erinnere mich, wie ich ganz langsam am Rheinufer entlangging. Meine Beine waren vor Angst wie gelähmt. Ich hielt das Programmheft der «Black Box» in der Hand und schimpfte mich selbst mit barschen Worten aus: «Ach, warum, warum nur habe ich in dieses Vorhaben eingewilligt? Es wird doch ein totaler Reinfall werden! Ganz abgesehen davon, dass ich Deutsch mit starkem Akzent spreche, vergesse ich womöglich vor Aufregung auch noch die richtigen Worte. Wie kann es dann eine Diskussion geben?! Vor dem deutschen Publikum habe ich solche Angst, dass mir die Knie zittern. Mein russisches Publikum – das ist eine Sache; das deutsche Publikum aber eine ganz andere! Die Studenten werden vielleicht Fragen stellen, die ich nicht verstehen werde. Oder sie halten mich am Ende gar für eine Kommunistin, die gekommen ist, um zu agitieren. Dabei habe ich doch mein Leben lang keiner Partei angehört.» Außerdem brachte mich der Gedanke geradezu um, dass ich meinen Freund Dieter Karrenberg in Verlegenheit bringen würde, diesen großen Liebhaber der Literatur, diesen uneigennützigen, klugen

Menschen, der mich mit Herrn Redottée bekannt gemacht hatte. Gerade durch ihn hatte ich auch in dieser Stadt neue Freunde kennengelernt. Und eine Stadt, in der einem Menschen nahestehen, ist schon nicht mehr irgendeine beliebige Stadt.

Doch an diesem Januarabend ging ich ganz allein durch Düsseldorf und mir kamen beinahe die Tränen. Dabei fühlte ich so stark wie nie zuvor, dass ich Ausländerin war. Ich ging und erinnerte mich, wie einmal unser Kameramann im Jermolowa-Theater in Moskau eine Szene aus einem Stück mit dem Titel «Sprich ...» aufgenommen hatte. Man sieht die Versammlung einer Kolchose. Eine ältere Bäuerin liest stockend irgendeine für sie geschriebene Rede vor. Der Vorsitzende der Kolchose unterbricht sie: «Sprich ohne Papier ... Sprich ... Und sprich mit deinen, deinen Worten, verstehst du, und nicht mit fremden Worten ...» Die Bäuerin verliert die Fassung, weil man sie so viele Jahre gelehrt hat, auf der Tribüne nur fremde Worte zu sprechen. Doch hinter ihrem Rücken bewegen sich die Schatten der Mitbewohner ihres Dorfs, alles gequälte, arme Leute wie sie, und diese flüstern ihr zu: «Sprich ... sprich ... sprich ...» Und die Frau bemüht sich, etwas zu sagen, doch sie schafft es noch nicht, und Tränen fließen über ihr erschöpftes Gesicht. Ich fühlte mich wie diese Bäuerin ...

Ich merkte, dass ich durch die hell erleuchteten Straßen der Altstadt ging und meine Augen ganz feucht waren. Durch die offenstehende Tür eines Bierlokals drangen fröhliche Stimmen, ich hörte Gläserklirren und Lachen. Und da hatte ich plötzlich eine Idee. Wie wäre es, wenn ich mich zusammenrisse, eine selbstbewusste Miene aufsetzte und versuchte, mein Deutsch in einem harmlosen Gespräch mit den Gästen des Lokals auf die Probe zu stellen? Ich schwankte, doch eine innere Stimme sagte bestimmt: «Jetzt oder nie! Nur Mut! Geh! Und wenn dir dieser Abend gelingt, wird das fast vergessene Gefühl der Kraft und Freiheit zu dir zurückkehren. Vorwärts!»

Ich setzte mich an die Theke, und nach einigen Minuten wussten alle, dass ich nach dem Krieg geboren wurde, dass mein Vater als Arzt im Lazarett Dienst getan hatte, dass ich aus Moskau bin und dass ich an einem Buch schreibe. In einer deutschen Gaststätte gibt es keine Fremden. Alle sind gleichberechtigt. Und Hauptperson ist diejenige, die sich mit einer interessanten Geschichte lautstark in Szene zu setzen versteht. Nun denn, ich erzählte mit energischer Stimme eine Begebenheit, die ich oft bei meinen Lesungen wiederhole: von meinem Vater, einem deutschen Soldaten und einer kleinen Elefantenfigur aus Elfenbein. Dann erzählte ich ohne Atempause noch ein paar Geschichten aus meinem künftigen Buch mit Reportagen aus Russland: von Tabu-Themen, vom Friedhof der Wale im Norden und davon, wie in meiner Kindheit in der Wüste Karakum eine Schlange auf die Veranda unseres Hauses kroch und ich sie mit Milch fütterte ...

Nach einer Stunde hatte ich schon deutliche Fortschritte gemacht, sowohl mit dem Erzählen als auch mit dem Anhören von Berichten über Sportereignisse, von Meinungen zu Gewerkschaftsproblemen, von politischen Ansichten und von Histörchen und Witzen. Mit dem Thekennachbarn an meiner rechten Seite, einem dicken Elektriker, konnte ich mich schon darüber streiten, in welcher Stadt sich das Zeppelin-Museum befindet, und die Nachbarn an meiner linken Seite luden mich zum Geburtstag ihres Enkels ein.

Doch die Hauptsache – alle hatten mich verstanden! Und mein Akzent hatte niemanden gestört! Und auch ich hatte alle verstanden, und wenn ich etwas nicht verstanden hatte, erriet ich es am Tonfall und konnte das Gespräch aufrechterhalten. Ich verstand sogar, worüber die beiden Maurer neben mir an der Theke sprachen: «Sie hat mir einen Kasten Bier gekauft und denkt, dass ich damit zufrieden bin. Doch für mich sind diese zwei Stunden in der Kneipe meine zwei Stunden Freiheit und Unabhängigkeit. Nur hier fühle ich mich als Mann!»

Die Prüfung, die ich mir selbst auferlegt hatte, war damit bestanden. Ich war das erste Mal in meinem Leben allein in einer solchen Gaststätte gewesen. Mehr als drei Stunden hatte ich dort verbracht, und es war mir sogar gelungen, eine Diskussion über den Sozialismus anzufangen. Ich fühlte mich erschöpft, aber glücklich. Meine Gesprächspartner wollten mich auf keinen Fall fortlassen; sie nahmen mir das Versprechen ab, ihr Stammlokal bald wieder zu besuchen. Und einer von ihnen bat mich sogar, einen Brief an Gorbatschow zu übermitteln.

An diesem Januartag verließen mich Angst, Hemmungen und mangelndes Vertrauen in mein Deutsch für immer. Und das Leben schien schön und unendlich zu sein.

Meine Veranstaltung in der «Black Box» am 1. Februar 1995 war ein voller Erfolg, zumal sehr lebendige, von Interesse zeugende Gespräche über meine Filme und meine schriftstellerische Arbeit stattfanden.

So begann mein literarisches Leben in Düsseldorf. Dennoch dauerte es bis zu meiner ersten Buchveröffentlichung in Deutschland noch zwei Jahre. 1997 kam der Band «Ich lebte tausend Leben. Reportagen aus Russland» mit einem Vorwort von Lew Kopelew im Velberter Verlag edition cicero heraus. 1999 folgte mein zweites Buch: «Russische Szenen», erschienen im Berliner Wostok Verlag.

Das sind die ersten Sätze, die ich in Deutschland zu Papier brachte und die später in meinem ersten Buch veröffentlicht wurden:

«Meine Helden waren Selbstmörder und Zauberer, Mönche und Künstler, Landstreicher und Piloten, Häftlinge und Bauern. Um das Leben eines jeden von ihnen verstehen zu lernen, lebte ich wochenlang im Gefängnis, hörte ich mir Hunderte von Bekenntnissen an, wanderte auf Tausenden von asiatischen Straßen, saß tagelang im

Sattel, überquerte Gebirge, badete in sibirischen Eisquellen, zahlte dafür mit Fieber und Schüttelfrost, flog in Überschallflugzeugen des Militärs, streifte mit Dorfhexen durch die dunklen Wälder von Wologda, ging vorbei an Aussätzigen, die auf den Trottoirs afrikanischer Städte lagen, wo Nobelkarossen über den Asphalt jagten und an der nächsten Ampel bei Rot neben einem Kamel anhielten.

Um ehrlich zu sein, ich liebe solche Gegensätze. Alles wollte ich kennenlernen, alles probieren: den Studenten die Grundlagen des Filmens nahebringen, mich anderntags mit einem Mönch des Walaamsker Klosters unterhalten, dann einen ganzen Monat lang auf der Suche nach einer Zarenchronik für mein Buch in Filmarchiven wühlen und schließlich mit Vulkanologen in das Tal der Geysire auf der Halbinsel Kamtschatka fahren. Es gibt eine Redensart: ‹Das Leben in vollen Zügen genießen.› Ich kenne dieses starke Verlangen. Das Wichtigste für mich war, ist und wird sein: immer und überall ich selbst zu bleiben, mich nicht unterzuordnen, nicht zu heucheln. Ich habe aber auch begriffen, wie unerlässlich es ist, sich unter veränderten Lebensbedingungen zurechtzufinden, Veränderungen seelisch zu bewältigen und zu spüren, wie immens die Bandbreite menschlicher Gefühle und Gedanken ist. Und in jedem einzelnen Fall drängte das Gesehene, das Erlittene, in Worte gefasst zu werden, zuweilen unter inneren Schmerzen. Und so schrieb ich Drehbücher, gelegentlich Essays, Erzählungen und Gedichte. Nur so kann man seine existenziellen Probleme lösen, indem man seine Gedanken und Ideen dem Papier anvertraut.»

Das Leben bringt ständig Veränderungen mit sich, aber es gibt einen Ausspruch, der mich fortwährend leitet, die Worte meines Vaters: «Für mich ist es schon zu spät, um Pessimist zu sein.»

Tatjana Kuschtewskaja
Essen/Velbert, 2024

Von der Autorin ebenfalls bei der Edition Noack & Block erschienen:

Die Mäzenin Tschaikowskis
Obsession und Leidenschaft

Roman

242 Seiten, gebunden, zahlreiche Abbildungen
ISBN 978-3-86813-150-5, EUR 24,00

Nadeschda von Meck war nicht nur die Mäzenin Pjotr Iljitsch Tschaikowskis, sie war seine Seelenverwandte. Ohne diese starke Frau wäre er nicht der große Komponist geworden, als den ihn die Welt kennt. Mehr als 1200 Briefe bezeugen die außergewöhnlich enge emotionale Bindung zwischen der Baronin und dem Komponisten. Ihre Beziehung ist geprägt von Obsession und Leidenschaft. Doch ein tragischer Schatten liegt über ihr.

Mein geheimes Russland
Begegnungen und Erlebtes

170 Seiten, kartoniert
ISBN 978-3-86813-172-7, EUR 20,00

Bei Tatjana Kuschtewskaja kommt das andere Russland zu Wort: Jakutinnen und Nenzen, Schamanen und Geheimagenten, Weberinnen und Mönche. Sie berichtet aus der geheimsten Stadt Russlands, aus dem Altai-Gebirge und aus Moskau; aber auch von einer Neujahrstanne in der turkmenischen Wüste, von Mütterchen Taissas Märchenhaus, von tadschikischem Plow und einem ganz besonderen Tuch.